Vinzenz Wyss, Peter Studer, Toni Zwyssig

Medienqualität durchsetzen

Vinzenz Wyss, Peter Studer, Toni Zwyssig

Medienqualität durchsetzen

Qualitätssicherung in Redaktionen
Ein Leitfaden

orell füssli Verlag

© 2012 Orell Füssli Verlag AG, Zürich
www.ofv.ch
Rechte vorbehalten

Dieses Werk ist urheberrechtlich geschützt. Dadurch begründete Rechte, insbesondere der Übersetzung, des Nachdrucks, des Vortrags, der Entnahme von Abbildungen und Tabellen, der Funksendung, der Mikroverfilmung oder der Vervielfältigung auf andern Wegen und der Speicherung in Datenverarbeitungsanlagen, bleiben, auch bei nur auszugsweiser Verwertung, vorbehalten. Vervielfältigungen des Werkes oder von Teilen des Werkes sind auch im Einzelfall nur in den Grenzen der gesetzlichen Bestimmungen des Urheberrechtsgesetzes in der jeweils geltenden Fassung zulässig. Sie sind grundsätzlich vergütungspflichtig.

Lektorat: Karl Lüönd, Guido Keel und Kay Mühlmann
Redaktion: Annina Stoffel und Mirco Saner
Umschlaggestaltung: Hauptmann & Kompanie Werbeagentur, Zürich
Druck: fgb • freiburger graphische betriebe, Freiburg

ISBN 978-3-280-05449-9

Bibliografische Information der Deutschen Nationalbibliothek:
Die Deutsche Nationalbibliothek verzeichnet diese Publikation in der Deutschen Nationalbibliografie; detaillierte bibliografische Daten sind im Internet abrufbar über http://dnb.d-nb.de

Inhalt

Vorwort 7

1 Qualitätssicherung als Ziel 11
1.1 Weshalb es für Redaktionen wichtig ist,
 Qualität zu sichern 12
1.2 Ohne Journalismus keine Demokratie 13
1.3 Die Referenz «journalistische Qualität» 19
1.4 Medienethische Prinzipien 21
1.5 Zielsetzung und Aufbau des Buches 23

2 Bausteine des redaktionellen Qualitätsmanagements 27
2.1 Plädoyer für einen pragmatischen Qualitäts-
 management-Ansatz 28
2.2 Baustein I: Regeln und Publizistische Leitlinien 35
 Regeln als Leitplanken 36
 Vielschichtige Regelwerke 37
 Medienrechtliche Grundlagen 41
 Medienethische Perspektive 47
 Journalistenkodizes und Presseräte 51
 Redaktionsstatute und Publizistische Leitlinien 61
 Qualitätsstandards 68
2.3 Baustein II: Mit Qualitätszielen führen 80
 Management by Objectives (MbO) 80
 Fallbeispiel: Gegenhören bei einem Radiosender 82
 Das Mitarbeitendengespräch 85
 Mit Wochenzielen steuern 90
 Der Aussagewunsch 94
 Das Sendungsmandat bei SRF 98
2.4 Baustein III: Ressourcen und Prozesse 101
 Newsroom und Newsdesk 102

	Instrument I: Redaktionskonferenzen............... 104
	Instrument II: Planung und Wissensaustausch......... 111
	Instrument III: Die qualitätsorientierte Recherche....... 116
	Instrument IV: Factchecking...................... 120
	Instrument V: Die Abnahme...................... 124
2.5	**Baustein IV: Selbstkritik und Feedback**.............. 128
	Bekenntnisse zur Selbstkritik..................... 129
	Kritik versus Feedback......................... 131
	Blatt- und Sendekritik.......................... 131
	Der Newsletter des Chefredakteurs.................. 136
	Beispiele für eine veröffentlichte Selbstkritik........... 137
	Exkurs: Kritik zum Storytelling.................... 140
2.6	**Baustein V: Personalentwicklung (PE) und Ausbildung** .. 143
	Personalentwicklung........................... 145
	Ausbildung.................................. 148
2.7	**Baustein VI: Umgang mit dem Publikum**............. 157
	Das Publikum des Journalismus.................... 157
	Die Medienombudsleute – zwischen Medium und
	Publikum................................... 169
	Umgang mit Reklamationen...................... 178
	Social Media einsetzen......................... 180

3	**Sieben Ratschläge auf den Weg zum Qualitäts-**
	management................................... 189

4	**Anhang**....................................... 193
4.1	Qualitätsmanagement – im Journalismus angekommen .. 194
4.2	Weiterführende Links und Adressen
	zu Ausbildungsstätten........................... 198
	Weblinks.................................... 199
	Journalistenschulen in der Schweiz, Deutschland
	und Österreich................................ 204
4.3	Literatur..................................... 206

5	**Dank**.. 215

Vorwort

Heute wird wie noch nie – auch öffentlich – über die Zukunft des Qualitätsjournalismus nachgedacht. Nie gab es so viele Initiativen für Qualität im Journalismus, medienkritische Organisationen, Medienblogs und wissenschaftliche Studien zur Medienqualität. Social Media stellen neue Anforderungen an den Journalismus. Auch die Medienpolitik fragt sich, ob ein zunehmend geschwächter Journalismus langfristig seinen Beitrag zur demokratischen Meinungsbildung werde leisten können. Besorgt beobachtet werden der schleichende Strukturwandel des Mediensystems, die voranschreitende Medienkonzentration, die Veränderungen im Nutzungsverhalten des Publikums, die zunehmenden Finanzierungsprobleme des Journalismus und der damit in den Redaktionen einhergehende Abbau von Personal, Erfahrung und Wissen. Überall steht hinter der Tagesdebatte die Frage nach der bedrohten Medienqualität.

Mit unserm Buch möchten wir einen klärenden Beitrag zur laufenden Diskussion liefern, indem wir weder die Medienherstellung und Mediennutzung der Vergangenheit verherrlichen noch die neuen medialen Möglichkeiten kritiklos übernehmen.

Wir fragen: Was ist Medienqualität? Wie können die Journalistinnen, Journalisten, Redaktionen, Verleger und Intendanten Medienqualität herstellen? Wir zeigen pragmatisch auf, wie mit dem Einsatz von qualitätsstiftenden Instrumenten die Qualität journalistischer Produkte jeglichen Genres auf allen Vektoren gesichert werden kann. Diesen Ansatz haben wir sowohl in großen elektronischen Medien als auch in kleinen Zeitungsredaktionen beobachtet und getestet und sind dabei zur Überzeugung gekommen: Medienunternehmen können sich im heutigen Verdrängungswettbewerb behaupten, wenn sie über ein System der Qualitätssicherung verfügen und dieses durchsetzen. Mit durchsetzen meinen wir nicht ein einseitiges Verordnen von oben nach unten, sondern bewusstes Handeln auf allen Hierarchiestufen und in allen Phasen des journalistischen Produktionsprozesses.

Das Buch richtet sich an angehende Journalistinnen und Journalisten, an erfahrene Medienschaffende sowie an Redaktions- und Verlagskader, die sich im neuen, sich rasch wandelnden journalistischen Alltag bewegen und nach Rezepten suchen, wie Qualität effizient und effektiv gesichert werden kann.

Letztlich wenden wir uns an alle, die Medien nutzen und sich eine fundierte Meinung über die Veränderungen in der Medienlandschaft machen und mitdiskutieren wollen.

Wir haben uns vor allem im deutschen Sprachraum umgesehen, Befunde und Rezepte gesichtet. Dabei haben wir mit unzähligen professionellen Medienherstellern und kritischen Mediennutzern gesprochen. Unser Fazit: Qualitativ überzeugende Medien haben auch in Zukunft ihre Chance.

Wir bedanken uns bei Karl Lüönd, Guido Keel und Kay Mühlmann, die das Manuskript lektoriert und an manchen Stellen verbessert haben. Unser Dank gilt auch Annina Stoffel und Mirco Saner für ihre redaktionelle Mitarbeit.

Im Interesse der Wortökonomie verwendet der Text «Journalisten» und «Journalistinnen» in lockerem Wechsel.

Ein Weblog ergänzt und aktualisiert diesen Leitfaden für Qualitätssicherung in Redaktionen. Unter www.mqa.ch/medienqualitaet können Leserinnen und Leser das Buch kommentieren, Ideen austauschen, netzwerken sowie weitere Anregungen oder Hinweise auf aktuelle Quellen und Links geben.

Vinzenz Wyss   *Peter Studer*   *Toni Zwyssig*

Vinzenz Wyss, E-Mail: vinzenz.wyss@zhaw.ch
Professor für Journalistik am Institut für Angewandte Medienwissenschaft der Zürcher Hochschule für Angewandte Wissenschaften in Winterthur

Peter Studer, E-Mail: studer.pe@bluewin.ch
Rechtsanwalt, vormals Präsident des Schweizer Presserats, Chefredakteur des Schweizer Fernsehens und Chefredakteur des «Tages-Anzeiger» Zürich

Toni Zwyssig, E-Mail: toni.zwyssig@gmail.com
Vormals Ausbildungsleiter, Korrespondent und Redakteur des Schweizer Fernsehens

1 Qualitätssicherung als Ziel

Im ersten Kapitel legen die Autoren dar, warum sie es für unverzichtbar halten, dass sich journalistische Medien ernsthaft mit den Prinzipien der redaktionellen Qualitätssicherung auseinandersetzen und Formen des Qualitätsmanagements etablieren. Sie begründen dies vor allem mit dem zunehmenden Druck, unter dem der Journalismus heute steht. In einem zweiten Schritt geht es um den journalistischen Qualitätsbegriff. Tatsächlich wäre es müßig, Konzepte für redaktionelle Qualitätssicherung zu entwickeln, ohne dass zumindest annäherungsweise diskutiert würde, was denn unter Qualität verstanden werden kann. In einem dritten Schritt schließlich gibt dieses Kapitel einen Überblick über das Buch und Hinweise darauf, wie es zu lesen ist.

1.1 Weshalb es für Redaktionen wichtig ist, Qualität zu sichern

Den journalistischen Medien, besonders den Printmedien, weht ein steifer Wind entgegen. Die Auflagen und die Erträge aus Inseraten sanken fast überall auf breiter Front. Wissenschaftler und Medienmanager diskutieren über Veränderungen im Nutzungsverhalten des Publikums. Verschiedene Formen von Social Media machen sich breit, und es wird gefragt, ob sich der Journalismus im Zeitalter von Facebook, Twitter & Co. aufzulösen droht.

Was bedeutet der Aufstieg der Gratispresse wie etwa «20 Minuten» oder «Blick am Abend» in der Schweiz? Führt sie die junge Generation allmählich wieder hin zu Qualitätszeitungen, oder festigt sie generell die Gratismentalität? Bemächtigen sich Blogs anstelle serbelnder Zeitungen der politischen Deutungshoheit, wie sich dies ansatzweise in den USA abzeichnet? Unter welchen Voraussetzungen haben traditionelle «Push»-Medien wie die gedruckte Zeitung und der Rundfunk, deren Macher den Lesern, Hörern und Zuschauern ein täglich ausgewähltes breites Angebot aufdrängen, noch eine Chance? Laufen sie Gefahr, ihre Qualitätsgeltung einzubüßen?

Das sind Fragen, über denen die Medienbranche gegenwärtig intensiv brütet. Dabei bereitet den Verlegern auch Kopfzerbrechen, dass sich die Mediennutzung in den letzten zehn Jahren grundlegend verändert hat. Einerseits gibt das Publikum immer mehr Geld für Unterhaltungsmedien und insbesondere für Hardware aus, während andererseits offenbar die Bereitschaft abnimmt, für die Inhalte von Presseprodukten und für politische Informationen zu bezahlen. Die Mediennutzung wird situativer und individueller. Wie neuste Publikumsanalysen zeigen, wählen vor allem jüngere Generationen im Internet aus einem breiten Angebot an Medien und Verbreitungskanälen gezielter aus.

1.2 Ohne Journalismus keine Demokratie

Auch die Medienpolitik gibt sich besorgt in Anbetracht der gegenwärtigen Entwicklungen. In der Schweiz hat beispielsweise ein parlamentarischer Vorstoß dazu geführt, dass die Landesregierung wissenschaftliche Studien zu den Zukunftschancen, namentlich der Printmedien, in Auftrag gegeben hat. Die Medienforscher Meier/Leonarz (2011) haben die wichtigsten Ergebnisse dieser Studien zusammengefasst (siehe dazu Dokument 1).

Die Forscher kommen zum Schluss, dass die traditionelle Presse nur beschränkt in der Lage und willens ist, den Bürgerinnen und Bürgern die in modernen Demokratien benötigten publizistischen und politischen Leistungen in ausreichendem Maße anzubieten. Sowohl die kommerziellen als auch die öffentlichen Medien wie auch die Politik seien dazu aufgerufen, nach Maßnahmen zu suchen, die geeignet seien, den problematischen Entwicklungen entgegenzutreten.

Die Autoren dieses Buches folgen der These, dass eine Fokussierung auf publizistische, ethisch begründete und handwerkliche Qualität den Mehrwert der journalistischen Medien im medialen Verdrängungswettbewerb und deren Überleben am Markt langfristig garantiert. Redaktionen können aber ihre Leistungen nur dann adäquat erbringen, wenn sie über ein System der Qualitätssicherung verfügen. Gezieltes Qualitätsmanagement hilft dabei, journalistische Qualität langfristig in der Redaktionskultur zu verankern.

Qualitätssicherung als Ziel

> **Dokument 1: Demokratierelevanter Journalismus unter Druck**
>
> Im April 2010 hat das Schweizer Bundesamt für Kommunikation (BA-KOM) fünf Studien zur Lage der Medien in der Schweiz in Auftrag gegeben. In einem Papier für den Verein Medienkritik Schweiz haben die Medienforscher Meier/Leonarz (2011) die wichtigsten Ergebnisse aus den Studien zusammengefasst:
>
> ***Wichtige Integrationsleistung für die Regionen***
> Regionalzeitungen sind für die regionale Identität zentral. Durch ihre Berichterstattung erfüllen sie nicht nur eine demokratiepolitische Funktion, sondern auch eine integrative.
>
> ***Rückgang sachkompetenter Regionalberichterstattung***
> Die Regionalberichterstattung ist in manchen Medientiteln umfangmäßig geschrumpft, Regionaljournalismus ist anspruchsvoll und verlangt sowohl vielfältige Themenkompetenz als auch intime Ortskenntnisse. Besonders Politiker bemängeln, dass junge Medienschaffende immer weniger vertraut mit der Region sind, über die sie berichten.
>
> ***Regionales Forum mit ungleichem Zugang***
> Die meisten Zeitungen verstehen sich als Forum und sind formal für alle etablierten Interessen offen. Da die Medienschaffenden immer weniger aktiv recherchieren, haben gut organisierte Gruppierungen einen zu offenen Medienzugang. Lose organisierte Gruppen andererseits bekunden Mühe, in die Medien zu gelangen. Zudem zeigt sich, dass Exekutiv-Politikerinnen und -Politiker gut vertreten sind, nicht aber die Mitglieder der Legislative.
>
> ***Zunehmende unternehmerische und publizistische Konzentration***
> Die meisten Regionen sind heute «Einzeitungsregionen». Es fehlt weitgehend an publizistischer Konkurrenz. Die fünf größten Verlage decken 91 Prozent des Abo- und Gratis-Tageszeitungsmarktes ab. In den letzten zehn Jahren sind sowohl die Zahl der Medienunternehmen als auch ihr Umsatz geschrumpft. Ferner sinken die Reichweiten von Abo-Tageszeitungen.

Die im Zuge der Konzentrationsprozesse eingeführten Konvergenz- und Kostenstrategien bergen die Gefahr, dass unternehmerische Überlegungen kontinuierlich vor publizistische gestellt werden.

Verstärkter Produktionsdruck und Qualitätsprobleme
Die Redaktionsstrukturen haben sich in den letzten Jahren stark verändert. Tendenziell lösen sich die traditionellen Ressorteinteilungen zugunsten integrierter Nachrichtenredaktionen auf. Durch solche redaktionelle Umstrukturierungen können die Medienunternehmen Personal einsparen. Die neuen Redaktionsformen setzen die Medienschaffenden einem höheren Produktionsdruck aus. Zugleich korrespondiert der zunehmend auf aktuelle Ereignisse und Konflikte fixierte Journalismus mit Entprofessionalisierung und Qualitätsproblemen.

Verstärkte journalistische Selbstreferenz durch das Internet
Die Informationsflut im Internet, der Medienschaffende ausgesetzt sind, hat positive wie auch negative Konsequenzen für die publizistische Vielfalt. Zwar schätzen Medienschaffende ihre Recherchekompetenz im Internet hoch ein, sie nutzen de facto aber nur wenige Internetquellen, und ihr Rechercheverhalten ist eher oberflächlich. Zudem stützen sich die Medienschaffenden bei ihrer Arbeit immer stärker auf andere Medienschaffende und Medien ab, statt die Akteure direkt zu befragen. Diese wachsende Selbstreferenz nimmt mit dem Internet nochmals zu: Analysen und Kommentare kommen zu kurz.

Rückläufige Einnahmen aus Werbung und Abonnements
Die Werbeeinnahmen haben vor allem im Bereich der Presse abgenommen. Ebenfalls rückgängig sind die Abo-Einnahmen. Gratisangebote – teils auch der Tageszeitungen – nähren in der Leserschaft die Fehlmeinung, dass Information nichts kostet. Die wachsende Gratismentalität macht den Tageszeitungen zu schaffen. Denn die ganze Branche ist auf Erlöse aus dem Werbemarkt und auf Direktbeiträge von Rezipienten angewiesen. Falls Medienorganisationen Subventionen erhalten sollten, würde damit eine publizistische Gegenleistung verknüpft, die zudem kontrolliert werden sollte.

> **Strukturwandel hat Konsequenzen**
> Die Mediennutzung hat sich in den letzten zehn Jahren grundlegend verändert. Schweizerinnen und Schweizer geben einerseits immer mehr Geld für Unterhaltungsmedien aus, während die Bereitschaft, für Presseprodukte und politische Informationen zu bezahlen, zurückgegangen ist. Die Mediennutzung ist insgesamt individueller, fragmentierter und situationsbezogener geworden. Damit verlieren die traditionellen Medien an Bedeutung, und zwar als Informationslieferanten wie auch als Orientierungsinstanzen. Die journalistische Kernkompetenz der Medien wird so dauerhaft unterhöhlt und öffnet einer PR-geleiteten, durch Partikularinteressen geprägten Berichterstattung die Tore.

Chefs, Kader und Journalisten müssen im Alltag auf publizistische Leitlinien im Sinn von Leitbildern, transparent gemachten Normen oder Guidelines zurückgreifen können – und dies nicht nur bei konzeptionellen Überlegungen, sondern auch etwa bei der täglichen Selektion eines Beitragsthemas. Ein nachahmenswertes Beispiel: Der Chefredakteur eines öffentlichen Fernsehsenders ergänzt regelmäßig seine publizistischen Leitlinien – unter anderem nach Reklamationen, Gerichtsurteilen oder Presseratsentscheiden. Unter dem Jahr verweist der Chefredakteur in seinem 14-täglichen Newsletter immer wieder fallbezogen auf diese Leitlinien. So sorgt er dafür, dass sie «gelebt» werden (siehe dazu Seite 62 ff).

Professionelle journalistische Arbeit zeichnet sich auch dadurch aus, dass produktionsbegleitend bestimmte Sicherungsprozesse wie Briefings, Abnahmen und Feedbacks stattfinden. Schließlich sollten die Leitlinien in einer nachträglichen Sende- oder Blattkritik selbstkritisch reflektiert werden. Um journalistische Qualität zu planen, zu kontrollieren und zu verbessern, bedarf es eines ganzheitlichen, publikumsorientierten Qualitätsmanagements. Erstaunlicherweise bleibt die Medienpraxis jedoch von solchen systematischen Überlegungen noch weitgehend unberührt. Wissen Konzernleitungen, dass neue kostensparende Organisationsformen wie etwa der «Newsroom» Gefahr laufen, die Feedback-Kultur in Redaktionsteams verkümmern zu lassen? Medienwissenschaftliche Analysen zur Etablierung von Formen der Qualitätssicherung in Medienbetrieben fallen eher ernüchternd aus.

Strukturen des Qualitätsmanagements sind kaum etabliert

Eine Befragung deutscher Nachrichtenredaktionen stellte etwa fest, dass Redaktionen von einer ganzheitlichen Qualitätskultur, vom bewussten Einsatz von Qualitätsmanagement weit entfernt sind (Hermes 2006). Mit Ausnahme des öffentlichen Rundfunks hat beispielsweise nur ein Drittel der Redaktionen Qualitätsziele in Form von Leitlinien oder Handbüchern formuliert. Auch Studien zum Stand des Qualitätsmanagements in Schweizer Medienbetrieben ähneln den deutschen Befunden (Wyss 2007 und Wyss 2011).

Die Autoren des Buches sind jedoch überzeugt, dass die Verfahren des Qualitätsmanagements Medienbetriebe in die Lage versetzen, auf dem wettbewerbsorientierten Medienmarkt publizistische Qualität und ökonomischen Markterfolg zu verbinden. Medienorganisationen werden zwar von der Kommunikations- und Medienwissenschaft wegen ihrer widersprüchlichen Ziele als «hybride» Gebilde aufgefasst (siehe Dokument 2), in praktischer Hinsicht wäre es allerdings zu einfach, die Gegensätze als unvereinbar zu bezeichnen. Die Kunst des Qualitätsmanagements besteht nämlich darin, beide Perspektiven – die publizistische und die ökonomische – im Auge zu behalten und sie sorgfältig aufeinander abzustimmen.

Dokument 2: Medienorganisationen haben widersprüchliche Ziele

Warum ist es für Medienunternehmen so schwierig, Qualitätsziele zu formulieren, die publizistische und unternehmerische Ziele zur Deckung bringen?
Der Zürcher Kommunikationswissenschaftler Otfried Jarren (2008) hat dazu eine theoretische Erklärung. Für ihn sind Medienorganisationen weder rein ökonomische noch politische oder publizistische Organisationen. Gerade wegen ihrer eingeforderten Unabhängigkeit können sie sich nicht ausschließlich einer dieser Logiken unterordnen. Vielmehr weisen sie eine hybride Struktur auf und werden mit – widersprüchlichen – Leistungserwartungen konfrontiert. Dementsprechend versuchen unterschiedliche organisierte Interessen, sie in ihrem Sinn zu instrumentalisieren.
Tatsächlich sind Medienorganisationen westlichen Typs bei der Etablierung eines Qualitätssicherungssystems im Vergleich zu Organisationen

> anderer Branchen mit einem zusätzlichen Problem konfrontiert. Sie sehen sich in einer «eingebauten Schizophrenie» gefangen (Weischenberg 1992: 170). Gemeint ist der «Doppelcharakter» von Medienorganisationen: Zum einen sind sie – normativ – mit einem Auftrag zugunsten der Öffentlichkeit konfrontiert; zum andern beschaffen sie – als wirtschaftliche Organisationen – Ressourcen, um ihre Organisationsziele zu erreichen und den Eigentümern Rendite einzubringen. Angesichts des Kommerzialisierungstrends im Mediensystem wird diese «Schizophrenie» immer spürbarer.
>
> Es besteht kein Zweifel, dass Medienunternehmen wohl auch in mittelfristiger Zukunft das dominante Organisationsgerüst für den Journalismus bleiben werden. Es wird also weiterhin kommerzielle Medienunternehmen geben, für die Journalismus die zentrale Ressource darstellt, die sie ökonomisch zu nutzen versuchen. Sie werden weiterhin Journalismus auf dem Markt durch Werbung und Verkaufserlöse finanzieren und dafür sorgen, dass dieser Publikumsaufmerksamkeit und damit Öffentlichkeit produzieren kann.
>
> Unabhängiger und leistungsstarker Journalismus ist für die aktuelle gesellschaftliche Selbstbeobachtung und Synchronisation und damit auch für den demokratischen Prozess unverzichtbar. Andererseits stoßen herkömmliche Finanzierungsmodelle an ihre Grenzen. Auf der Suche nach neuen Förderungs- und Finanzierungsmodellen ist grundsätzlich zwischen Medien als Organisationsgerüst und Journalismus als gesellschaftliche Institution zu unterscheiden (Kiefer 2011).

Wesentliche Aufgabe des Qualitätsmanagements ist es, publizistische Qualitätsziele zunächst zu identifizieren und dann auch für deren Durchsetzung zu sorgen. Am Ende folgt die systematische Überprüfung der Ergebnisse. Parallel dazu, gleichsam als zweiter Schienenstrang, verläuft die Beachtung der Budgetvorgaben durch die Redaktionsverantwortlichen. Freilich setzt das Budget die Bereitschaft des Verlegers oder des Medienmanagements voraus, Qualitätsproduktion überhaupt zu ermöglichen. Den Existenzkampf zwischen Gratismedien und mit Kaufpreis oder Gebühren belasteten Medien bestehen die letzteren nur, wenn sie einen erkennbaren Mehrwert an Information und Alltagsnutzen aufweisen. Erkennbar und beschreibbar wird dieser Mehrwert vor allem im Qualitätsbereich. Das erklärt weshalb die Medien in den Grundrechtekatalogen prominent rangieren. Zudem offenbart der tägliche Produktionsprozess noch einen weiteren ökonomischen Aspekt. Zeit ist innerhalb der Medienbetriebe ein knappes Gut. Können die Kader bei medienethischen Diskussionen etablierte Kriterien und eine gelebte Hauskultur zitieren? Das versachlicht und beschleunigt die Entscheidungsfindung im Einzelfall.

Die Autoren haben über Jahre Erfahrungswissen aus der journalistischen Praxis, aus der Ausbildung sowie aus der Medienwissenschaft zusammengetragen und vor dem Hintergrund medienrechtlicher und -ethischer Überlegungen einen Leitfaden zur nachhaltigen Verbesserung der journalistischen Qualität vor Ort in den Redaktionen entwickelt. Das Buch soll dabei helfen, in den Redaktionen Prozesse zur Sicherung und zur kontinuierlichen Verbesserung der journalistischen Qualität in Gang zu setzen. Die Autoren zeigen auf, wie in Redaktionen – so unterschiedliche Zielgruppen diese auch bedienen mögen – Qualitätskonzepte für das eigene Produkt zu finden sind, die im Alltag angewendet werden können und deren Umsetzung pragmatisch gemessen werden kann.

1.3 Die Referenz «journalistische Qualität»

Was denn Qualitätsjournalismus ist oder Qualitätsmedien sein können, muss hier zunächst noch offenbleiben. Zu schillernd ist der Begriff der journalistischen Qualität. Wir setzen uns im Kapitel 2.2 intensiver damit auseinander, weil die Etablierung eines Qualitätssicherungssystems schon voraussetzt, dass die Redaktion über ein Verständnis von Qualität verfügt.

Neben organisationsspezifischen Überlegungen scheint es elementar, dass sich der journalistische Qualitätsbegriff an dem orientiert, was wir als Eigenlogik des Journalismus bezeichnen. Sie ergibt sich aus der gesellschaftlichen Funktion des Journalismus. Dieser leistet für die Gesellschaft etwas, was Politik, Wirtschaft, Wissenschaft, Kunst, Bildung oder Religion je alleine nicht können. Die Gesellschaft braucht den Journalismus, um sich mit Aktualitätsbezug und aus unabhängiger Warte selbst zu beobachten. Er macht die jeweiligen Fachsprachen verständlich.

Das Publikum muss sich in all seinen verschiedenen Rollen, sei es als Bürger, als Konsumentin, als Kunstsammler, als Auszubildende, als Lehrpersonen, als Sportbegeisterte, als Eltern oder als Anwältin, zudem ein Bild machen können, was kollektive wie private Entscheidungen nach sich zieht. Die Medien bilden mit ihren Leistungen die wichtigste Plattform der Öffentlichkeit. Sie wählen in sachlicher Perspektive Themen von einer bestimmten Relevanz aus. Dies tun sie in zeitlicher Hinsicht momentgerecht und synchron. In sozialer Hinsicht ermöglichen sie schließlich die Orientierung breiter Publika, die unter sich diskutieren, was die journalistischen Medien vorschlagen.

Im Hinblick auf eine funktionierende Demokratie wird gefordert, dass journalistische Medien kontinuierlich über Politik, Wirtschaft und Gesellschaft berichten, damit die Bürger über jene Informationen verfügen, welche sie für die politische Meinungs- und Willensbildung benötigen. Medien sollen ein Forum für politische und gesellschaftliche Debatten bieten. Aber Kritik und Kontrolle wie auch die Vermittlung unter verschiedenen Gruppen gehören dazu.

Im Rahmen des redaktionellen Qualitätsmanagements müsste es nun gelingen, vor dem Hintergrund der hier kurz beschriebenen Funktionen des Journalismus organisationsspezifische Qualitätsziele zu benennen. Entsprechende Qualitätsziele finden ihren Ausdruck dann in redaktionellen Leitlinien oder in Redaktions- und Sendungskonzepten.

Im Rahmen des täglichen Qualitätssicherungsprozesses werden bei der Planung von Themen, bei Abnahmen, beim Feedback oder bei internen Blattkritiken Qualitätsstandards herangezogen, an denen sich die Produktion und die Kritik ausrichten. Zu den gebräuchlichsten professionellen Regeln gehören Qualitätskriterien wie Relevanz, Wahrhaftigkeit, Fairness, Transparenz, Faktentreue, Aktualität, Vielfalt und Verständlichkeit. Auf diese und andere Qualitätskriterien gehen wir im Kapitel 2.2 näher ein.

Qualitätsmanagement muss sich auf die Referenz der Qualität beziehen. Weil nun aber der journalistische Qualitätsbegriff breit gefächert und vielschichtig ist und nicht an jeder Stelle gleichzeitig über eine Vielzahl von Standards gesprochen werden kann, konzentrieren sich die Autoren in ihren Beispielen vorwiegend auf die drei zentralen Qualitätsstandards Wahrhaftigkeit, Fairness und Transparenz. An ihrem Beispiel wird gezeigt, wie bereits in Planungsprozessen, während der redaktionellen Produktion sowie im Nachhinein diese fundamentalen journalistischen Qualitätsstandards gesichert werden können.

1.4 Medienethische Prinzipien

Im redaktionellen Qualitätsmanagement sollten auch medienethische und medienrechtliche Standards herangezogen werden. Aus diesem Grund spielen die Prinzipien und Techniken der angewandten Medienethik in diesem Buch eine zentrale Rolle.

Am Anfang steht die kritische Reflexion von ethisch problematischen Vorgängen, Inhalten und Formen, die auch das Publikumsverhalten einschließen. Dann folgt die Erkenntnis, dass das Recht, das nur ethische Minima erfasst, und der Markt als vorwiegend ökonomischer Motor mit der Problematik überfordert sind: Das Rechtssystem ist zu rigide und kommunikationsfern; dem Markt fällt es oft schwer, Verantwortung jenseits der ökonomischen Abläufe zuzuordnen.

Viele publizistische Entscheide werfen im redaktionellen Alltag bei der Planung von Projekten oder bei der Evaluation journalistischer Leistungen Wertfragen auf. Das legt den Bedarf nach überindividuellen Normen nahe. Qualitätsfaktoren müssen also sorgfältig und unter Einbezug der angewandten Ethik gegeneinander abgewogen werden.

Die Autoren gehen von einer gestuften Verantwortung aus, welche die Individual-, Organisations- und Professionsethik mit einschließt (siehe dazu das Dokument 3). Dabei gehen sie insbesondere auch auf die Arbeit der Presseräte und auf deren Instrumente wie Journalistenkodizes ein. Auch sie sollten sich auf Verfahren der innerredaktionellen Qualitätssicherung beziehen. Konzepte des Qualitätsmanagements setzen vor allem auf der Ebene der Organisationsethik an. Das heißt: Sie gehen davon aus, dass Journalismus vorwiegend im regulierenden Rahmen der Redaktion stattfindet. Dort sind ethische Postulate und Routinen hoffentlich Teil der Organisationskultur. Das erleichtert die professionelle Steuerung der journalistischen Arbeit.

Qualitätssicherung als Ziel

> **Dokument 3: Verpflichtungsbereiche der Medienethik**
>
> Nach dem Verpflichtungsbereich der Medienethik wird unterschieden zwischen Individual-, Institutions-, Organisations- und Professionsethik. Die in diesem Zusammenhang auch genannte Publikumsethik hilft wenig, da es an handlungsfähigen Adressaten fehlt und weil das Publikum nicht genügend organisiert ist, um sich Gehör zu verschaffen. Eine Ausnahme besteht teilweise in den «Publikumsräten» der SRG und dort, wo die Presseräte Publikumsvertreter integriert haben – namentlich in Großbritannien oder in der Schweiz. Publikumsethik setzt eben auch Medienkompetenz voraus. Da die Entscheidungs- und Gestaltungsmacht ungleich verteilt ist, braucht es alle fünf Perspektiven, um den Qualitätsjournalismus nachhaltig zu sichern (Stapf 2006). Auf drei dieser Perspektiven gehen die Autoren hier ausführlicher ein:
>
> *Individualethik*
> Sie beabsichtigt, die einzelnen Journalisten handwerklich und moralisch für richtige Entscheide zu rüsten. Ihr Ziel ist die Verständigung in der öffentlichen Kommunikation, ihre Methode der Appell an den integren Journalisten. Die Moral des Journalisten «steckt in der Sache, die wir Journalismus nennen. (...) [Sie hat sich im] handwerklichen Können, im Recherchieren- und Schreibenkönnen (...) bewährt, wodurch sich die Praxis als ‹gut› erweist.» Der Journalist müsste eigentlich Moralist sein, meinte Boventer (1989: 110). Kritiker werfen der Individualethik vor, die Berufsrealität des Drucks aus Medienunternehmen und inserierender Wirtschaft zu verkennen.
>
> *Institutionsethik*
> Auch das Mediengeschehen unterliegt institutionellen Rahmenbedingungen, insbesondere dem Medienrecht. Die Institutionsethik betrifft also in erster Linie Auseinandersetzungen zwischen Medien und Politik. Ein Beispiel dafür wären die oft öffentlich ausgetragenen Auseinandersetzungen zum Verständnis von Service Public (Schweiz) oder Public Value (Österreich) im Positionskampf zwischen privat-kommerziellen und öffentlich-rechtlichen Medien. Sie entzünden sich etwa an der Frage, welche Internetaktivitäten die gebührenfinanzierten Sender SRG und ORF gegen den Einspruch der privaten Medienkonzerne entfalten dür-

fen. Organisationsethik ist eine Antwort auf die traditionelle Individualethik. Sie geht davon aus, dass massenmedialer Journalismus meist in großen Medienbetrieben stattfindet. In dieser Organisationsform kann sich individuelle Tugend des Journalisten höchstens ansatzweise durchsetzen.

Professionsethik
Wenn ethische Postulate und Routinen zur Organisationskultur werden und dem Markt gegenüber resistent sein sollen, muss die Medienorganisation sie tragen. Das bedarf der Regelungen auf verschiedenen Stufen: Branchenweit sind Journalistenkodizes festzulegen. Wegen der Ähnlichkeit dieser Kodizes in verschiedenen Ländern und Verbänden kann man hier institutionell von Bruchstücken einer «Professionsethik» reden. Die Kodizes müssen sich in internen Normierungen («Publizistischen Leitlinien») fortsetzen und konkretisieren. Diese Normierungen wiederum könnten von einem neuerwachten wirtschaftsethischen Trend unterstützt werden (Stichwort «Corporate Social Responsibility»).

1.5 Zielsetzung und Aufbau des Buches

Das Buch richtet sich an angehende Journalistinnen und Journalisten; an gestandene Medienschaffende, Redaktions- und Verlagsleiterinnen, die sich im immer hektischer werdenden journalistischen Alltag bewegen und nach Orientierung suchen; aber auch an ein verantwortungsbewusstes breiteres Publikum, das sich in die für unsere Gesellschaft wichtige Diskussion über journalistische Qualität und deren Sicherung einbringen möchte. Schließlich sind die Dozierenden und Studierenden der stetig zunehmenden Studiengänge wie Journalistik oder Medienmanagement angesprochen.

Die Leser des Buches erfahren, wie in Redaktionen meist bereits bekannte Instrumente und Verfahren genutzt werden können, um ein systematisches Qualitätsmanagement einzurichten und weiterzuentwickeln.

Unterschiedliche Aufgaben und Möglichkeiten der Medien

Jedes Medium hat seine ureigenen Stärken und Schwächen. Die Ansprüche an das Qualitätsmanagement sollten deshalb vom jeweiligen Medium das verlangen, was es besonders gut kann, und nicht das, was ein anderes viel besser, zum Beispiel schneller, attraktiver und zu geringeren Kosten zu leisten vermag. Lange galt das Radio als schnellstes Massenmedium. Es meldet die Nachricht zuerst, das Fernsehen zeigt das Ereignis, die Zeitung analysiert und kommentiert.

Durch die neuen Möglichkeiten des Internets und durch den Online-Journalismus haben sich die Bedingungen radikal verändert. Fernsehzuschauer erwarten heute die Bilder gleichzeitig mit der Meldung im Radio. Das Publikum informiert sich zudem quasi live über den Ticker der Online-Plattformen («instant journalism»). Social Media haben zudem in jüngster Zeit zu einer zusätzlichen Beschleunigung geführt, indem die Verbreitung von Neuigkeiten nicht mehr von Journalisten abhängig ist, sondern von Augenzeugen oder Direktbetroffenen getwittert oder gepostet wird.

Am 11. September 2001 konnte die ganze Welt den Einschlag des zweiten Flugzeugs in den World Trade Center-Tower am Bildschirm live verfolgen. Eingeschlossene meldeten sich übers Mobiltelefon bei Angehörigen und Medien. Die Radio- und Fernsehprogramme schalteten weltweit auf Direktübertragungen, spekulierten und analysierten das ungeheure Ereignis laufend. Die Zeitungen brachten gleichentags schon Sonderausgaben, und tags darauf glichen sich die Schlagzeilen und Bilder rund um den Erdball von Chicago bis Chur und von Kapstadt bis Kirgisien.

Seither hat das Internet die Hierarchie von Radio, Fernsehen und Zeitung völlig umgekrempelt. Im März 2011 erschüttern eine Erdbebenserie Japan, und ein Tsunami überflutet das Atomkraftwerk in Fukushima. Die Berichterstattung ist konvergent: Auf den Online-Plattformen der großen Tageszeitungen und TV-Kanälen finden sich komplette Dossiers mit den aktuellsten Meldungen, Hintergrundberichten, Infografiken und Verlinkungen zu thematisch relevanten Webseiten. So findet man etwa im Bericht von «20 Minuten Online» über die Aufräumarbeiten den Link zum «Skilled Veteran Corps for Fukushima», eine Vereinigung von japanischen Rentnern, die sich freiwillig für die Wiederherstellung des Kühlsystems des AKW zur

Verfügung stellt. Der Slogan «Do what you can do the best and link to the rest» scheint zu greifen – immer mehr Journalisten bieten ein mediales Angebot, das über das eigene hinausreicht. Wobei gerade in Katastrophenfällen die Verlinkungen auch den Einbezug von Nicht-Journalisten auf Facebook oder Twitter einschließen können.

Trotzdem: Obwohl multimediales Komponieren gefragt ist (vgl. Keel/Schibli 2009), sind die Stärken und die Schwächen der verschiedenen Medientypen immer noch erkennbar. Das Radio kann rasch berichten und bringt berührende O-Töne, ohne erst auf überspielte Bilder und wohlformulierte Texte warten zu müssen. Das Fernsehen fasziniert mit dem bewegten Bild, das oft mehr sagen kann als viele Worte. Die geschriebene Presse analysiert, vertieft, stellt Zusammenhänge her und veranschaulicht diese in gepflegten Fotos und Grafiken. Im konvergenten Bereich der Online-Plattformen können viele dieser unterschiedlichen Formen zugleich ausgespielt werden: vom Live-Ticker bis zu verlinkten, weiterführenden Dossiers.

Die Autoren sind sich der unterschiedlichen Möglichkeiten bewusst. Sie sind aber auch davon überzeugt, dass die Prinzipien des redaktionellen Qualitätsmanagements grundsätzlich unabhängig von Medientyp und Größe der Redaktionen angewandt werden können. Je nachdem, welche Ressourcen dafür zur Verfügung stehen, kann das Qualitätsmanagement mehr oder weniger zur Qualitätssicherung beitragen.

Zum Aufbau des Buches
Wie aber kann nun in der Praxis ein redaktionelles Qualitätsmanagement aufgebaut und realisiert werden? Welches sind die Prinzipien des Qualitätsmanagements, die auch in der alltäglichen Redaktionsarbeit angewandt werden können? Die Autoren führen die Leser schrittweise zu einzelnen Bausteinen, die, aufeinander abgestimmt, ein Sicherungssystem ergeben, das auch mit wenig Ressourcen etabliert werden kann.

Zunächst wird das Management der Medienorganisationen in die Pflicht genommen. Ihm kommt die Aufgabe zu, zusammen mit den Mitarbeitenden Qualitätsziele zu entwickeln und sie intern wie extern zu kommunizieren. Es setzt auch durch, dass die journalistischen Leistungen systematisch evaluiert werden. Wir gehen zunächst auf rechtliche und medienethische Leitplanken ein, die bei der journalistischen Arbeit zu berücksichtigen sind. Ein besonderes Augenmerk richten wir dabei auf die berufsethischen Regeln, wie sie in den Journalistenkodizes formuliert sind. Bereits diese Richtlinien können dafür verwendet werden, das journalistische Arbeiten an Qualitätszielen auszurichten.

Dazu gehören weiter hausinterne Dokumente, in denen qualitätsrelevante Ziele und Regeln festgehalten werden (z.B. Qualitätsgrundsätze in Leitbildern und medienspezifisch-publizistische Richtlinien für den Redaktionsalltag). An dieser Stelle wird auch ausgeführt, auf welche Qualitätskriterien man sich bei einer Blatt- oder Sendekritik beziehen kann, um sich möglichst nahe am Produkt über Standards zu verständigen. Praktische Beispiele verdeutlichen in einem weiteren Baustein, wie im Sicherungsprozess das Führungsinstrument «Management by Objectives» zur Anwendung kommen kann.

Diskutiert werden darüber hinaus Planungs-, Kontroll- und Feedback-Prozesse als zentrale Elemente der Qualitätssicherung. Im Vordergrund stehen hier Hinweise, wie solche Prozesse an Qualitätsstandards ausgerichtet werden können und so rasch wirken. Der Baukasten eines redaktionellen Qualitätssicherungssystems wäre nicht vollständig, wenn nicht auch die Mittel der Personalentwicklung, Aus- und Fortbildung oder die Möglichkeiten des Umgangs mit dem Publikum ausgeschöpft würden.

Checklisten, Tipps und Fallbeispiele helfen dem Praktiker in der Um- und Durchsetzung. Dazu wird Kontextwissen für den Leser bereitgestellt, der sich vertieft mit einzelnen Themen auseinandersetzen möchte.

Im letzten Kapitel versuchen die Autoren zu zeigen, dass Akzeptanz und Erfolg eines Qualitätsmanagements sehr von der Haltung und Einstellung abhängen, mit der dieses Projekt kommuniziert und eingeführt wird. Wichtig ist, dass im Kleinen damit begonnen wird. Der Weg ist das Ziel.

2 Bausteine des redaktionellen Qualitätsmanagements

2.1 Plädoyer für einen pragmatischen Qualitätsmanagement-Ansatz

Wie in der Küche gibt es auch im Journalismus nicht eine einzige, allein gültige Definition von Qualität. Qualität ist auf jedem Niveau möglich, vom Schnellimbiss bis zum Sterne-Restaurant. Was es aber gibt, ist ein plausibles und nachvollziehbares Inventar von Verfahren, die Qualität ermöglichen. Diese qualitätsstiftenden und qualitätssichernden Instrumente («Q-Instrumente») werden in diesem Kapitel beschrieben.

Die meisten Redaktionen, sei es in Fernsehen, Radio, Online oder Presse, verfügen sehr wohl über Ansätze eines Qualitätsmanagements oder setzen qualitätsstiftende Instrumente ein. Sie haben es einfach bisher nicht so genannt, und sie setzen beides häufig nicht entschieden genug durch. Zudem stehen diese Instrumente oft in keinem logischen Bezug zueinander.

Je nach hierarchischer Stufe fallen unterschiedliche Prioritäten auf. Wenn der Verlagsdirektor oder Medienmanager eines schwergewichtig kommerziell ausgerichteten Mediums mit seinem Chefredakteur spricht, geht es meist um eine ökonomisch ausgerichtete Managementstrategie und um Ertragsverbesserung. Für die Journalisten stehen die starke Story, die gut begründete Kritik, der unterhaltsame Text samt Bild im Vordergrund. Im wettbewerbsorientierten Medienmarkt kollidieren die Ziele «publizistische Qualität» und «ökonomischer Markterfolg» häufig.

Abbildung 1:
Stufengerechter Qualitätsdiskurs
(eigene Darstellung)

Der Direktor eines öffentlichen Radio- und Fernsehsenders beispielsweise hat einen im Service Public begründeten Leistungsauftrag zu erfüllen. Wenn er mit seinen Fernseh- und Radiodirektoren spricht, geht es um Service Public, Marketing, Budget – oft in dieser Reihenfolge. Unterhalb der Geschäftsleitung konkretisieren die Fernseh- und Radiodirektoren diese Rahmenbedingungen mit den ihnen unterstellten Abteilungsleitenden. Diese vertiefen die Vorgaben mit ihren Ressort- oder Redaktionsleitenden. Sie wiederum produzieren mit ihren Redaktionsteams die konkreten Sendungen. An der Front schließlich dreht sich vieles um journalistisches Handwerk. Das Thema muss gut recherchiert, der Zugriff attraktiv und originell, das Interview fair und auf den Punkt gebracht und die Geschichte spannend erzählt sein.

In der Qualitätsdiskussion stehen so auf jeder Hierarchiestufe unterschiedliche Schwerpunkte im Vordergrund. Im Unterschied zu einem Industrieprodukt ist jede Sendung, jeder Zeitungsartikel ein Unikat, einmalig (Ausnahme: Plagiate und Agenturmaterial). Ein Auto kann nach einem klar festgelegten Ablauf am Fließband hergestellt werden. Bei einer Nachrichtensendung sowie bei einer Tageszeitung geht das nicht.

Die redaktionellen Beiträge sind abhängig von Antworten auf Fragen wie: Wie relevant ist das Thema? Was ist heute neu? Was läuft sonst noch? Was wissen die Zuschauerinnen, die Leser bereits über das Thema? Was müssen – was möchten sie wissen? Kommt man heute an die Informationen heran? Sind die wichtigen Akteure (Betroffene, Verantwortliche, Experten) greifbar? Steht der am besten informierte Journalist auf dem Arbeitsplan? Je nachdem findet das Thema in der «Tagesschau» mit einem Bericht von 90 Sekunden, mit einer Wortmeldung von 20 Sekunden oder überhaupt nicht statt. Bei den Tageszeitungen ist der Spielraum etwas größer.

Dem präzisen oder vergleichbaren Messen von Qualität sind im Journalismus Grenzen gesetzt. Auch die Wissenschaft kann mit ihren Messvorschlägen nicht bis zum Kern vordringen. Da geht man vor wie in der Küche. Man setzt auf die bewährten Qualitätsinstrumente. Werden diese sinnvoll eingesetzt, ist die Wahrscheinlichkeit groß, dass die Qualität entsteht, die man sich vorstellt.

In der Praxis muss Qualitätsmanagement als praktikabel und nützlich wahrgenommen werden. Ein noch so ausgeklügeltes Qualitätsmanagement bringt nichts, wenn es die Betroffenen bloß als administrative Schikane empfinden und ausrufen: «Nein, diese Suppe ess ich nicht!» Die Autoren dieses Buches verfolgen deshalb einen pragmatischen Ansatz und strukturieren die verschiedenen Aufgaben der Qualitätssicherung entlang von sechs Q-Bausteinen.

Abbildung 2:
Zentrale Bausteine des
Qualitätsmanagements

> Q-Baustein I: Die Geschäftsleitungen formulieren Qualitätsziele und Normen unter stufengerechtem Einbezug der redaktionellen Kader und der Mitarbeitenden. Sie werden etwa in deklamatorischen Leitbildern oder – praktikabler – in «Publizistischen Leitlinien» formuliert. Im Rahmen des Qualitätsmanagements dienen solche Regelwerke dazu, Qualitätsstandards sowie medienethische und medienrechtliche Grundsätze in die tägliche Medienarbeit zu überführen.
> Der Q-Baustein II gilt dem Management by Objectives (MbO) als Führungsstil – also dem ständigen Bezugsgespräch auf zeitlich angesetzte Ziele zwischen oberem und unterem Kader sowie Mitarbeitenden. Das MbO ist zentraler Teil von Sendungs- oder Ressortmandaten.
> Zum Q-Baustein III gehören Organisationsprinzipien wie Aufbau- und Ablauforganisation oder der Workflow im Tageslauf. Hier geht es aber auch um Planungsprozesse, Redaktionskonferenzen, Briefings, Rechercheoptimierung, das Factchecking und Abnahmen.
> Bestimmte Sicherungsetappen wie Feedback-Prozesse und Formen der (veröffentlichten) Selbstkritik stellen den Q-Baustein IV dar.

> Der Q-Baustein V bezieht sich auf die Personalentwicklung, vor allem auf die Möglichkeiten der Aus- und Weiterbildung der redaktionellen Mitarbeitenden, eine wesentliche Stütze der Qualitätssicherung.

> Der Q-Baustein VI schließlich fokussiert auf Formen der Publikumsforschung sowie auf den Einbezug von Publikumsreaktionen als weitere Elemente eines ganzheitlichen Qualitätsmanagement-Systems. Publikumsforschung dient auch als Erfolgskontrolle.

Das Modell ordnet verschiedene Maßnahmen, die zur Verbesserung der qualitätsorientierten Steuerung einer Redaktion führen. Es kann auch dafür herangezogen werden, ein bereits in Ansätzen bestehendes Qualitätssicherungssystem zu überprüfen (Selbstevaluation), weil es hilft, systematisch Stärken und Schwächen zu erkennen. Die Autoren haben das Modell zusammen mit dem Schweizer Radio und Fernsehen SRF entwickelt und während Jahren kontinuierlich umgesetzt und getestet. Was bei Radio und Fernsehen jeweils Programm heißt, ist bei Print- und Online-Medien mit kleinen Anpassungen auf den redaktionellen Teil eines jeden Medienunternehmens übertragbar. Im Folgenden wird das Qualitätsmanagement, wie es bei SRF gehandhabt wird, kurz vorgestellt. In den nächsten Kapiteln werden Elemente der einzelnen Q-Bausteine an ausgewählten Beispielen aus Presse, Radio, Fernsehen und Online mit und ohne öffentlichen Leistungsauftrag beschrieben. Durch das Zusammenspiel der verschiedenen Q-Instrumente kann so ein umfassendes systematisches Qualitätsmanagement entstehen.

Fallbeispiel: das QM beim Schweizer Radio und Fernsehen SRF
Das Schweizer Radio und Fernsehen SRF versteht Qualitätsmanagement als Führungsaufgabe. Bausteine für die Programmqualität sind – neben den klar definierten Qualitätsstandards – Ressourcen und Prozesse, Aus- und Weiterbildung, Markt- und Publikumsforschung, Führen mit Zielen sowie Feedback und Qualitätskontrolle. Zu den zentralen Qualitätsinstrumenten gehören systematische Analysen innerhalb der Abteilungen und Redaktionen sowie regelmäßige Quality-Checks (Q-Checks) bestimmter Formate. Nach einem viel-

fältigen Kriterienraster urteilen nicht nur interne Fachleute (Ausbildung, Markt- und Publikumsforschung), sondern auch Vertreterinnen und Vertreter des Publikumsrats sowie der Medienwissenschaft. Sie erarbeiten eine gemeinsame Auswertung.

Das Q-Check-System war bereits vor der Fusion 2011 bei SR DRS und SF etabliert. Pro Jahr wurden je drei bis vier Sendungen oder Programmbereiche überprüft. Die Checks stießen auf große Akzeptanz; Empfehlungen der Prüferteams wurden in der Regel rasch umgesetzt.

Auf der Webseite des Schweizer Radio und Fernsehens SRF werden die Bausteine des Qualitätsmanagements aufgeführt (vgl. www.srf.ch, suche «Qualitätsmanagement»). In Dokument 4 werden – quasi als Einführung und exemplarisch – kurz die Bausteine des Qualitätsmanagements (QM) beim SRF beschrieben, wie sie seit 2008 angewendet werden.

Dokument 4: Strukturiertes Monitoring beim Schweizer Radio und Fernsehen (SRF)

---

1. Von einzelnen Qualitätsinstrumenten zum umfassenden Qualitätssystem

«Haben wir bei SF ein Qualitätsmanagement?», erkundigte sich die damalige Fernsehdirektorin in einer der ersten Geschäftsleitungssitzungen. Als die versammelten Abteilungsleiter irritiert aufzuzählen begannen, was im Unternehmen zur Qualitätssicherung und Qualitätsoptimierung bereits getan wird, stellte man erleichtert fest, dass sehr wohl so etwas wie ein QM vorhanden ist; man habe dem bisher einfach nicht so gesagt und es nicht systematisch verzahnt. Eine kleine Arbeitsgruppe aus praxiserprobten Journalisten trat hierauf zusammen, um die qualitätsstiftenden und qualitätssichernden Instrumente in einem Gesamtkonzept darzustellen. Dieses müsste nach innen und außen kommunizierbar sein. Erfahrungen anderer Medienunternehmen und der Medienwissenschaft sollten beigezogen werden.

2. Ein pragmatischer Qualitätsbegriff

Die in Redaktionen und in der Medienwissenschaft seit Jahren episch und zum Teil spitzfindig geführte Diskussion um Definitionen von Begriffen wurde pragmatisch reduziert. Je höher die Führungsetage, desto mehr wird über Begriffe diskutiert wie Qualität und die Grenzen ihrer Messbarkeit, Quellentransparenz, Wahrhaftigkeit, Fairness, Relevanz oder Boulevardstil im Service Public. Ganz anders bei den Bild, Ton und Text produzierenden Journalistinnen und Journalisten in den Redaktionen. Hier steht das journalistische Handwerk im Vordergrund.

3. Qualitätsinstrumente im Fokus

SF legt in seinem QM den Fokus klar auf das Sendungsmandat und den sinnvollen Einsatz der qualitätssichernden und qualitätsstiftenden Instrumente. Einerseits sind solche schon seit Jahren im Einsatz. Anderseits stiften sie im journalistischen Alltag schnell und nachhaltig sichtbaren Nutzen.

Qualitätsstandards/Leitlinien: Leitbild, Strategie, Werte, Führungsgrundsätze, Publizistische Leitlinien, Handwerkliche Leitlinien

Management by Objectives (MbO – Führen mit Zielen): Mitarbeitergespräch (MAG) mit Leistungszielen, Review des Sendungsmandats, Sendungsmandat als Grundlage

Ressourcen und Prozesse: Produktionsabläufe – von der Idee zur Sendung (Verantwortung und Kompetenzen), Qualitätsdefinition und Qualitätskriterien, Creative Briefs, Sendungs-Handbuch, Handwerkliche Standards

Feedback: Newsletter der Geschäftsleitung (für Kader), Abteilungs-Newsletters, Beitrags-Abnahme, Sendekritik, Sendungs-, Beitrags- und Moderationsanalysen

Ausbildung: Interne und externe Ausbildung, gemeinsame Ausbildungsveranstaltungen SF (Redaktionen)/tpc (Technik), externe Ausbildung

Publikums- und Marktforschung: Markt- und Publikumsforschung, Imagestudie, Medienresonanz-Studie, Diskurs und Auseinandersetzung mit dem Publikumsrat DRS

Die interne Leistungsbeurteilung innerhalb einer Redaktion (z.B. «Tagesschau») findet täglich statt durch Abnahme des Beitrags vor der Sendung. Die Sendekritik nach der Sendung ist allen Beteiligten zugänglich über das Intranet. Die Abteilungsleiter geben ihr Feedback in den regelmäßig erscheinenden internen Newsletters, die allen Mitarbeitenden zugänglich sind. Der Chefredakteur beispielsweise tut das alle zwei Wochen. Er lobt, rügt und reagiert auf Kritik von innen und außen. Lob erfolgt mit Namensnennung, Tadel mit Erwähnung der Redaktion oder des Teams. Mit den Ausbildungsverantwortlichen legen Redaktionsleiter und Abteilungsleiter mindestens einmal jährlich Retraiten fest, an denen Beiträge und Sendungen durch interne oder externe Fachleute vertieft analysiert und falls nötig Konsequenzen gezogen werden (z.B. Kursbesuch).

Die Fernsehdirektion entscheidet jährlich mit der jeweiligen Abteilungsleitung (Information, Unterhaltung, Sport, Kultur, Online), welche Redaktion durch den Q-Check überprüft werden soll. Das Q-Check-Team besteht intern aus dem Ausbildungsleiter und der Leitung der Publikumsforschung, extern aus einem Medienwissenschaftler und einem Vertreter des Publikumsrates SRG Deutschschweiz. Das Q-Team überprüft bei einem meist zweitägigen Sendungsbesuch das aktualisierte Sendungsmandat sowie den sinnvollen Einsatz der definierten Qualitätsinstrumente. Ein Team des Publikumsrats beurteilt die Sendung nach eigenen Kriterien als Zuschauer. Sein Bericht wird dem Bericht des Q-Check-Teams beigelegt. Beide werden der Fernsehdirektion mit allfälligen Empfehlungen übergeben. Die Direktion ordnet im Gespräch mit Abteilungs- und Redaktionsleiter Maßnahmen an.

Der Q-Check ist heute etabliert. Geschätzt werden vor allem der konkrete Nutzen für die Sendung und die professionelle Beurteilung der Q-Instrumente. Nach anfänglicher Skepsis wird auch das Mitwirken des externen Medienwissenschaftlers und des Vertreters des Publikumsrats als wertvoll akzeptiert. Nach dem Zusammenlegen von Radio (SR DRS) und Fernsehen (SF) zum (deutschschweizerischen) Schweizer Radio und Fernsehen (SRF) wird 2011 das beschriebene QM-Konzept in den wesentlichen Grundsätzen fortgeführt.

2.2 Baustein I: Regeln und publizistische Leitlinien

Qualitätsmanagement ohne Regeln hängt in der Luft. Wer Qualität in einer Redaktion sichern will, muss sich auf verbindliche Ziele und Standards stützen können. Dieses Kapitel bietet eine Übersicht über die wichtigsten Regelwerke, über medienrechtliche und medienethische Perspektiven und über Hilfen wie Pressekodizes und Presserat. Und es erklärt die Unterschiede zwischen Selbstverpflichtung (Governance) und staatlicher Regulierung (Government).

Die Grundzüge des Qualitätsmanagements für die Redaktion folgen einer einfachen Idee. Zunächst formuliert die Geschäftsleitung unter dem stufengerechten Einbezug der redaktionellen Kader und der Redaktionsmitarbeitenden eine Qualitätsstrategie, Qualitätsziele und -standards. Solche Grundsätze können beispielsweise in einem redaktionellen Leitbild oder in der Form publizistischer Leitlinien formuliert werden. Dabei sind auch normative Ansprüche zu berücksichtigen, wie sie etwa von außen (Medienrecht und Medienethik) an die Organisation herangetragen werden.

Die Redaktion soll sich nun in einem fortlaufenden Prozess diesen Zielen annähern. Dazu überprüft sie, wo man sie erreicht hat und wo es Defizite gibt. Ein solcher Prozess ist auf Dauer angelegt und zielt auf die ständige Verbesserung der redaktionellen Leistung: Entspricht sie den gesetzten publizistischen und organisationsspezifischen Zielen des Hauses? Ausgangspunkt sind also immer Qualitätsziele und Normen.

Im Rahmen des Qualitätsmanagements dienen sie dazu, organisationsspezifische Regeln sowie medienethische und medienrechtliche Grundsätze in die tägliche Medienarbeit zu überführen und die Journalisten aller Stufen darauf zu verpflichten (Beispiele: Namensnennung von Verdächtigten, Gegenlesen von Interviews, Vorgehen und Autorisierung bei «Versteckter Kamera» usw.). Solche schriftlich festgehaltenen Kataloge stellen ein zentrales Führungsinstrument dar. In Planungsprozessen (z.B. in der Redaktionskonferenz) und beim Feedback (z.B. in der Blatt- oder Sendekritik) sollte darauf Bezug genommen werden.

Regeln als Leitplanken

Ein Beispiel aus dem Redaktionsalltag soll zeigen, dass Qualitätssicherung die Bekanntheit/Zugänglichkeit zu Qualitätsregeln voraussetzt. Der 25-jährige Redakteur des regionalen Jugendsenders einer mittelgroßen Stadt ist seit den frühen Morgenstunden mit einer «Top-Story» beschäftigt. In der vergangenen Nacht ist in der Agglomeration der Stadt ein Jugendheim der Brandstiftung zum Opfer gefallen. Ein anonymer Mailschreiber hat in den frühen Morgenstunden – kurz nach der eintreffenden Meldung der Polizei – dem Redakteur die Mitteilung zukommen lassen, dass es sich wohl um einen Racheakt am Heimleiter handeln müsse. Dieser sei in der betreffenden Jugendszene bekannt dafür, dass er sich dann und wann an den 12- bis 15-jährigen Jungs disziplinarisch «vergriffen» habe.

Der Redakteur konnte den angeschuldigten Heimleiter in den frühen Morgenstunden telefonisch nicht erreichen. Er beschließt aber, der Geschichte wie folgt nachzugehen:

Der ausgesandte Reporter spürt bereits kurz nach 7 Uhr morgens in der Nähe des Jugendheims 12- bis 15-jährige Jugendliche auf und interviewt diese, ob an der Sache was dran sei. In dem für den Mittag geplanten Radiobeitrag sollen dann einige Statements eingespielt werden, welche die These stützen, dass der Heimleiter tatsächlich Jugendliche «grob angefasst» habe. Der Reporter hat dabei verdeckt recherchiert, das heißt: es wurde ein verstecktes Mikrofon eingesetzt, um zu verhindern, dass sich die Jugendlichen zu gehemmt fühlten, um gegenüber dem Reporter auszusagen.

Unabhängig davon, dass es bestimmt für den Sender, für den Heimleiter und nicht zuletzt auch für das Publikum gut wäre, wenn der junge Journalist auf ein einfaches Qualitätssicherungssystem zurückgreifen könnte und bei dieser Geschichte nicht sich selbst überlassen bliebe, zeigt das fiktive Beispiel auch, wie nützlich in solchen Situationen Regeln und Richtlinien sind.

So sollte der Redakteur beispielsweise wissen, dass der Schweizer Presserat in der kommentierenden Richtlinie 3.8 zum Journalistenkodex «Anhörung bei schweren Vorwürfen» fordert. Das würde also bedeuten, dass dem Heimleiter Gelegenheit gegeben werden müsste, zu den Thesen Stellung zu beziehen, falls sich diese tatsächlich durch adäquate Recherchearbeit erhärten ließen. Des Weiteren sollte der Redakteur auch die Richtlinie 4.2 beachten, in der verdeckte Recherchen nur dann als zulässig erachtet werden, wenn ein überwiegendes öffentliches Interesse an den damit recherchierten Informationen besteht und wenn diese Informationen nicht auf andere Weise beschafft werden können. Schließlich regelt Richtlinie 7.3 den besonderen Schutz von Kindern, gerade bei Berichten über Gewaltverbrechen.

Selbstverständlich wäre es im hier ausgeführten Fallbeispiel auch sinnvoll, wenn die Redaktion selber – beispielsweise in einem Redaktionshandbuch oder in publizistischen Leitlinien – entsprechende Standards festhielte. Im Rahmen eines funktionierenden Qualitätssicherungssystems würde wohl so im Laufe der Themenplanung und spätestens bei der Abnahme des Beitrages eher auf solche Regeln Bezug genommen.

Vielschichtige Regelwerke

Regeln, Standards und publizistische Leitlinien stellen zentrale Pfeiler der journalistischen Qualitätsarbeit dar. Ihre Wirkung entfalten sie nicht nur als einschränkende Leitplanken, sondern auch als Referenzen, wenn es darum geht, das journalistische Handeln zu legitimieren. Sie sind zum Teil außerhalb, zum Teil innerhalb des Medienhauses zu finden.

Wenn wir an der Peripherie beginnen, bei den von außen auf das Medienhaus einwirkenden Regelsystemen, so müssen an erster Stelle Medienrecht und angewandte Medienethik genannt werden. Beides sind wichtige Formen des systematischen und gelebten Regelwerks. Es sind Formen der kollektiven Regelung medialer Sachverhalte mit dem Ziel Medienqualität (Puppis 2010: 59; vgl. Abbildung 3).

Es ist aber grundsätzlich zwischen einer Steuerung von außen (Government) und einer Selbstregulierung von innen (Governance) zu unterscheiden. Von Government reden wir, wenn der Staat Medien reguliert (Medienrecht). Hier geht es zum Beispiel um Persönlichkeitsschutz, Urheberrechte oder unlauteren Wettbewerb. Sobald aber die Branche (Verleger, Intendanten Journalistenverbände usw.) eigene Regeln aufstellt und deren Durchsetzung organisiert, kommt die

Selbstregulierung als ein Faktor der Governance zur Geltung (Medienkodizes und Medienräte). Gesetztes Recht geht vor, weil es demokratisch erlassen und behördlich erzwingbar ist. Wenn allerdings Formen der Selbstregulierung gelebt werden, muss niemand nach Gesetzen rufen.

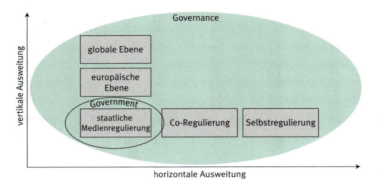

Abbildung 3:
Regulierung durch Government und Governance
(Puppis 2010: 59)

Das Konzept der Media Governance respektiert grundsätzlich die Autonomie der Medien; gleichzeitig fordert es, dass diese ihre Autonomie selbstverantwortlich und im Dialog mit weiteren gesellschaftlichen Akteuren wahrnehmen und sich einer Good Governance verpflichten.

Auf dieser Ebene werden Formen des Qualitätsmanagements wichtig. Sie setzen auf der Ebene der einzelnen Medienorganisationen und Redaktionen an und verweisen zugleich auf Regeln, die etwa auf der Ebene der Branche gelten sollen (Formen der transparenten Selbstbindung – etwa in Codes of Conduct, Ethikkodizes oder Media Accountability Systemen; vgl. Jarren 2007: 141).

Erlässt der Staat gewisse Vorgaben und überlässt das Übrige der Branche, handelt es sich um Co-Regulierung. Zum Beispiel fordert das schweizerische Radio- und Fernsehgesetz je einen regionalen Ombudsmann, den hier der Publikumsrat der SRG Deutschschweiz ernennt, besoldet und beaufsichtigt. Konzepte der Co-Regulierung sind Kombinationsformen, mit denen der Staat die Rahmenbedingungen schafft und organisiert. Der Staat verlangt von der SRG «eigene unabhängige Ombudsstellen» und definiert, was bei ihnen beanstandet werden kann («ausgestrahlte Sendungen», die das Programmrecht verletzen, Art. 91 RTVG).

Formen des Government (Vorgabe von einzuhaltenden Regeln) und Formen der Governance (Selbstverpflichtung) sind also in der Co-Regulierung verknüpft. Bei der Vergabe von Konzessionen an die privaten Rundfunkveranstalter ist die Medien-Regulierungsbehörde in der Schweiz einen Schritt in diese Richtung gegangen (siehe Dokument 5).

Im Baustein I werden wir nun – quasi von außen nach innen – auf einzelne Regelwerke eingehen und ihr Potenzial für die reflektierte Steigerung in einem Qualitätsmanagement diskutieren. Wir starten bei den rechtlichen Rahmenbedingungen, blicken auf die medienethischen Grundlagen, führen das Potenzial von Journalistenkodizes (Presseräte) aus und landen schließlich bei organisationsinternen Leitlinien (SRG Deutschschweiz), die einen wesentlichen Teil des eigenverantwortlichen Qualitätsmanagements ausmachen.

> **Dokument 5: Formen der Co-Regulierung beim Privatrundfunk**
>
> In der Schweiz ist das Eidgenössische Departement für Umwelt, Verkehr, Energie und Kommunikation (UVEK) 2007 bei der Umsetzung des revidierten Radio- und Fernsehgesetzes (RTVG) einen Schritt in Richtung Co-Regulierung gegangen. Beim kommerziellen Rundfunk benötigen nur noch Veranstalter eine Sendekonzession, die ihr Radio- oder Fernsehprogramm als Teil des Service Public bezeichnen und dafür Vorteile beanspruchen (vgl. Studer 2009).
>
> Im Gegenzug zu einer Konzession, die den privat-kommerziellen Veranstaltern Leistungsaufträge erteilt («umfassende Informationen über politische, wirtschaftliche und soziale Zusammenhänge» sowie Impulse für «die Entfaltung des kulturellen Lebens» [Art. 38 Abs. 1 RTVG]), können diese einen Anteil der SRG-Empfangsgebühren («Gebührensplitting») und/oder einen erleichterten Zugang zu den knappen drahtlos-terrestrisch ausgestrahlten Verbreitungsinfrastrukturen erhalten. Pro Versorgungsgebiet wird nur eine Konzession mit Gebührenanteil erteilt (Art. 38 Abs. 3 RTVG).
>
> Die Konzessionen, um die sich die Rundfunkveranstalter zu bewerben haben, bewegen den privaten Rundfunk zur Etablierung von Formen des

Qualitätsmanagements. Die Konzessionäre sind dazu verpflichtet, «ein Qualitätssicherungssystem einzurichten, das mit Bezug auf die publizistische Programmproduktion mindestens Folgendes umfasst» (vgl. UVEK 2007, 3, Art. 6, Abs. 2):
a) inhaltliche und formale Qualitätsziele und -standards (journalistische Standards, redaktionelle Sendungskonzepte usw.);
b) festgeschriebene Prozesse, mittels deren sich regelmäßig überprüfen lässt, ob die festgelegten Qualitätsziele erfüllt werden: etablierte Mechanismen zur Sicherung bzw. Verbesserung der Programmqualität (Abnahmeprozesse, Feedback-Systeme usw.).

Die Veranstalter sollten darüber hinaus eine Geschäftsordnung erstellen, «aus der die Aufgabenverteilung und die Verantwortlichkeiten hervorgehen, sowie ein Leitbild, das die Vorkehrungen zur Erfüllung des Leistungsauftrags beschreibt». Die zu kommunizierenden Qualitätsziele haben sich dabei am festgeschriebenen Programmauftrag zu orientieren und betreffen vorwiegend die Qualitätsdimensionen Relevanz sowie Themen-, Meinungs- und Akteursvielfalt. Zudem sollten die Veranstalter glaubhaft machen, dass ihre Redaktionen mit ausreichend (ausgebildetem) journalistischem Personal ausgestattet sind, um ihren Leistungsauftrag angemessen erfüllen zu können.

Schließlich müssen die Veranstalter «den Stand ihrer Qualitätssicherung regelmäßig von einer externen, vom Bundesamt für Kommunikation (BAKOM) anerkannten Organisation ihrer Wahl evaluieren» lassen. Andere Perimeter wie die branchenüblichen Arbeitsbedingungen (Art. 44 Abs. 1 RTVG) oder das Aus- und Weiterbildungssystem überprüft das BAKOM direkt. Die Kontrollen werden von vier Evaluatoren durchgeführt, die das BAKOM nach einem Bewerbungsverfahren als solche anerkannt hat: die Certimedia AG (Genf), die MQA – Media Quality Assessment GmbH (Männedorf), die Mediaprocessing GmbH (Zürich) sowie die Publicom AG (Kilchberg).

Ausführlich dokumentiert und weitgehend öffentlich zugänglich ist der International ISAS Standard, den Certimedia bei der Evaluation anwendet (Certimedia 2011). Der Standard beruht auf der Normenreihe ISO 9001:2000 und wurde von der «Media & Society Foundation» entwickelt, die auch entsprechende Zertifizierungen organisiert (Media Society Foundation 2011).

> Nach Abschluss der ersten Runde zieht das UVEK eine durchaus positive Bilanz (Dumermuth 2011): Der Qualitätssicherungsprozess sei gut in Gang gekommen und werde gemäß den Rückmeldungen durch die Veranstalter und die Evaluatoren positiv bewertet, heißt es. Ein Ziel des Regulators dürfte bereits heute erreicht worden sein. Der Schritt in Richtung regulierter Selbstregulierung regte eine (fach-)öffentliche Debatte über Qualität und Qualitätssicherung im Journalismus an, und die Programmveranstalter bemühten sich um eine Optimierung des Qualitätsmanagements.

Medienrechtliche Grundlagen

Manche journalistische Entscheide spielen sich zunehmend in den Grauzonen zwischen «legal» und «illegal» ab. Da geht es zum Beispiel um Persönlichkeitsschutz, Urheberrecht (Zitatrecht) oder um den Geheimnisschutz des Staates und von Unternehmen.

Der Boulevardjournalismus muss sich dabei eher mit medienrechtlichen Fragen auseinandersetzen als etwa der Lokaljournalismus. Trotzdem: Journalisten bewegen sich verstärkt im Spannungsfeld zwischen Medienfreiheit und Maulkorb. Qualitätssicherung bedeutet darum auch, die rechtlichen Regeln und die wichtigsten Eckwerte der Gerichtspraxis zu kennen. Sie bedeutet aber auch, die Rechte im richtigen Moment zuzugestehen oder auch einzufordern und nicht vorsorglich ein Blatt vor den Mund zu nehmen. Es sei hier auf das praxisnahe Handbuch «Medienrecht für die Praxis» (Studer/Mayr von Baldegg 2011) verwiesen, das auch im journalistischen Alltag den Zugang zu entsprechenden Regeln und Normen erleichtert.

Güterabwägung als Kern der Entscheidungsfindung
Ein wichtiges Instrument der rechtlichen wie auch der ethischen Entscheidungsfindung ist die Güterabwägung, sobald zwei hochrangige Normen kollidieren – zum Beispiel Persönlichkeitsschutz und Medienfreiheit. Zwei Entscheide des Deutschen Bundesverfassungsgerichts haben hier Marksteine gesetzt. Sie stehen exemplarisch für die Techniken der Güterabwägung zwischen Persönlichkeitsschutz und Medienfreiheit.

Lebach I+II: Das ZDF hatte in den 1970er-Jahren ein Dokumentar-Fernsehspiel über den Überfall auf ein Munitionsdepot der Bundeswehr in Lebach (1969) gedreht. Dabei wurden alle verurteilten Täter im Bild gezeigt und mit Namen genannt. Ein Helfer der Täter, der kurz vor der Entlassung stand, beschwerte sich erfolgreich gegen die geplante Ausstrahlung (Deutsches Bundesverfassungsgericht 1973, BVerfGE 35, 202). Die Medienfreiheit sei gegen das Persönlichkeitsrecht des Gehilfen abzuwägen. Zwar überwiege in der Regel das Informationsinteresse der Bevölkerung bei der aktuellen Berichterstattung über schwere Straftaten; bei einer späteren Berichterstattung ohne tagesaktuellen Bezug müsse aber – wie hier – das Persönlichkeitsrecht des Täters überwiegen, zumal wenn dessen Resozialisierung gefährdet sei.

Ende der 1990er-Jahre musste sich das Deutsche Bundesverfassungsgericht wiederum mit einer journalistischen Bearbeitung des Lebach-Überfalls beschäftigen (1999, BVerfGE 1 BvR 348/98): diesmal in einer Fernsehdokumentation von Sat 1 im Jahr 1996. Zuvor hatte Sat 1 eingewilligt, alle Identifizierungsmerkmale der ehemaligen Täter wegzulassen. Das Persönlichkeitsrecht vermittle Straftätern aber keinen Anspruch darauf, in der Öffentlichkeit nicht mehr mit der Tat konfrontiert zu werden. Sat 1 durfte auf Sendung gehen.

Auch im schweizerischen Verfassungsrecht finden sich solche «Wertkollisionen», beispielsweise zwischen dem «Wachhund-Auftrag» freier Medien (dazu ruft immer wieder der Europäische Gerichtshof für Menschenrechte in Straßburg auf) und dem Gebot der Respektierung einer Privatsphäre. Auf einer ersten, eher abstrakten Ebene sind das überwiegende öffentliche Interesse und die Verhältnismäßigkeit herauszukristallisieren (Schweizerische Bundesverfassung BV, Art. 36). Auf einer zweiten Ebene müssen dann die Interessen konkret gegeneinander abgewogen und dabei der Kern beider Grundrechte berücksichtigt werden (Müller/Schefer 2008).

Das Beispiel «Rote Anneliese» illustriert die Güterabwägung, mit der das Schweizer Bundesgericht 2009 konfrontiert war (BGE 6B_333/2008): Ein Walliser Rechtsanwalt und christlicher Politiker namens A. war Stiftungsrat und Vereinspräsident im privaten Sozialwesen. Zwei altgedienten Klosterfrauen im Alters- und Pflegeheim und einer Putzfrau kündigte er abrupt, immerhin unter Berücksichtigung der Kündigungsfrist. Auch in einem Heim für geistig Behinderte kam es zu Kündigungen, zugleich aber zu Vorwürfen und Protesten gegen A. und seinen Berater. Der Alleinredakteur der oppositionellen Zeitschrift «Rote Anneliese» kritisierte A. sehr scharf. Auf Antrag von A. verurteilten die Walliser Gerichte den Redakteur strafrechtlich wegen übler Nachrede (Art. 173 StGB).

Das Bundesgericht sprach den Redakteur auf der ganzen Linie frei: Die Walliser Gerichte hätten dem Redakteur Äußerungen «angedichtet», die dieser gar nicht gemacht hatte. Wenn mehrere Interpretationen möglich seien, dürfe – auch wegen der Medienfreiheit – dem Kritiker nicht einfach die schärfste Variante unterschoben werden. Nicht entscheidend sei «der Eindruck» des Gerichts, sondern nur die einzelne angeblich ehrverletzende Tatsachenbehauptung. Eine gelegentlich reißerische Formulierung verletze die Ehre nicht. Übrigens handle es sich da um Werturteile über die Kündigungspraxis. Das Werturteil hinsichtlich «unchristlichen Verhaltens» von A. sei im Kontext «vertretbar».

In der täglichen Arbeit der Journalisten ist die Güterabwägung zwischen «Wachhund»-Rolle und Persönlichkeitsschutz von großer Bedeutung. Fällen Journalisten und Redaktion hier ebenso beherzte wie kluge Entscheide, tragen sie entscheidend zum Renommee ihres Medientitels bei.

Überblick über Rechtsordnungen

Medienrecht ist ein Querschnittsrecht. Damit ist gemeint: Die einzelnen medienbezogenen Rechtsvorschriften finden sich an verschiedenen Stellen in den nationalen Gesetzessammlungen. Das Medienrecht geht in der Schweiz, in Deutschland und in Österreich auf Verfassungsnormen über die Medienfreiheit zurück. Die Dichte dieser Rahmenbedingungen ist höchst unterschiedlich.

Für das Recht der geschriebenen Presse gelten:
> in der Schweiz vorwiegend die allgemeinen Normen des Zivil- und Strafrechts, weil es keine entsprechende Bundeskompetenz im Presserecht gibt.
> in Deutschland die Landespressegesetze, die zum Beispiel die Gegendarstellung ausführlich regeln (vom Schweizer Zivilge-

setzbuch 1985 in den Grundzügen für alle Medien übernommen).
> Österreich kennt ein Mediengesetz, das unter anderem Artikel über die journalistische Berufsausübung und den Persönlichkeitsschutz enthält.

Für die audiovisuellen Medien kennen die Schweiz und Österreich Verfassungskompetenzen über Radio und Fernsehen, darauf basierend entsprechende Gesetze (Schweiz: neues Radio- und Fernsehgesetz 2006; Österreich: ORF-Gesetz und Privatradiogesetz, beide 2010). Anders

Tabelle 1:
Rechtsordnungen der Schweiz, Deutschland und Österreichs

EUROPÄISCHES MEDIENRECHT

Medienrecht des Europarats
(betrifft Schweiz, Deutschland, Österreich und über 40 weitere Staaten)
Europäische Menschenrechtskonvention (EMRK)
Art. 10 EMRK, Freiheit der Meinungsäußerung: Informationen, Wertungen. Einschränkungen nur falls gesetzlich vorgesehen und in «demokratischer Gesellschaft notwendig»
Art. 8, Persönlichkeitsschutz. Sorgfältige Güterabwägung

Europäischer Gerichtshof für Menschenrechte (EGMR)
Bürger können Beschwerde gegen letztinstanzliche, nationale Urteile einreichen, wenn sie sich ihren Menschenrechten beeinträchtigt fühlen.

Europaratsabkommen zum grenzüberschreitenden Fernsehen (Revision unterbrochen)

Medienrecht der EU (betrifft Deutschland & Österreich)

Dienstleistungsfreiheit, EG-Vertrag (Maastricht)
Art. 49–55
Beschränkungen der Freiheit wegen öffentlicher Ordnung, Sicherheit, Gesundheit
Rundfunksektor: Kulturpolitische Belange erlauben Gebühren nach nationalen Gesetzen, solange verhältnismäßig.
Richtlinienrecht: Neue Mediendienste 2007, RL 2007, Herkunftslandprinzip. Werberecht, Sponsoring, Product Placement, Schleichwerbung, Tabak – Alkohol – Medikamente, Datenschutz, Urheberrecht.

Deutschland: Dort ist die wichtigste Rechtsquelle ein Netz von Staatsverträgen zwischen den Bundesländern. Tabelle 1 zeigt die Variationsbreite in den Rechtsordnungen der Schweiz, Deutschlands und Österreichs. Darin dargestellt ist auch der Rahmen der Europäischen Menschenrechtskonvention (EMRK). Es handelt sich dabei um das weltweit schärfste Schwert des Menschenrechtsschutzes, weil jeder Bürger den obersten Gerichtsentscheid seines Staates an den Europäischen Gerichtshof für Menschenrechte (EGMR) weiterziehen kann, wenn er glaubt, die EMRK sei verletzt. Erhält der Bürger recht, kann er vom nationalen obersten Gericht die Aufhebung des Entscheids verlangen.

SCHWEIZ	DEUTSCHLAND	ÖSTERREICH
Bundesverfassung 2000	Grundgesetz 1949	EMRK Art. 10 und Staatsgrundgesetz 1867, Art. 13
Grundrechtekatalog: Schutz der Privatsphäre, BV Art. 13 Meinungs- und Informationsfreiheit, BV Art. 16 Medienfreiheit, Zensurverbot Redaktionsgeheimnis BV Art. 17	Meinungs- und Pressefreiheit inkl. Kunst, Wissenschaft, Radio, Fernsehen, GG Art. 5 Allgemeines Persönlichkeitsrecht Art. 2	Umfassende Kommunikationsfreiheit Verfassungsgesetz über Unabhängigkeit Rundfunk
Gesetze: Zivilgesetzbuch ZGB 28ff. Strafgesetz StGB 173ff. UWG 3ff. Datenschutz-, Öffentlichkeitsgesetz TVG Radio- und Fernsehgesetz	Gesetze: StGB Persönl. Schutz 185 BGB Deliktisch 823, 826 Kunsturhebergesetz (Bild) KUG 22f., 33 Richter: IT-Grundrecht Landespressegesetze, Staatsvertrag der Länder über Radio-Fernsehen	Medienordnungsgesetze: Mediengesetz Rundfunkgesetze (ORF, PrivatTV) Medienwettbewerbsrecht: Kartellgesetz Persönlichkeitsschutz: StGB, zivilrechtl. BGB Medienaufsichtsrecht Medienförderungsrecht Publizistikförderungs-Gesetz

Der EGMR hat in den letzten Jahrzehnten eine konstante, meist freiheitsfreundliche Praxis entwickelt.

Weil alle drei Rechtsordnungen sowohl Kommunikationsgrundrechte (Medienfreiheit) als auch Individualgrundrechte (Schutz der Privatsphäre) garantieren, drängt sich bei Konflikten in aller Regel eine Güterabwägung auf. Es geht immer um die Frage, welches Rechtsgut im Einzelfall den Vorrang verdient.

Ein großer Teil der Medienrechtspraxis ist Case Law, Einzelfallrecht. Das gilt auch dort, wo das Medienrecht die öffentliche Sicherheit und Sittlichkeit schützen will. Hier seien exemplarisch zwei Absätze aus dem Schweizer Strafgesetzbuch, Art. 197, Pornografie, zitiert, die im journalistischen Schaffen Bedeutung erlangen können, aber eben nur im Einzelfall zu klären sind:

«1 Wer pornografische Schriften, Abbildungen (...) oder Vorführungen einer Person unter 16 Jahren anbietet oder durch Radio oder Fernsehen verbreitet, wird (...) bestraft (...)

5 Gegenstände oder Vorführungen [im obigen Sinne] sind nicht pornografisch, wenn sie einen schutzwürdigen kulturellen oder wissenschaftlichen Wert haben.»

Der EGMR hat einen beträchtlichen Anteil an der Weiterentwicklung des europäischen Medienrechts. So schrieb er den Massenmedien in einer Standardformel die Aufgabe zu, «Wachhunde der Demokratie» zu sein. Die meisten europäischen Gesetzgeber bewog er durch seine Rechtsprechung, einen Quellenschutz zugunsten von Berufsjournalisten einzuführen. Diese ist zum Beispiel im Schweizer Strafgesetzbuch, Art. 28 a, wie folgt geregelt (Abs. 2 zählt dann allerdings eine übergroße Zahl von Ausnahmen auf):

«Verweigern Personen, die sich beruflich mit der Veröffentlichung von Informationen im redaktionellen Teil eines periodischen Mediums befassen, oder ihre Hilfspersonen das Zeugnis über die Identität des Autors oder über Inhalt und Quellen ihrer Informationen, so dürfen weder Strafen noch prozessuale Zwangsmaßnahmen gegen sie verhängt werden.»

Medienethische Perspektive

Angewandte Medienethik ist – im Unterschied zum grundsätzlich erzwingbaren Medienrecht – ein in der Branche freiwillig akzeptiertes Normensystem, mit von Land zu Land unterschiedlichem Geltungswert. Der Geltungswert hängt eng mit der Ausgestaltung des jeweiligen Medienkodex und mit der Organisation (Zugänglichkeit, Publizität) des Beschwerdewesens (Medienrat) zusammen.

Ethik beschreibt und vergleicht vorhandene oder fehlende moralische Inhalte (deskriptiv), oder sie schlägt (normativ) Handlungsweisen für Fallgruppen vor. Die Medienethik als Teilbereich stellt grundsätzlich die Frage nach dem moralisch richtigen journalistischen Handeln. Ethik und Qualität sind oft, aber nicht immer, deckungsgleich: Die affektbetont wirksam gestaltete Frontseite der Boulevardzeitung kann eine Person in unangemessenem Maß «ausstellen» und den Respekt vor ihrer Privatsphäre vermissen lassen. Ein Stil, der Komplexität reduziert; eine schnelle Artikelfertigung, die Aktualität verbessert – sie können mit Forderungen nach Wahrhaftigkeit, Transparenz und Fairness kollidieren.

Dies illustrieren drei reale Beispiele, die in Dokument 6 kurz ausgeführt werden. Sie sollen illustrieren, wie in der redaktionellen Praxis medienethische Regeln bei der verantwortungsvollen professionellen Arbeit als Leitlinien wirken können. Im Rahmen der redaktionellen Qualitätssicherung sollten bei solchen und ähnlichen Fällen entsprechende Normen frühzeitig beachtet werden.

Es hätte die Diskussion innerhalb der drei Redaktionen zweifellos erleichtert und in die richtige Richtung gelenkt, wenn der gefestigten medienethischen Praxis der drei Presseräte Rechnung getragen worden wäre. Trotz medienkulturell unterschiedlicher Ausgangslagen lauten viele medienethische Regeln dieser drei (und weiterer) Presseräte im Grundsatz ähnlich. Dies zeigt der internationale Vergleich solcher Kodizes; er wird regelmäßig an den Treffen der Association of Free Press Councils of Europe bestätigt.

Bausteine des redaktionellen Qualitätsmanagements

Dokument 6: Drei Beispiele aus der Praxis dreier Presseräte:

1. Beispiel: Wahrheitssuche und Schutz der Privatsphäre
Mrs. P. hatte sich bei der British Press Complaints Commission beklagt, dass die «Scarborough Evening News» einen bebilderten Bericht über den Polizei-Raid auf Hanfpflanzen in ihrem Park und Haus ins Netz gestellt habe (sie bestritt, von den kleinen Mengen gewusst zu haben). Es kam zu keiner Strafverfolgung. Die Redaktion betonte, die Polizei habe das Redaktionsteam auf den Raid mitgenommen. Obliegt der Redaktion trotz amtlicher «Einbettung» eine zusätzliche Eigenverantwortung? Die British Press Complaints Commission betonte, die Verantwortung für den Umfang der Berichterstattung liege bei der Redaktion. Diese sei das Risiko einer Identifizierung und Persönlichkeitsverletzung besonders mit Bildern aus dem Hausinnern eingegangen (www.pcc.org.uk, 1. Juni 2008).

2. Beispiel: Transparenz
Die deutsche Fachzeitschrift «Ergotherapie & Rehabilitation» hatte ein erfundenes Interview über einen großen Ergotherapie-Kongress in Hamburg publiziert. Der Verlag gehörte zu den Kongress-Organisatoren, was das Interview nicht erwähnte. Wie viel Transparenz ist nötig? Der Deutsche Presserat rügte den Verstoß gegen Wahrhaftigkeit und Transparenz. Auch das Verbot von Schleichwerbung sei verletzt, denn der erfundene Text habe den Kongress «über ein begründetes öffentliches Interesse hinaus» rein positiv dargestellt (www.presserat.de; Pressemitteilung vom 5. Juni 2008).

3. Beispiel: Fairness
Im Rahmen eines Streiks im Schweizer Jura hatten zwei Lokalzeitungen schwere Vorwürfe des Streikkomitees an die Adresse des bestreikten Unternehmens Swissmetall wiedergegeben. Dieses beschwerte sich, worauf die Zeitungen einwendeten, sie hätten im Rahmen kontinuierlicher Berichterstattung nur alte Vorwürfe rekapituliert. Wie viel Anhörung des kritisierten Unternehmens ist hier geboten? Der Schweizer Presserat gestand einer der beiden Zeitungen richtiges Verhalten zu; der zweiten warf er vor, sie habe schwere neue Vorwürfe publiziert, ohne Swissmetall dazu mindestens kurz anzuhören und auch dies wiederzugeben (www.presserat.ch, Stellungnahme 10/2008).

Die «Goldene Regel»

Qualitätssicherung schließt in der praktischen Arbeit den bewussten Umgang mit medienethischen Regeln mit ein. Eine angemessene Ethik ist deontologisch, d.h., sie ist pflichtorientiert und bestimmt Regeln, innerhalb deren Differenzen möglich sind, die aber auf einem normativen Grundkonsens beruhen. Entsprechende Entscheidungsvorschläge haben viele Referenzbezüge und Quellen. Eine der ältesten ist die «Goldene Regel»: «Was du nicht willst, dass man dir tu, das füg auch keinem andern zu.»

Wir finden die «Goldene Regel» schon bei Konfuzius oder im Alten Testament und ebenso in neueren Journalistenkodizes. Schon eine ältere Fassung der kommentierenden Richtlinie 7.3 des Schweizer Journalistenkodex gab zu bedenken: «Personen des öffentlichen Lebens wollen nicht anders behandelt werden, als die Medienschaffenden an ihrer Stelle behandelt werden möchten.»

Die «Goldene Regel» fordert dazu auf, von «naturwüchsigen» Instinkten wie Egoismus oder Vergeltung Abstand zu halten und prüfungshalber den Standpunkt des Betroffenen einzunehmen. Sie liefert einen wichtigen Maßstab, darf aber nicht verabsolutiert werden, denn «der Andere» kann selbst falsche Erwartungen hegen. Mit der «Goldenen Regel» von fern verwandt ist Immanuel Kants «Kategorischer Imperativ»: Handle nur nach derjenigen Maxime, durch die du zugleich wollen kannst, dass sie ein allgemeines Gesetz werde.

Gesinnungs- und Verantwortungsethik

Im medienethischen Entscheiden leistet auch die Unterscheidung zwischen Gesinnungs- und Verantwortungsethik eine Orientierungshilfe. Trotz der Auffächerung etwa in Qualitäts-, Forums-, Boulevard- oder Gratiszeitungen ist die von Max Weber auf die Politik bezogene Grobeinteilung der Motivlagen auch für die Journalistenethik aktuell (Meyen/Riesmeyer 2009).

Gesinnungsethik strebt vor und während der Berufshandlung eine Reinheit der journalistischen Absicht an und huldigt der «Wertrationalität». Beispiel: Wenn Transparenz der Situation und Öffentlichmachung möglichst vieler (gerade auch persönlicher) Einzelheiten im Wertekanon einsam zuoberst stehen, liefert der Journalist bei einem Kriminal- oder Skandalbericht möglichst viele enthüllende Details mit. Ein Motiv des Journalisten mag sein, so einen Prestigegewinn für die eigene Person und für die Zeitung zu erzielen. Darin liegt eine starke Versuchung für Journalisten.

Verantwortungsethik erkundet von Beginn an die mutmaßlichen Folgen des eigenen Tuns; Weber nennt es «zweckrational». Beabsichtigte und unbeabsichtigte Folgen der journalistischen Investigation sind für die Handlungsentscheide wichtig. Bei einem Kriminal- oder Skandalbericht überlegt sich die Journalistin, wie vieler Einzelheiten das Publikum bedarf, um die Situation zu beurteilen – und welche «knackigen» Details oder Bilder über Verdächtige, Opfer und Angehörige nichts zur Kerninformation beitragen, wohl aber Privatsphären dieser Drittpersonen massiv schädigen. Ein Motiv des Journalisten kann der Wille zur Angemessenheit, aber auch ein Hang zur Gefälligkeit und die Furcht vor Rache im lokalen Umfeld sein (Meier 2011: 237ff.).

Ein reales Beispiel soll hier die Unterscheidung der Motivbereiche verdeutlichen: Im Juli 2008 erlebte die Schweiz ein «Sommertheater» der besonderen Art. Die «SonntagsZeitung» deckte auf, dass Verteidigungsminister Samuel Schmid der Regierung vor Jahresfrist den neuen Armeechef Roland Nef vorgeschlagen hatte, obwohl gegen ihn noch eine Strafuntersuchung wegen Nötigung und Stalking lief. Schmid ließ sich damals von Nef zusichern, die Sache werde vor dem späteren Amtsantritt durch Wiedergutmachung bereinigt (damit verbunden: Einstellung der Untersuchung).

Die «SonntagsZeitung» blendete zurück in die Dunkelzone dieser Ernennung, druckte sogar die Strafanzeige mit erschreckenden Details im Faksimile ab, nannte aber die anderthalb Jahre lang per Internet und per fingierte Sex-Anzeigen belästigte Frau nur als «die ehemalige Gefährtin» des hohen Offiziers. Das reichte. Die Boulevardzeitung «Blick» hingegen, durch die beiden Primeurs der «SonntagsZeitung» ins Hintertreffen geraten, verwendete in ihrer Kampagne eine zutreffende Initiale der Frau und bezeichnete sie als «die zierliche Flötistin», 50-jährig, im Orchester des Opernhauses. Sie publizierte ein leicht gepixeltes Bild der Frau.

Zwei Strategien also: Die «SonntagsZeitung» geht «zweckrational» vor, unter Berücksichtigung der Interessen betroffener Dritter.

Die «Blick-Medien» hingegen geben sich «wertrational» – man druckt stolz, was man gefunden hat, obwohl das (möglicherweise voyeuristische) Affekte anregt und nichts zur Tateinschätzung beiträgt.

Journalistenkodizes und Presseräte

Im journalistischen Alltag kommt es immer wieder vor, dass medienethisch heikle Entscheidungen rasch gefällt werden müssen. Umso wichtiger ist es, dass Journalisten bereits vor solchen Situationen wissen, welche Regeln zu beachten und wo diese allenfalls zu finden sind. Eine hilfreiche Quelle für entsprechende Regeln sind die Journalistenkodizes.

Alle europäischen Länder – außer vorläufig noch Frankreich – kennen Kodizes der Selbstregulierung, gelegentlich auf staatliche Aufforderung hin (Luxemburg, Dänemark). Eine vollständige Übersicht liefert Puppis (2009). In Deutschland ist es der Pressekodex, letztmals revidiert 2007 (www.presserat.de); in der Schweiz der Journalistenkodex, letztmals revidiert durch Aufnahme der Verleger und der SRG in das System 2008 (www.presserat.ch). Österreich hat seinen Presserat nach jahrelangen Querelen als Schiedsgericht neu eingerichtet (2010). Der Vorgänger war in einem Konflikt zwischen Verleger- und Journalistengremien 2002 implodiert.

Die wichtigsten medienethischen Inhaltsnormen tauchen in den meisten Regelwerken auf. Bei einer Untersuchung in den heutigen EU-Ländern erwies sich, dass der Schutz der Medienfreiheit und die Wahrheitsachtung, korrekte Recherchemethoden, der Schutz der Privatsphäre, die Richtigstellung von Fehlern und Unabhängigkeit in 22 der 27 Kodizes aller 27 EU-Länder rangieren (Engel 2008: 121). Hinter den Normen klaffen allerdings Mentalitätsunterschiede und Widersprüche zwischen einzelnen journalistischen Kulturen, beispielsweise in der Haltung zu Staat, Partei und Sponsoren (Prinzing 2007:17).

Die Raison d'être von Kodizes und Medien- oder Presseräten ist eine doppelte. Proaktiv gilt es, das Vertrauen in die Verlässlichkeit der Qualitätsmedien zu stärken, was Einhaltung medienethischer Grundsätze erfordert. Verlässlichkeit ist der wichtigste Mehrwert von Qualitätsmedien gegenüber bloßen Anzeigeplattformen oder pseudojournalistischen Erzeugnissen. Defensiv macht diese Art der Selbstregulierung weitere staatliche Fremdregulierung eher überflüssig, wenn sie funktioniert und nicht nur in der Branche, sondern auch in der Öffentlichkeit anerkannt ist. (Studer & Lüthi: 2011)

Nationale Unterschiede
Der Deutsche Presserat hat «Publizistische Grundsätze» erlassen (Pressekodex, Fassung vom 1. Januar 2007). Er wendet sich an die Akteure im Bereich der Printmedien (Journalisten und Verleger). Der Kodex enthält 16 Ziffern:

Wahrhaftigkeit, Sorgfalt, Richtigstellung, Recherchegrenzen, Berufsgeheimnis, keine rufbelastenden Tätigkeiten, Trennung von Werbung und Redaktion, Persönlichkeitsrechte, Ehrenschutz, Religionsrespekt, Sensationalismus und Jugendschutz, Diskriminierungen, Unschuldsvermutung, Medizinberichterstattung, Vergünstigungen, Rügenabdruck (www.presserat.de).

Jeder Ziffer sind eine oder mehrere Richtlinien angefügt, die aufgrund von Fallergebnissen praktische Probleme ansprechen. Beispiel: Die Ziffer 1 – Wahrhaftigkeit – wird ergänzt durch je eine Richtlinie gegen monopolistische Exklusivverträge, Wahlkampfberichterstattung, Kennzeichnung von Pressemitteilungen. Der Schweizer Presserat – immer noch so benannt, obwohl er sich um Presse, Radio und Fernsehen kümmert – richtet sich nach der «Erklärung der Pflichten und Rechte der Schweizer Journalistinnen und Journalisten» (Journalistenkodex, Fassung vom 5. Juni 2008). Seinen elf Journalistenpflichten stehen sieben Journalistenrechte gegenüber; nach deutschem Vorbild ist jede Ziffer mit Richtlinien ergänzt, die indessen keine normative Wirkung entfalten. Die Richtlinien sind Exemplifizierungen, Kommentierungen.

Die «Journalistenpflichten» sind «veränderungsresistent» und werden von einer qualifizierten Mehrheit des Stiftungsrats beschlossen. Die «Feststellungen» am Ende einer «Stellungnahme» des Presserats stützen sich auf die «Pflichten». Neue «Richtlinien», die sich auf «Journalistenpflichten» beziehen, kann der operationelle Presserat mit einfacher Mehrheit beschließen. Das Dokument 7 führt hier exemplarisch einige Richtlinien auf, die sich insbesondere auf die Regeln Wahrhaftigkeit, Transparenz und Fairness beziehen.

Dokument 7: Auszug Richtlinien des Schweizer Presserates

Richtlinie 1.1: Wahrheitssuche
Die Wahrheitssuche stellt den Ausgangspunkt der Informationstätigkeit dar. Sie setzt die Beachtung verfügbarer und zugänglicher Daten, die Achtung der Integrität von Dokumenten (Text, Ton und Bild), die Überprüfung und die allfällige Berichtigung voraus. Diese Aspekte werden nachfolgend unter den Ziffern 3, 4 und 5 der «Erklärung der Pflichten» behandelt.

Richtlinie 2.3: Trennung von Fakten und Kommentar
Journalistinnen und Journalisten achten darauf, dass das Publikum zwischen Fakten und kommentierenden, kritisierenden Einschätzungen unterscheiden kann.

Richtlinie 3.1: Quellenbearbeitung
Ausgangspunkt der journalistischen Sorgfaltspflichten bildet die Überprüfung der Quelle einer Information und ihrer Glaubwürdigkeit. Eine genaue Bezeichnung der Quelle eines Beitrags liegt im Interesse des Publikums, sie ist vorbehältlich eines überwiegenden Interesses an der Geheimhaltung einer Quelle unerlässlich, wenn dies zum Verständnis der Information wichtig ist.

Richtlinie 3.5: Fiktive Sequenzen
Fiktive Sequenzen und gestellte Bilder, die in Fernsehberichten und Reportagen von Schauspielern stellvertretend für die von einer Berichterstattung betroffenen realen Personen gespielt werden, sind klar als solche zu kennzeichnen.

Richtlinie 3.8: Anhörung bei schweren Vorwürfen
Aus dem Fairnessprinzip und dem ethischen Gebot der Anhörung beider Seiten («Audiatur et altera pars») leitet sich die Pflicht der Journalistinnen und Journalisten ab, Betroffene vor der Publikation schwerer Vorwürfe anzuhören. Deren Stellungnahme ist im gleichen Medienbericht kurz und fair wiederzugeben. Ausnahmsweise kann auf die Anhörung verzichtet werden, wenn dies durch ein überwiegendes öffentliches Interesse gerechtfertigt ist.

Richtlinie 4.5: Interview

Das Interview basiert auf einer Vereinbarung zwischen zwei Partnerinnen/Partnern, welche die dafür geltenden Regeln festlegen. Besondere Bedingungen vor der Aufzeichnung (Beispiel: Verbot, gewisse Fragen zu stellen) sind bei der Publikation öffentlich zu machen. Im Normalfall müssen Interviews autorisiert werden. Ohne ausdrückliches Einverständnis des Gesprächspartners sind Medienschaffende nicht befugt, aus einem Gespräch nachträglich ein Interview zu konstruieren.

Die interviewte Person darf bei der Autorisierung keine wesentlichen Änderungen vornehmen (Veränderungen des Sinnes, Streichung oder Hinzufügung von Fragen). Sie kann aber offensichtliche Irrtümer korrigieren. Auch bei starken Kürzungen soll die interviewte Person ihre Äusserungen im Text wiedererkennen können. Ist keine Einigung zu erzielen, haben Medienschaffende das Recht, auf eine Publikation zu verzichten oder den Vorgang transparent zu machen. Wenn beide Seiten mit einer Fassung einverstanden sind, kann hinterher nicht mehr auf frühere Fassungen zurückgegriffen werden.

Richtlinie 4.6: Recherchegespräche

Journalistinnen und Journalisten sollen ihre Gesprächspartner über das Ziel des Recherchegesprächs informieren. Medienschaffende dürfen Statements ihrer Gesprächspartner bearbeiten und kürzen, soweit dies die Äusserungen nicht entstellt. Der befragten Person muss bewusst sein, dass sie eine Autorisierung der zur Publikation vorgesehenen Äusserungen verlangen darf.

Richtlinie 10.1: Trennung zwischen redaktionellem Teil und Werbung

Die deutliche Trennung zwischen redaktionellem Teil bzw. Programm und Werbung ist für die Glaubwürdigkeit der Medien unabdingbar. Inserate und Werbesendungen sind gestalterisch von redaktionellen Beiträgen klar abzuheben. Sofern sie nicht optisch/akustisch eindeutig als solche erkennbar sind, müssen sie explizit als «Anzeigen», «Werbung», «Werbereportagen», «Werbespots» oder durch andere dem Publikum geläufige vergleichbare Begriffe deklariert werden. Journalistinnen und Journalisten dürfen diese Abgrenzung nicht durch Einfügen von Schleichwerbung in der redaktionellen Berichterstattung unterlaufen.

Es wird behauptet, Kodizes und Presseräte seien eigentlich der Individualethik verpflichtet, was zu ihrer bescheidenen Effizienz beitrage (Stapf 2006: 122). Das trifft so nicht zu. Die Kodizes formulieren zwar in ihrem Hauptteil «Pflichten der Journalisten» (Schweiz) oder Pflichten, bezogen auf Ansehen und Freiheit und Verantwortung der Presse (Deutschland). Aber die Beschwerdeentscheide der Presseräte beurteilen das Verhalten von Redaktionen, Zeitungen und Sendern (Schweiz), mithin also institutionelle Adressaten (vgl. www.presserat. de, www.presserat.ch).

Presseräte als Beschwerde- und Diskursinstanzen
Werkzeuge der gemeinsamen berufsethischen Arbeit an praxistauglicher Medienethik sind neben den Journalistenkodizes als Normenkataloge auch die Presseräte als Beschwerde- und Diskursinstanzen bei Kodexverletzungen. Presseräte werden in der Regel genau wie Gerichte auch mit Wertkollisionen konfrontiert. Tabelle 2 stellt die Unterschiede zwischen dem Deutschen, dem Österreichischen und dem Schweizer Presserat dar.

Es ist wichtig, dass Journalisten wissen, wie Presseräte funktionieren. Nicht nur im Hinblick auf mögliche Beschwerden sind sie wichtig, sondern auch als eine Instanz, die professionelle Regeln im öffentlichen Diskurs reproduziert. Regeln eben, die auch im Rahmen des Qualitätsmanagements zu antizipieren sind.

Eine Studie des Instituts für Angewandte Medienwissenschaft der Zürcher Hochschule für Angewandte Wissenschaften hat 2007 diesbezüglich eher ein ernüchterndes Bild gemalt (Wyss/Tschopp/Wüthrich 2007). Die Studie zeigt auf, inwiefern Journalisten aus ausgewählten Schweizer Redaktionen den Schweizer Presserat und den Journalistenkodex kennen, in ihrem Berufsalltag anwenden, als nützlich erachten und wie sie die Arbeit des Presserates bewerten. Gemäß der Befragung wird der Journalistenkodex etwa von der Hälfte der Journalisten im Berufsalltag mindestens einmal pro Jahr konsultiert – vor allem von Lokaljournalisten. Führungskräfte tun dies erwartungsgemäß häufiger als ihre Mitarbeitenden.

Die Stellungnahmen des Presserates werden jedoch in den Redaktionsräumen kaum diskutiert, und das Regelwerk stimuliert nur

	Deutscher Presserat	Schweizer Presserat	Österreichischer Presserat
Erfasst alle Massenmedien und mediale Internetportale	Nur Presse, neuerdings print-mediale Internetportale. Redaktionelle Datenbanken gemäß Datenschutz-Gesetz	Presse, Radio, Fernsehen (evtl. Rücksicht auf bereits eingeleitete Verfahren nach Radio- und Fernsehgesetz) und redaktionell bearbeitete Internetportale	Nur Presse und Zeitschriften (Ausnahme: Boulevardblatt «Österreich» verweigert Anerkennung)
Jedermanns-Beschwerden	Ja (Frist 1 Jahr)	Ja (Frist 6 Monate)	Betroffenen-Beschwerde (Frist nicht ersichtlich)
Autonomes Tätigwerden des Presserats	Ja, möglich	Ja, möglich	Nicht ersichtlich
Sanktion	Öffentliche Rüge (Abdruckpflicht), Rüge, Missbilligung, Hinweis	Feststellung, ob Journalisten-Kodex verletzt ist	
Publikation	Jahrbuch; z.T. Pressemitteilung	Alle Entscheide auf Webseite; Pressemitteilung mit Name des Mediums; Jahresbericht	
Presserat	50 % Verleger: 50 % Journalisten in allen Organen	Stiftungsrat: Beteiligungsschlüssel aller Träger. Operationeller Presserat: 15 Journalisten; 6 Publikumsmitglieder	Träger: gemischt. Operationell: meist Journalisten

ganz selten den Dialog unter Berufskollegen. Die Befragten sind aber der Meinung, dass der Kodex der Orientierung diene und dass er für berufsethische Debatten unverzichtbar sei. Immerhin konnte die Studie bei Journalisten einen Effekt qualitätssichernder Verfahren feststellen. Journalisten, die in Redaktionen mit funktionierenden Verfahren der Qualitätssicherung arbeiten, kennen, beachten und bewerten den Presserat und den Journalistenkodex besser als die Journalisten aus Redaktionen, in denen weniger mit Verfahren der Qualitätssicherung operiert wird. Es ist also anzunehmen, dass in Redaktionen mit ausgeprägtem Qualitätsmanagement tatsächlich das eigene Handeln auch stärker reflektiert und über berufsethische Entscheidungen diskutiert wird.

Tabelle 2: Presseräte im Vergleich gemäß den Kennzeichen eines «idealen Presserats» (Bertrand 1999)

Fallbeispiel: Presseräte im Umgang mit Wertkollisionen
Die folgenden Beispiele sollen exemplarisch zeigen, wie Presseräte mit Wertkollisionen umgehen und wie sie arbeiten:

Der Deutsche Presserat 2009 hatte den Online-Bericht einer deutschen Redaktion zu beurteilen. Er hatte drastische Bildberichte über die Todesfahrt eines Amokschützen in Holland gegen die Dokumentation eines Zeitereignisses abzuwägen. Unter der Überschrift «Tragödie mit Todesopfern am Königinnentag» berichtete die Redaktion mit einer Bildstrecke, die zeigt, wie der Amoktäter mehrere Personen in einer Menge umfährt, um sich eine Schneise zu den königlichen Karossen zu bahnen. Zu sehen sind fallende und schwer verletzt daliegende Menschen. Der Beschwerdeführer hielt diese Bilder nicht für publikationsfähig. Die Zeitung bestand darauf, ein außerordentliches Ereignis dokumentiert zu haben. Die Bilder seien nicht reißerisch verwendet worden. Sie müssten überdies jedes für sich angeklickt werden. Der Deutsche Presserat erwog ausführlich, ob es sich um eine sensationalistische Darstellung oder um eine vertretbare zeitgeschichtliche Dokumentation handle.

Der deutsche Kodex Ziff. 11 enthält folgende Regel: «Die Presse verzichtet auf eine unangemessen sensationelle Darstellung von Gewalt, Brutalität und Leid.» Richtlinie 11.1 ergänzt: «Unangemessen sensationell ist eine Darstellung, wenn in der Berichterstattung der Mensch zu einem bloßen Mittel herabgewürdigt wird.» Auch Richtlinie 11.2 ist hier relevant: «Bei der Berichterstattung über Gewalttaten wägt die Presse das Informationsinteresse der Öffentlichkeit gegen die Interessen der Opfer und Betroffenen sorgsam ab.»

Der Deutsche Presserat entschied sich in der Abwägung für den Vorrang des Dokumentationsmotivs. Das Ereignis sei für Holland bedeutsam gewesen, habe Menschenmassen und viele Medien angezogen sowie massivste Gewalt dokumentiert. Es wäre kaum möglich gewesen, auf eine Bebilderung zu verzichten (Jahrbuch Deutscher Presserat 2010).

Fallbeispiel: «Borer und die nackte Frau»
Ein anderes Beispiel betrifft die Frage, ob die verdeckte Recherche über die angeblich außereheliche Affäre eines populären Schweizer Botschafters in Berlin gerechtfertigt sei oder nicht. Die Boulevardzeitung «SonntagsBlick» berichtete unter dem Aufmachertitel «Borer und die nackte Frau» über die angebliche Ehebruchsgeschichte des Botschafters, die der hinter einem Busch versteckte Fotograf fotografiert haben wollte – samt Mercedes (Nummer nicht sichtbar, Botschafter nicht sichtbar), der das Paar in die Botschaftsgarage gefahren haben soll.

Die Story zog sich im Frühjahr 2002 wochenlang dahin, bis die angebliche Gespielin angab, sie sei von den Ringier-Blättern bezahlt worden. Verleger Michael Ringier und der inzwischen entlassene Botschafter Thomas Borer entschuldigten sich öffentlich, auch für ausgetauschte Gehässigkeiten. Es soll eine größere Summe an Borer bezahlt worden sein. Entgegen dem Wunsch des Beschwerdeführers Borer führte der Presserat den Fall zu Ende, um die Zulässigkeit solcher Recherchen zu überprüfen. Er wandte dabei die Güterabwägungsformel an.

Im Schweizer Journalistenkodex ist die Ziffer 7 relevant: «Journalisten respektieren die Privatsphäre, sofern das öffentliche Interesse nicht das Gegenteil verlangt.» Die Richtlinie 7.1 (rev.) ergänzt, dass jede Person – dies gilt auch für Prominente – Anspruch auf Schutz ihres Privatlebens habe. Jede Belästigung, unter anderem Auflauern, sei zu unterlassen. Und in der Richtlinie 7.2 wird festgehalten, dass identifizierende Berichterstattung [ausnahmsweise] gestattet sei, sofern die Person eine leitende Funktion wahrnimmt und der Medienbericht damit zusammenhängt.

Der Presserat bekräftigte, gerade im Intimbereich sei die Neugier einer größeren Öffentlichkeit nicht mit werthaltigem öffentlichem Interesse (Journalistenpflicht Ziffer 7) zu verwechseln. Auch die einem Botschafter zugeschriebene Vorbildfunktion oder – bloß vermutete – Erpressbarkeit rechtfertige nichts Abweichendes (vgl. dazu auch die Stellungnahme 62/02; Studer/Mayr von Baldegg 2011).

Dokument 8: Die Presseräte Deutschlands, Österreichs und der Schweiz

Der Deutsche Presserat (www.presserat.de) wirkt seit 1956 und wird von zwei Verleger- und zwei Journalistenverbänden getragen. Er hat 2008 erst 728, aber 2009 nach Einrichtung eines Online-Beschwerdeformulars 1268 Beschwerden erhalten (davon allerdings zahlreiche bloße Meinungsäußerungen). Insgesamt behandelte er 2009 deren 407. Maßgeblich ist ein Pressekodex mit Pflichten und Richtlinien. Der Deutsche Presserat spricht öffentliche (2009: 22) und nicht öffentliche Rügen (9) aus und publiziert Missbilligungen (71) und Hinweise (84). 164 Beschwerden hielt der Presserat für unbegründet (2009).

Bei der Nennung der Namen gerügter Medienhäuser hält sich der Deutsche Presserat zurück. Repräsentanten der Verleger und der Journalistenverbände besetzen die Kammern strikt paritätisch. Der Staat übertrug dem Presserat die Überwachung des redaktionellen Datenschutzes. Dafür ist dieser auch staatlich subventioniert. Droht die Beeinflussung eines bereits hängigen Gerichtsverfahrens, kann der Presserat das Verfahren aussetzen.

Der Österreichische Presserat ist nach zehnjährigem Unterbruch – Verleger und Mediengewerkschafter hatten sich zerstritten – Ende 2010 wiederauferstanden. Er hat sich einen «Ehrenkodex» gegeben, der weitgehend die auch in Deutschland und in der Schweiz üblichen Kodex-Grundsätze enthält. Dem Trägerverein gehören die Verbände der Zeitungs- und Zeitschriftenverleger, der Regionalmedien, die Journalistengewerkschaft, der Verein der Chefredakteure und der Presseclub Concordia an. Operativ tätig sind zwei Senate. Ombudsleute «unterstützen» die Senate durch Vermittlungsbemühungen. Der Presserat befasst sich ausschließlich mit Printmedien. Kurz vor Redaktionsschluss dieses Buches waren erst drei Beschwerden behandelt worden.

Sehr umstritten ist die Klausel, dass Beschwerdeführer den Österreichischen Presserat als «Schiedsgericht anerkennen» und dadurch auf die Anrufung der ordentlichen Gerichte verzichten. Im Deutschen sowie im Schweizer Presserat bleibt der Rechtsweg einschließlich Schadenersatzforderungen möglich; allerdings äußern sich die Presseräte allein zu den herausgeschälten ethischen Aspekten; wer ein verbindliches, rechtliches Urteil oder Geld will, muss vor Gericht klagen. Laut Mitteilung des österreichischen Geschäftsführers ist daneben aber ein «selbstständiges Verfahren» ohne Klageverzicht denkbar, wenn es nicht um Persönlichkeitsverletzungen geht oder die Senatsvorsitzenden selber ein solches Verfahren offenbar wegen anderer Kodexverstöße einleiten. Einzige Sanktion des österreichischen Entscheids: obligatorische Veröffentlichung im betreffenden Medium.

Der Schweizer Presserat (www.presserat.ch) tagt ab 1977; seit er sich 2000 erneuert hat, tragen ihn drei Journalistenverbände und der Verein der Chefredakteure. Seit 2008 sind auch der Verband Schweizer Medien (Verleger) und das Medienunternehmen des öffentlichen Radios und Fernsehens SRG dabei. Eigentlich müsste er sich seither konsequent «Medienrat» nennen, dagegen sträuben sich aber die Vertreter der französischsprachigen Schweiz. Der Schweizer Presserat nimmt Beschwerden gegen Berichte der Massenmedien (inklusive journalistisch aufdatierte Internetportale) entgegen, aber – anders als die beiden bereits erwähnten deutschen und österreichischen Räte – auch gegen Radio- und Fernsehberichte. Jährlich treffen rund 100 Beschwerden ein, von denen er etwa drei Viertel mit formell begründeten Beschwerdeentscheiden erledigt, sofort mit Nennung des Medienhauses ins Netz stellt und den Nachrichtenagenturen übermittelt. Der Presserat prüft dabei ausschließlich die Fragestellung, ob der publizierte Bericht den Journalistenkodex verletzt oder nicht. Von den 72 «Stellungnahmen» (2009) hießen 23 die Beschwerden ganz oder teilweise gut; 29 wiesen die Beschwerden ab. 54 der 72 Verfahren – einfache oder bereits wiederholt geprüfte Sachverhalte – erledigte das dreiköpfige Präsidium; der Rest der Fälle ging an drei sprachregionale Kammern. In die Kammern integriert sind auch sechs Publikumsvertreter (Nichtjournalisten).
Sind Beschwerdefälle bereits vor Gericht oder vor der Unabhängigen Beschwerdeinstanz Radio/Fernsehen (staatlich bestelltes Programmgericht), kann der Presserat vom Eintreten absehen. Oft prüft er aber die rein medienethischen Aspekte einer auffälligen Beschwerde, weil die angestrengten rechtlichen Verfahren in manchen Fällen Jahre dauern.

Redaktionsstatute und Publizistische Leitlinien

Auf der Ebene des einzelnen Medienunternehmens und vor allem auf der Ebene der einzelnen Redaktion sind Redaktionsstatute sowie Publizistische Leitlinien wichtige Steuerungsmittel der Qualitätssicherung. Dieses Kapitel wendet sich diesen Instrumenten zu und weist auf deren praktische Verwendung im redaktionellen Alltag hin.

Redaktionsstatute als Steuerungsmittel
Redaktionsstatute nehmen oft eine Mittelstufe ein; sie regeln die Beziehung zwischen Geschäftsleitung und Redaktion (Mitsprache oder Mitentscheidung bei der Bestellung der Chefredaktion, Fassung politischer Parolen vor Volksabstimmungen und Wahlen). Redaktionsstatute beschreiben demnach ein Mitbestimmungsmodell, das die Entscheidungsrechte des wirtschaftlichen Eigentümers einschränkt, indem es die Entscheidungsmacht des Verlegers zugunsten der Redaktion eingrenzt (innere Pressefreiheit, redaktionelle Unabhängigkeit). Folgende Punkte werden in den Redaktionsstatuten geregelt:

> Publizistische Grundhaltung, Zielvorstellung und Profil der Redaktion
> Tendenzschutz oder Rahmenkompetenz des Verlegers
> Regelungen über Mitwirkungsrechte des Verlegers bei Ernennungen
> Mitspracherechte auch in personellen Fragen etwa bei der (Ab-)Berufung der Chefredaktion
> Informationspflichten des Verlags bei wichtigen Entscheidungen
> Verfahren zur Konfliktregelung bei Streitfällen

Dieses Instrument hat also hinsichtlich der Qualitätssicherung durchaus seine Relevanz, indem es wichtige Rahmenbedingungen festlegt. Dennoch haben Redaktionsstatute ihren Zenit offenbar überschritten. Die hohe Zeit der Bewegung zur Schaffung von Statuten, die den Spielraum der «inneren Pressefreiheit» im Seilziehen zwischen Medieneigentümern und Redaktionen erweitern wollte, ist im Nachgang der 68er-Unruhephasen anzusiedeln.

Dort, wo Redaktionsstatute sich behauptet haben, beruht ihr Stellenwert auf einer geklärten Kompetenzabgrenzung zwischen dem unbestritten vorrangigen Verleger und der ihm arbeitsrechtlich unterstellten Redaktion; oft präzisieren die heutigen Statuten die «Mission» des redaktionellen Kurses. Manchenorts ist das Statut mit seinen Konfliktlösungsmechanismen aber schlicht in Vergessenheit geraten – so beim Zürcher «Tages-Anzeiger» (Studer 2004: 123).

Auch in deutschen Medienunternehmen haben die Redaktionsstatute in der Praxis nicht mehr den Stellenwert erhalten, der seinem Potenzial im Kontext der journalistischen Qualitätssicherung entspricht. So stellt Hermes (2006: 244) fest, dass nur knapp 7 Prozent der deutschen Zeitungsredaktionen Redaktionsstatute haben. Für Bersem (2010) ist dies eine verpasste Chance, weil «große Potenziale für die journalistische Qualitätssicherung ungenutzt» bleiben würden, «denn Mitbestimmungsgrundsätze und Entscheidungsfreiheiten fördern die Motivation und die Leistungsbereitschaft der Mitarbeiter, was sich wiederum positiv auf die Qualität der journalistischen Produkte auswirken kann».

Publizistische Leitlinien
An die Stelle von Leitbildern im engeren Sinne und Statuten sind manchenorts eine Stufe tiefer gelegte – und entsprechend praxisnähere – «Publizistische Leitlinien» gerückt, so in allen Unternehmenseinheiten der SRG. Nützlich sind sie vor allem dann, wenn der Chefredakteur mit ihnen arbeitet, sie in der internen Kommunikation ständig zitiert und sie in regelmäßigen Abständen aufgrund von überstandenen Konflikten anpasst.

Die Publizistischen Leitlinien orientieren sich an möglichst produktionsnahen Normen und Qualitätsstandards, um nach außen Verlässlichkeit zu belegen und um nicht jede hausinterne Diskussion von null an beginnen zu müssen. Gerade für Medienunternehmen, die nach den Prinzipien der Good Governance geführt werden, ist es wichtig, das publizistische Selbstverständnis auch gegen außen zu kommunizieren und sich an öffentlich formulierten Qualitätszielen messen zu lassen. Das Dokument 9 führt solche Qualitätsstandards auf, die beim Schweizer Radio und Fernsehen SRF in den Publizistischen Leitlinien aufgeführt sind.

Baustein I: Regeln und publizistische Leitlinien

> **Dokument 9: Wichtige qualitative Leitlinien für SRF**
>
> Diese folgenden Grundsätze sind den Publizistischen Leitlinien von SRF entnommen (www.srf.ch, weiter zu «Unternehmen», «Qualität»):
>
> Sachgerecht ist die Berichterstattung, wenn sie alle verfügbaren Fakten in Betracht zieht und nur darstellt, was nach bestem Wissen und Gewissen für wahr gehalten wird. Sachgerechtigkeit setzt bei den Journalistinnen und Journalisten Sachkenntnis und Kompetenz voraus. Sie erfordert Transparenz, welche die Quellen nach Möglichkeit offenlegt, und sie verlangt eine faire Darstellung der anderen Meinung («audiatur et altera pars»). Wer Anschuldigungen gegen eine Person oder eine Institution vorbringt, muss Betroffenen die Möglichkeit zur Stellungnahme geben.
>
> Vielfältig sind Programme, wenn sie Tatsachen und Meinungen zu einem Thema in ganzer Breite angemessen zum Ausdruck bringen. Die Journalistinnen und Journalisten von SRF berichten unvoreingenommen. Ihre eigene Befindlichkeit, ihre eigenen Positionen sind nicht von Belang. Journalismus, der ein Thema einseitig darstellt und mit einseitigen Stellungnahmen belegt, widerspricht unseren Anforderungen. SRF pflegt in der Regel keinen «anwaltschaftlichen Journalismus». Im Bereich Konsumentenschutz ist er zulässig, erfordert aber hohe Sorgfalt und die strikte Einhaltung der in den Leitlinien SRF festgelegten Regeln.
>
> Unabhängig ist unser Programmangebot, wenn die Redaktionen keine Ideologie, keine Partei oder sonstige Interessengruppe bevorzugen. Wir halten kritische Distanz zu allen Gruppierungen des politischen, wirtschaftlichen und gesellschaftlichen Lebens. Wir lassen uns vom Recht der Öffentlichkeit leiten, ein möglichst faktengetreues Bild vermittelt zu bekommen. Wir machen uns mit keiner Sache gemein, auch nicht mit einer guten. Das Publikum kann sich auf unsere Integrität verlassen.

Im Vergleich zu den Publizistischen Leitlinien sind unternehmerische oder redaktionelle Leitbilder als Referenzgrößen für die Qualitätssicherung weniger geeignet, sofern sie nicht konkrete Standards und Leitlinien formulieren. Leitbilder beinhalten längerfristige Zielvorstellungen mit strategischer Absicht. Medienunternehmen erarbeiten sie meist durch Kadergruppen. Sie begnügen sich oft mit Allgemeinplätzen. Falls aber Qualitätsmanagement ernsthaft betrieben werden soll, müssten wertbezogene Leitbilder in das geltende Regelwerk der Organisation eingebunden werden. Dabei geht es darum, die Wertvorstellungen, die innerhalb des Unternehmens gelebt werden sollen, zu konkretisieren. Gegen innen können also eher die Publizistischen Leitlinien Sinngebungs- und Leistungsbotschaften vermitteln; sie eignen sich als Qualitätsmotoren, wenn sie von den Journalisten und ihren Kadern anerkannt und genutzt werden. Allein die Existenz solcher Regeln führt jedoch noch nicht zu deren Steuerungskraft im Rahmen des Qualitätsmanagements. Sie sollten in regelmäßigen Abständen aktualisiert werden und auch im Alltag – etwa bei konfliktiven Werturteilen an Redaktionssitzungen – in den Köpfen der Mitarbeitenden präsent sein. Erst dann geben sie den Mitarbeitenden und den Führungskräften allgemeine Grundsätze an die Hand, an denen sie ihr Handeln und ihre Entscheidungen ausrichten können.

Das Dokument 10 bildet das Inhaltsverzeichnis der Publizistischen Leitlinien ab, die heute beim Schweizer Radio und Fernsehen SRF zur Anwendung kommen. Im Vorwort schreibt der SRF-Direktor Ruedi Matter: «Weil sich Qualität nicht objektiv messen lässt, kommt dem Gespräch über Qualität entscheidende Bedeutung zu. Unsere publizistischen Leitlinien sollen diesem Gespräch Struktur geben. Sie definieren unsere gemeinsamen professionellen Wertvorstellungen, lassen unserer gestalterischen Freiheit und unserer Selbstverantwortung aber genügend Raum.»

Die Publizistischen Leitlinien von SRF formulieren die Grundsätze der Programmcharta der SRG SSR auf operativer Ebene. Der umfassende Normenkatalog soll zur Sicherung der publizistischen Qualitätsstandards sowie zur Einhaltung von Medienrecht und Medienethik beitragen. Weitere gute Beispiele finden sich in «The Guardian's Editorial Code» (www.guardian.co.uk).

Die Verschriftlichung von Leitlinien schafft eine größere Verbindlichkeit und reduziert die Interpretationsspielräume von ungeschriebenen Regeln. Nur so kann man sich etwa in Konfliktfällen auf schriftlich fixierte Regelungen beziehen. Es stimmt nun allerdings nachdenklich, dass nur wenige der größeren Medienhäuser ihre Leitbilder oder Leitlinien leicht auffindbar auf ihren Websites publizieren.

Baustein I: Regeln und publizistische Leitlinien

Dokument 10: Themen in Publizistischen Leitlinien

Das Dokument bildet Beispiele für Themen ab, die in den Publizistischen Leitlinien von Schweizer Radio und Fernsehen SRF geregelt werden. Die ausführlichen Leitlinien sind auf der Webseite www.srf.ch abrufbar (suche: Publizistische Leitlinien).

2	Verhaltensregeln, z.B.	7	Heikle Themen, z.B.
2.1	Offenlegung von Interessenbindungen	7.5	Online-Votings, TED-Umfragen, SMS-Umfragen
2.8	Private Aktivitäten im Internet		
2.10	Geschenke, Einladungen und Hilfestellungen	7.7	Berichterstattung über Werbe- und Sponsoringkunden
		7.10	Religiöse Themen
3	Themenwahl, z.B.		
3.1	Auswahlkriterien und Prioritäten	8	Gewalt, Krieg und Katastrophen, z.B.
3.2	Distanz zu Protagonisten	8.2	Tötungsdelikte, Suizide
3.5	Sperrfristen	8.3	Unfälle und Katastrophen
		8.4	Entführungen
	Recherche, z.B.		
4.1	Keine unlauteren Methoden	9	Grundsätze des Handwerks, z.B.
4.6	Zusicherung von Anonymität	9.1	Richtig texten
4.7	Recherchen bei Kindern und Schutzbedürftigen	9.2	Kompetent fragen
		9.3	Sachlich kommentieren
	Umgang mit Quellen, z.B.	10	Abnahme und Verwendung von Beiträgen, z.B.
5.1	Quellenprüfung		
5.9	Umgang mit User-Kommentaren	10.1	Abnahme
5.10	Verlinkung von Online-Inhalten	10.3	Zugriff auf Material anderer
		10.4	Online first
	Rechte dargestellter Personen, z.B.		
6.2	Regeln bei Interviews	11	Beanstandungen, Fehler, Klagen, z.B.
6.8	Namensnennung von mutmaßlichen Straftätern und Opfern	11.1	Reaktionen aus dem Publikum
		11.2	Umgang mit Fehlern und Berichtigungen
6.9	Unschuldsvermutung		
		11.3	Gegendarstellung

Einige Medienhäuser weisen ein umgekehrtes Defizit auf: Sie offerieren eine derartige Fülle von Leitbildern auf hoher unternehmerischer und abstrakter Stufe, dass der motivierende Aspekt in der Fülle wohl eher verpufft. So offeriert die Schweizerische Radio- und Fernsehgesellschaft SRG SSR idée suisse (www.SRGSSRideesuisse.ch) ein Leitbild aus dem Jahre 2007 mit den Untertiteln «Mission», «Vision», «Leitsätze» (Glaubwürdigkeit, Unabhängigkeit, Vielfalt, Kreativität, Fairness; insgesamt eine Seite). Ein Jahr früher hatte die SRG bereits ihre Programmcharta veröffentlicht, die zum Teil dieselben Leitinhalte benennt (Unabhängigkeit, Meinungsvielfalt, Fairness; insgesamt drei Seiten). Die Charta beinhaltet publizistische Grundsätze und gilt für die Programmschaffenden aller Radio- und Fernsehprogramme. Die einzelnen Unternehmenseinheiten setzen die Vorgaben der SRG unter Berücksichtigung der jeweiligen regionalen und medialen Unterschiede um.

Das Redaktionshandbuch
Gerade für kleinere Redaktionen macht es keinen Sinn, die Welt der publizistischen Regelwerke neu zu erfinden. Sie können auf bestehende, veröffentlichte Publizistische Leitlinien größerer Medienhäuser oder auf Journalistenkodizes zurückgreifen und diese redaktionsspezifisch anpassen. Auch sie sollten jedoch verschriftlichte Regelwerke, Strategiepapiere, redaktionelle Konzepte oder Richtlinien systematisch in einem Redaktionshandbuch zusammenführen und Mitarbeitenden zugänglich machen. Eventuell können solche Grundlagendokumente in elektronischer, laufend aktualisierter Form im Intranet verfügbar gemacht werden.

Im praktischen Arbeitsalltag sollten die im Regelsystem definierten Inhalte vermehrt als Fallbeispiel-Referenz herangezogen werden. Dadurch wird die Qualitätspolitik der Redaktion im Bewusstsein der Mitarbeitenden greifbar, nimmt konkrete, sich stetig verdichtende Gestalt an und bleibt nicht «toter Buchstabe».

Es ist zu empfehlen, dass in den Redaktionshandbüchern nicht nur Qualitätsziele und Standards verschriftlicht werden, sondern dass diese Grundlagendokumente auch dafür eingesetzt werden, gültige Richtlinien zur Qualitätssicherung an sich festzulegen. Im Dokument 11 wird aus dem Redaktionshandbuch des Solothurner Privatradios

Radio 32 zitiert. Mit dem Beispiel soll hervorgehoben werden, dass in einem Redaktionshandbuch auch Regeln zum Verfahren der Qualitätssicherung festgehalten werden können. Das Dokument wird bei dieser Redaktion konsequent als Mittel der Qualitätssicherung eingesetzt. Es wird allen Mitarbeitenden abgegeben und regelmäßig mit neu zu regelnden Fallbeispielen aktualisiert.

Dokument 11: Auszug aus dem Redaktionshandbuch von Radio 32

Mit einer vielfältigen Palette an Qualitätssicherungsmaßnahmen stellt Radio 32 sicher, dass die Publizistischen Leitlinien systematisch umgesetzt und eingehalten werden, dass die festgelegten Qualitätsziele erfüllt werden und dass die Qualität der redaktionellen Leistungen ständig verbessert wird. Nebst einer klaren Verteilung der Verantwortlichkeiten, einer qualitätsorientierten Personalpolitik, ausreichenden personellen und technischen Ressourcen sowie klar formulierten Qualitätsstandards in Form von Leitbildern, Leitlinien und Sendegefäßbeschreibungen wird die Qualitätssicherung im Redaktionsalltag insbesondere durch folgende Maßnahmen umgesetzt:

Präventive Maßnahmen

Ausbildung: Neue Mitarbeiter werden im Rahmen der internen Ausbildung gründlich auf ihre neuen Aufgaben vorbereitet. Der «Leiter Wort» klärt die jeweils notwendige Ausbildung ab und führt diese durch. Zu allen Ausbildungsmodulen werden den neuen Mitarbeitern schriftliche Unterlagen abgegeben (...).

Weiterbildung: Der Chefredakteur ist für die ständige Überprüfung der journalistischen Qualität der einzelnen Redakteurinnen und Redakteure zuständig und klärt den jeweiligen Weiterbildungsbedarf ab. Wo dies aufgrund von Mängeln nötig ist, veranlasst er für einzelne Mitarbeitende externe Weiterbildungskurse. Darüber hinaus haben alle Mitarbeitenden Anrecht auf regelmäßige externe Weiterbildung (...).

Sendeplanung: Alle Informationssendungen und -Beiträge auf Radio 32 werden inhaltlich geplant. Zuständig dafür sind die täglichen Redaktionssitzungen. Dort werden Themen gesucht und diskutiert, welche anschließend gemäß Besprechung recherchiert werden.

Produktionsbegleitende Maßnahmen
Feedback: Radio 32 legt Wert auf eine umfassende Feedback-Kultur in der Moderation. Jeder soll jedem jederzeit Feedback zu Sendungen geben, unabhängig von seiner Stellung oder Funktion. Nur so ist gewährleistet, dass alle Fehler erkannt und Verbesserungen sofort umgesetzt werden. (...).

Korrektive Maßnahmen
Team-Coachings: Regelmäßig findet eine große Redaktionssitzung statt, an der u.a. die Qualitätssicherung ein festes Traktandum ist. Anhand von Fällen aus der Praxis, von ausgewählten Beiträgen, werden allfällige Fehler diskutiert und Verbesserungsmöglichkeiten besprochen. Von allen Sitzungen wird ein Protokoll erstellt, das auch nicht anwesende Mitarbeiter ausreichend informiert. (...).

Qualifikationsgespräche: Einmal jährlich finden ausführliche Qualifikationsgespräche mit allen Mitarbeitenden statt. Die Leistungen werden besprochen und gewürdigt, es werden neue Zielvereinbarungen getroffen und Weiterbildungsmaßnahmen vereinbart.

Qualitätsstandards

Im redaktionellen Alltag, wenn nicht gerade eine Retraite, ein Qualifikationsgespräch oder eine Wochensitzung angesagt ist, bleibt wenig Raum für grundsätzliche Diskussionen. Fehlleistungen müssen rasch erkannt und korrigiert werden. Darum ist es hilfreich, wenn in alltäglichen Gesprächen über journalistische Qualität auch effizient mit Begriffen operiert werden kann, die allen beteiligten Mitarbeitenden geläufig sind.

Im Qualitätsmanagement geht es um mehr als um die Feststellung, dass ein Beitrag «gut gemacht» war oder dass man da und dort «noch ein bisschen mehr hätte herausholen können». Soll der Produktionsprozess effizient und qualitätsorientiert gesteuert werden, so empfiehlt es sich, dass etwa bei Briefings, bei Abnahmen, aber auch beim Feedback mit konkreten Qualitätskriterien zum Ausdruck gebracht wird, warum ein Artikel oder ein Beitrag nun eben «gut» oder «gelungen» ist.

In diesem letzten Kapitel zum Baustein I wollen wir deshalb noch auf konkrete journalistische Qualitätskriterien eingehen, die etwa bei Sendungs- oder Blattkritiken immer wieder in Erinnerung gerufen werden können. Redaktionsspezifische und produktbezogene Qualitätsstandards, die zum Beispiel in Checklisten festgehalten sind, können dabei die interne Verständigung über Qualität unterstützen.

Dimensionen der journalistischen Qualität
Die Qualitätsforschung hat sich in der Journalistik während der letzten Jahre stark entwickelt. Wer von Qualität spricht, muss immer die Perspektive mitbenennen, aus der heraus gewertet wird: Geht es primär um eine demokratietheoretische Sichtweise, oder wird ein gesamtgesellschaftlicher Bezug hergestellt? Geht es um medienethische oder medienrechtliche Standards? Steht beispielsweise eine ökonomisch-utilitaristische Perspektive im Vordergrund?

Diskutiert werden zahlreiche Kriterien, die sich in einem «magischen Vieleck» überlappen, oft miteinander konkurrieren und auf unterschiedlichen Zeitachsen liegen. Man sollte auch unterscheiden zwischen journalistisch-handlungsbezogenen und produktebezogenen Kriterien (Meier 2011: 230).

Die Medienwissenschaft hat viel Vorarbeit geleistet und ist seit den 1990er-Jahren intensiv daran, journalistische Qualitätsstandards theoretisch herzuleiten (vgl. Arnold 2008). Im Dokument 12 wird ausgeführt, wie es gelingen kann, aus einer sozialwissenschaftlichen Perspektive heraus – ausgehend von der gesellschaftlichen Funktion des Journalismus – Qualitätsstandards theoretisch herzuleiten.

Dokument 12: **Journalistische Qualität theoretisch herleiten**

Wer journalistische Qualität, Verantwortung und Modelle der redaktionellen Qualitätssicherung diskutieren will, muss sich zuerst über die Funktion des Journalismus in der Gesellschaft klar sein. Gerade jetzt zeigen sich neue Facetten (Social Media). Abgegriffene Vokabeln wie «Information» oder «Orientierung» schaffen diese Klarheit nicht.

Was sagen die Medien- und Kommunikationswissenschaftler dazu? Sie verstehen den Journalismus als eigenständiges gesellschaftliches System, das sich durch seine Eigenlogik von anderen gesellschaftlichen Systemen wie Wirtschaft, Politik, Wissenschaft, Kunst unterscheidet. Eine Hauptaufgabe des Journalismus ist es, trotz der totalen Verschiedenartigkeit dieser Systeme «Verständnisbrücken» zwischen ihnen zu schaffen.

Diese systemtheoretische Sichtweise geht nach Niklas Luhmann (1996) davon aus, dass sich die moderne Gesellschaft in soziale Systeme differenziert hat, die jeweils spezifische Probleme lösen. Das Wirtschaftssystem etwa löst das Problem des Warenaustauschs, das Politiksystem produziert kollektiv verbindliche Entscheidungen, die Wissenschaft unterscheidet Wahrheit von Unwahrheit. Dabei operiert jedes System nach einer eigenen Logik, was dazu führt, dass sich die verschiedenen gesellschaftlichen Systeme immer stärker auseinanderbewegen.

Abbildung 4: Journalismus als zentrales Leistungssystem der Öffentlichkeit

Auch der Journalismus löst ein spezifisches Problem; nämlich das Problem der Selbstbeobachtung und Synchronisation der Gesellschaft: Journalismus knüpft die Kommunikationen der anderen dynamisch auseinanderdriftenden Systeme sachlich, zeitlich und sozial aneinander.

Diese Funktion kann der Journalismus nur erfüllen, wenn seine Angebote auch von einem Publikum in Anspruch genommen werden. Sein Echo kann in den einzelnen Systemen Anschlusskommunikationen bewirken. Bürgerschaften, Regierungen, Gläubige, Unternehmensleitungen oder Konsumenten sind neben unzähligen anderen Gruppen die Adressaten des Journalismus. So hilft der Journalismus dem Publikum, sich breit über Themen, Akteure und deren Ziele zu orientieren, die im Alltag seine Entscheide beeinflussen. Bei dieser Transferleistung reduziert Journalismus Komplexität: Er vereinfacht Gedankengänge der Akteure, sodass sie verständlicher werden, ohne den Kerngehalt anzutasten.

Journalismus fokussiert überdies auf Themen, die in mehreren Systemen gleichzeitig Resonanz, Anschlusskommunikation und Irritationen erzeugen. So entstehen Bezüge zwischen verschiedenen – zunächst kaum kompatiblen – Systemrationalitäten. Journalismus greift dann ein Thema auf, wenn es aus der Perspektive von mehr als einem gesellschaftlichen Teilsystem als relevant erscheint (sachliche Dimension) und als aktuell gilt (zeitliche Dimension).

Der Bezug auf diese Grundfunktion des Journalismus ermöglicht nun auch die begründete Herleitung von journalistischen Qualitätsdimensionen (Arnold 2008). So sind Unabhängigkeit, Relevanz, Aktualität, Transparenz und Vielfalt vorauszusetzende Qualitätsmerkmale des Journalismus, wenn dieser autonom zur Selbstbeobachtung und Synchronisation der Gesellschaft beitragen soll. Journalismus muss zudem verstanden werden. Deshalb inszeniert er seine Realitätsbeschreibung nach erzählerischen Mustern (narrativ). So kann das Publikum Komplexität auf das einfache Muster Ursache-Wirkung-Struktur reduzieren. Diese Inszenierung ist dann glaubwürdig, wenn sich die Journalistin – etwa im Unterschied zu Schriftstellern oder Werbern – an sozial verbindlichen Wirklichkeitsmodellen orientiert und Wahrhaftigkeit als wichtigen Qualitätsstandard beachtet. Vom Journalismus darf man zwar nicht dieselbe aufwendige Wahrheitsproduktion erwarten wie von der Wissenschaft, aber dennoch gilt auch für den Journalismus das Referenzsystem der Realität und folglich der Faktentreue.

Wir wollen hier auf einige wenige Qualitätsstandards eingehen, die im redaktionellen Alltag immer wieder von Bedeutung sind und bei Gesprächen über Qualität herangezogen werden. Dabei beschränken wir uns auf die drei zentralen Standards Wahrhaftigkeit, Transparenz und Fairness. Weitere Qualitätskriterien finden sich im Dokument 13;

Kriterien, die beispielsweise bei einer Blatt- oder Sendungskritik auf einer Checkliste stehen können. Hier werden nicht alle diese Kriterien abgehandelt, denn es geht den Autoren in erster Linie um Methoden der Qualitätssicherung. Wahrhaftigkeit, Transparenz und Fairness sind aber drei Qualitätsanforderungen, die vom Journalismus immer zu beachten sind; zudem spielen sie in den Regelsystemen Medienrecht und Medienethik eine herausragende Rolle. Auch an anderen Stellen in diesem Buch wird immer wieder auf die drei Kriterien Bezug genommen.

Dokument 13: Eine Auswahlliste journalistischer Qualitätsmerkmale

Qualitätskriterien des Informations-Journalismus (vgl. Meier 2011: 230):

Wahrhaftigkeit/Richtigkeit: Eine der Wahrheit entsprechende, faktentreue und überprüfbare Berichterstattung. Die fehlerfreie und unveränderte Wiedergabe von Informationen.

Transparenz: Die Angabe und Nachprüfbarkeit von Informationsquellen, besonders bei kontroversen Themen.

Relevanz: Sie entscheidet darüber, welche Informationen und Deutungen für die Öffentlichkeit von Bedeutung sind, sie lenkt die Frage, welche Aspekte zur Geschichte gehören und welche nicht.

Aktualität: Die zeitnahe Berichterstattung von Ereignissen trifft auf den erwarteten «Zeitgeist» der Rezipienten. Was ist neu? Wird die Aufmerksamkeit auf künftige relevante Themen gelenkt?

Vielfalt: Sie umfasst unterschiedliche Aspekte: vom Gesamtangebot (Vielfalt der Themen) bis zur gewichteten Vielfalt der Ansichten, Positionen, Meinungen, Quellen und Informationen.

Vollständigkeit: Fließen alle notwendigen Fakten gewichtet in die Berichterstattung ein?

Orientierung: Die aktuelle, oft durch Krisen ausgelöste Orientierung hilft, Fakten zu verstehen, und bringt so Nutzwert.

Verständlichkeit: Eine Reduktion von Komplexität, Zugänglichkeit. Wie lassen sich komplexe Sachverhalte des gesellschaftlichen Geschehens verstehbar machen?

Originalität: Gelingt es, durch originelle Zuspitzung der Fragestellungen und sinnliche Aufbereitung der Stoffe Rezeptionsanreize zu schaffen?

Rückkoppelung: Geht die Redaktion auf Berichtigungswünsche ein, nimmt sie Echos und Anregungen des Publikums auf? Nutzt sie neue Möglichkeiten, insbesondere Social Media, um in einen Dialog mit dem Publikum zu treten?

Unabhängigkeit: Handelt die Redaktion autonom, oder steht sie unter journalismusfremdem Druck?

Sachlichkeit: Die vorurteilslose Berichterstattung sowie die Trennung von Nachrichten und Meinungen.

Rechtmäßigkeit: Sie meint die Einhaltung von Rechtsvorschriften.

Wahrhaftigkeit

Eines der zentralen Qualitätskriterien im Journalismus ist die Wahrhaftigkeit – verstanden als kommunikatives Handeln unterwegs zur Wahrheit, als Methodik der Wahrheitsfindung. Welche Verdachts- oder Indizienüberprüfungen hat der Journalist angewandt? Die staatlichen Gerichte müssen sich oft auf den Unterschied zwischen «wahr» und «unwahr» beziehen. Zum Beispiel erklärt das Schweizerische Strafgesetzbuch den Beschuldigten der «üblen Nachrede», der rufschädigende Aussagen über andere verbreitet, für nicht strafbar, wenn seine Äußerung der Wahrheit entspricht (Art.173 StGB).

Gerichte sind wahrheitspragmatisch eingestellt: Es gibt «zahlreiche Vorgänge, die sich auf eine ganz bestimmte Weise abgespielt haben und die ohne große Schwierigkeiten richtig erkennbar sind»

(BGE 1981, Band 107 Ia, 304ff.). In diesem Fall gilt als wahr, «wovon sich [ein Gericht] überzeugen konnte» (Mastronardi 2001: 198). Auch das Deutsche Bundesverfassungsgericht geht davon aus, dass Tatsachenbehauptungen dem Beweis zugänglich sind, und spricht dann von «Richtigkeit/Unrichtigkeit». Wenn die Äußerung entscheidend durch Dafürhalten oder Meinen geprägt erscheint, ist sie durch die Meinungsäußerungsfreiheit gedeckt (Fricke 2010: 24ff.).

Auch die Journalistenkodizes bekennen sich zur Wahrheitspflicht. «Die Achtung vor der Wahrheit (...) und die wahrhaftige Unterrichtung der Öffentlichkeit sind oberste Gebote der Presse» (Pressekodex des Deutschen Presserats, Ziff. 1). Medienleute «halten sich an die Wahrheit ohne Rücksicht auf die sich daraus für sie ergebenden Folgen und lassen sich vom Recht der Öffentlichkeit leiten, die Wahrheit zu erfahren» (Schweizer Journalistenkodex, Ziff. 1). Alle europäischen Kodizes, die einem Quervergleich zugänglich sind, sprechen die Achtung vor der Wahrheit an (Engel 2008: 120).

In einer kommentierenden Richtlinie 1.1 präzisiert der Schweizer Presserat die als vollmundig formulierte Wahrheitspflicht folgerichtig als gebotene Wahrheitssuche: Sie stelle den «Ausgangspunkt der Informationstätigkeit dar» und erfordere die Beachtung verfügbarer Daten, die integre Wiedergabe von Dokumenten, die allfällige Berichtigung fehlerhafter Berichte. Hauptrugenden der Wahrheitssuche seien Genauigkeit (Sorgfalt) und Aufrichtigkeit (Redlichkeit, Skepsis gegenüber der eigenen Meinung, aber auch Verzicht auf verunklärende Aussagen). Wahrhaftigkeit ist die anhand von Rechercheregeln qualitativ «messbare» Suche nach der Wahrheit.

Transparenz und Trennungsgebot
Ein wichtiges Hilfsinstrument der Wahrheitsfindung ist die Transparenz der Quellen und Umstände. Sie erweitert die Überprüfbarkeit journalistischer Aussagen ganz entscheidend. Das Transparenzgebot fließt aus dem Vertrauensanspruch, mit dem das Publikum den journalistischen Massenmedien begegnet. Das Publikum vertraut darauf, dass Journalisten «die für uns wichtigen Themen auswählen und dass die Beschreibungen, die sie liefern, richtig sind – also bestimmte Realitätstests überstanden haben; und dass sie nicht übertrieben oder gar falsch dargestellt sind» (Meier 2011: 14).

Wenn Journalisten ihre publizistischen Leistungen «durchsichtig» machen, Quellen und Produktionsbedingungen offenlegen, Gewissheiten von Möglichkeiten unterscheiden, wächst Vertrauen: Das Publikum kann dann nachvollziehen, wie der Journalist zu seinem Fazit gelangt.

Eine Hypothese, welche die Recherche anleitet, muss mit dem beschafften Material belegt werden. Bestätigende Zitate sind vorerst nur Bekräftigungen. Als Belege gelten Dokumente und Bezeugungen, Sachverhaltsschilderungen von glaubhaften Zeugen. Hierher gehört auch der Effort, Zeugen «on the record» mit Namen und Position im Bericht anzugeben. Ferner gilt nach wie vor die «Watergate-Regel»: Eine anonyme Aussage kommt nur in das Medium, wenn mindestens eine zweite, von der ersten unabhängige Quelle den Sachverhalt bestätigt. Die Begründung für die «Chinesische Mauer» zwischen redaktionellem und werblichem Teil eines Mediums heißt Transparenz: Das Publikum soll sogleich erkennen, ob Informationsauswahl unter journalistischen Kriterien der Öffentlichkeit und dem journalistischen Ergebnis verpflichtet ist oder dem Wachstum von Verkaufs- und Dienstleistungsangeboten.

Transparenz hat eine aktive und eine reaktive Dimension. Die aktive Dimension bezieht sich auf journalistisches Handeln und schließt direkt an das Wahrhaftigkeitsgebot an. Der deutsche wie auch der schweizerische Journalistenkodex verlangen allgemein, unbestätigte Meldungen, Gerüchte und Vermutungen seien «als solche erkennbar zu machen» (Quellentransparenz, deutscher Kodex Ziff. 2); ähnlich der schweizerische (Journalisten bezeichnen «unbestätigte Meldungen, Bild- und Tonmontagen ausdrücklich als solche», schweizerischer Kodex Ziff. 3). Die Richtlinie 1.3 des Deutschen Pressekodex erwähnt noch einen im Zeitalter der Pressesprecher besonders wichtigen Einzelaspekt: Pressemitteilungen seien als solche zu kennzeichnen, wenn sie unbearbeitet ins Blatt kommen (Absendertransparenz). Dasselbe verlangt der Schweizer Journalistenkodex bei Medienmitteilungen (Richtlinie 3.2).

Die reaktive Dimension trägt der Kommerzialisierung des Medienbetriebs Rechnung. Kommerzialisierung bezeichnet einen Trend der Medien zum Primat der ökonomischen Ausrichtung. Besondere Bedenken für die journalistische Qualität und Unabhängigkeit weckt die Gefahr, dass Werbung zwar gekennzeichnet, aber thematisch nahtlos in den redaktionellen Teil eingeflochten ist. Oder – noch unmittelbarer – dass sich Werbliches getarnt als autonome publizistische Aussage in den redaktionellen Text einschleicht; dann handelt es sich um die «Schleichwerbung», eine Erscheinungsform der Public Relations, die jegliche postulierte Trennung von publizistischer und werblicher Botschaft unterläuft.

Der Deutsche Presserat verlangt in Ziff. 7 des Pressekodex, dass «Verleger und Redakteure die Einflussnahme [von wirtschaftlichen Dritt- oder Selbstinteressen] abwehren». Deshalb müssten bezahlte Veröffentlichungen «als Werbung erkennbar» gestaltet werden; «Schleichwerbung» als Information bar jeden öffentlichen oder leserbegründeten Interesses sei zurückzuweisen (Pressekodex Ziff. 7, Richtlinien 7.1–7.3).

In der Praxis des Deutschen Presserats hat sich die Zahl der Beschwerden wegen Verletzung des Trennungsgebots seit 2001 von 12 Beschwerden im Jahr 2007 auf 86 (von 328) Beschwerden erhöht: Laut Jahresberichten des Deutschen Presserats eine bemerkenswerte Verachtfachung. Auch der Schweizerische Presserat hat seine Grundsätze präzisiert und über den Trennungsgrundsatz hinaus das Sponsoring, die neuen Mischformen – «Koppelung» zwischen Berichterstattung und werblichem Auftraggeber sowie «Lifestyle-Berichte» – einzugrenzen versucht (Ziffer 10 und Richtlinien 10.1–10.3 des Journalistenkodex). Im Zeichen der Wirtschaftskrisen und der geplatzten Dotcom-Blasen stiegen die Begehrlichkeiten der Inserenten, während die Verteidigungsbereitschaft der Verleger sinkt. Auffällig ist die geringere Anzahl von Beschwerden in der Schweiz.

Fairness

Fairness ist eine oft vernachlässigte medienethische Voraussetzung des wahrhaftigen und transparenten Journalismus. Erhebt oder transportiert der Journalist gegen jemanden schwere Vorwürfe im Tatsachenbereich, ist er gehalten, die Betroffenen vor der ersten Publikation anzuhören. Was er dabei erfährt, hat er angemessen in den Bericht einzufügen – bei kurzen Darstellungen reicht oft ein Dementi, bei längeren braucht es eine Wiedergabe der «besten Argumente». Keineswegs erforderlich ist eine «ausgewogene» Behandlung der Positionen (Schweizer Presserat, Richtlinie 3.8; Österreichischer Presserat, Ziffer 2.3).

In seiner kommentierenden Richtlinie 3.8 lautet die Auslegung des Fairnesspostulats so: «Anhörung bei schweren Vorwürfen – Aus dem Fairnessprinzip und dem ethischen Gebot der Anhörung beider Seiten (‹audiatur et altera pars›) leitet sich die Pflicht der Journalisten ab, Betroffene vor der Publikation schwerer Vorwürfe anzuhören. Deren Stellungnahme ist im gleichen Medienbericht kurz und fair wiederzugeben. (...) Der von schweren Vorwürfen betroffenen Partei muss nicht derselbe Umfang im Bericht zugestanden werden wie der Kritik [also keine ‹Ausgewogenheit›].»

Im Unterschied zu «Wahrheit», «Objektivität» oder «Ausgewogenheit» scheinen uns die Begriffe Wahrheitssuche, Transparenz und Fairness im journalistischen Alltag besser handhabbar. Es lässt sich feststellen und bewerten, wie weit sie im einzelnen Bericht angewandt oder auf die Seite geschoben worden sind. Dabei versteht sich, dass der Nachweis dieser drei Handlungstugenden die Lage des Journalisten, der wegen Persönlichkeits- oder Ehrverletzung vor Gericht gezogen wird, entscheidend verbessert. Die Europäische Menschenrechtskonvention (Art. 6, «faires Verfahren») sowie die Schweizerische Bundesverfassung 2000 und früher schon das deutsche Grundgesetz haben Verfahrensgarantien aus dem Fairnessgrundsatz abgeleitet: Parteien gebührt in Gerichts- und Verwaltungsverfahren der Anspruch auf rechtliches Gehör (Art. 29 f BV, Art. 103 GG).

Parallel dazu hatte der Schweizer Presserat empirisch festgestellt, dass bis zur Hälfte der Beschwerdeführer rügten, sie seien mit schweren Vorwürfen eingedeckt, dazu aber nicht oder erst nach Publikation angehört worden. Daraus leitete das Gremium den Grundsatz ab, wer von schweren Vorwürfen in den Medien betroffen sei, müsse vor der Publikation angehört werden; die Antwort gehöre «kurz und fair» in denselben Medienbericht. Freilich: Nicht jeder Vorwurf ist als «schwer» einzustufen.

Das in den deutschen Landespressegesetzen und später auch im Schweizerischen Zivilgesetzbuch (Art. 28 g ZGB) verankerte Gegendarstellungsrecht ist übrigens ein gerichtlich durchsetzbarer Fairnessanspruch. Wird eine nachteilige Tatsachenbehauptung verbreitet, ohne dass der Betroffene dazu angehört worden ist, kann er seine Sicht der Tatsache in das Medium rücken: Er erhält so einen «gleich langen Spieß« (Studer/Mayr von Baldegg 2011). Die «Wahrheit» bleibt zunächst offen.

Der Kommentar profitiert in höherem Maß von der Meinungsäußerungsfreiheit als der Tatsachenbericht. Werturteile müssen jedoch «auf ausreichenden Fakten beruhen, damit sie nicht als exzessiv gelten» (Zeller 2004: 142). Erst dann sind sie laut dem Europäischen Gerichtshof für Menschenrechte «fair comment».

Diesen Maßstab legt auch der Schweizerische Presserat an. Zwar fordert er in Richtlinie 2.3 zur Journalistenpflicht 2 («Freiheit des Kommentars»), das Publikum müsse zwischen Fakten und Kommentar unterscheiden können; aber das bedinge keine «formale Trennung» etwa durch andere Schrift oder besonderen Titel. Hingegen müssten sowohl die Wertung als auch die ihr zugrunde liegenden Fakten erkennbar sein und die Wertung eine genügende Grundlage haben (Stellungnahme 4/2009).

Dokument 14: Das Trennungsgebot

Das Trennungsgebot als Testfall für Unabhängigkeit und Glaubwürdigkeit: Publizistische und werbliche Texte sind klar zu unterscheiden.
Wie muss Werbung kenntlich gemacht werden? Wie sind Veröffentlichungen im wirtschaftlichen Eigeninteresse des eigenen Verlags für das Publikum erkennbar zu machen?
Aus dem Praxisleitfaden des Deutschen Presserats zum Trennungsgebot im Pressekodex (Ziff. 7):
Die Abgrenzung kann durch Kennzeichnung («Werbung», «Inserat», «Anzeige») und/oder Gestaltung (Spaltenbreiten, Schriftarten) erfolgen.
Eine Überschreitung liegt nahe, wenn die Veröffentlichung kein öffentliches Interesse oder Informationsinteresse der Leser abdeckt oder durch geldwerte Vorteile von dritter Seite belohnt wird (Schleichwerbung).
Der Verband Schweizer Medien (Verlegerschaft) und die Konferenz der Chefredakteure und Chefredakteurinnen Schweiz haben 2007 gemeinsam einen «Code of Conduct – Werbung in den Medien» redigiert.
Kernsätze des Codes: Es müsse «immer klar erkennbar sein, welche Inhalte redaktionell verantwortet und welche kommerziell beeinflusst (z.B.

bezahlt) sind. Redaktion und Verlag stellen [die Trennung] gemeinsam sicher.» Rund 240 Printtitel und einige Radio- und TV-Stationen haben den Code unterzeichnet; es fällt auf, dass aus einigen Medienhäusern nur gewisse Titel mitmachen (Ringier: «Blick», «SonntagsBlick»; Tamedia: «Tages-Anzeiger»), andere nicht («Blick am Abend»; «20 Minuten»). 2010 haben die Unterzeichner eine Monitoringkommission eingerichtet, um die Einhaltung des Codes zu überwachen; es könnten Warnungen oder Streichungen aus dem Register ausgesprochen werden. (Bei Redaktionsschluss wurden noch keine Fälle gemeldet.)

Der Schweizer Presserat hat 2007 seine Regeln präzisiert: Bei gesponserten Medienberichten muss der Name des Sponsors erscheinen, freie Themenwahl und Bearbeitung durch die Redaktion sind zu gewährleisten. Auch bei Ratgeber- und Lifestyle-Berichten sind hochlobende Präsentationen von Konsumgütern, betont häufige Nennungen von Marken oder bloße Wiedergaben von Werbeslogans verpönt.

Schließlich ist noch die Schweizerische Lauterkeitskommission zu erwähnen, der Verlags-, Werbungs- und Konsumentenvertreter – neben wenigen Journalisten – angehören. Sie befasst sich mit kommerzieller Werbung, beurteilt aggressive Verkaufsmethoden und stützt das Trennungsgebot (2010 offenbar keine Fälle zur letzteren Kategorie).

Checkliste zum Baustein I: Regeln und Publizistische Leitlinien
- Ist ein Grunddokument in schriftlicher Form jederzeit greifbar/abrufbar, das die publizistische Qualitätssicherung ausreichend regelt (Leitbild, Leitlinien, Handbuch usw., inkl. Zielsetzungen der Redaktion, Rechercheregeln, Verhaltensregeln, Ethikregeln)?
- Ist die Verantwortung für dieses Grunddokument, seine Interpretation, seine Aktualisierung und seine Umsetzung personell eindeutig geregelt?
- Werden bestehende Leitlinien regelmäßig gemeinsam mit den Mitarbeitenden überarbeitet und an die sich wandelnden Bedingungen angepasst?
- Sind in dem Grunddokument auch konkrete Qualitätsziele für das Medienprodukt und Qualitätsstandards für das redaktionelle Arbeiten integriert?

- Werden das Grunddokument, vor allem entsprechende Leitlinien regelmäßig beigezogen, z.B. bei Blatt- oder Sendekritiken?
- Sind die Mitarbeitenden an der Formulierung der Qualitätsgrundsätze beteiligt (Legitimierung, Nachhaltigkeit)? Ist das Dokument für das Publikum einsehbar (Transparenzregel)? Sind damit die Qualitätsgrundsätze gegenüber der Redaktion bzw. der Medienorganisation einforderbar?
- Bestehen Qualitätsleitlinien (z.B. in einem handwerklichen Handbuch) oder eine knappe Checkliste zur konkreten Umsetzung der Qualitätsregeln?
- Fließen die relevanten Erkenntnisse der Feedbacks in Checklisten, redaktionelle Handbücher ein?

2.3 Baustein II: Mit Qualitätszielen führen

Journalismus kann von allen lernen, auch von der Betriebswirtschaft. «Management by Objectives» (Führen mit Zielen) eignet sich auch zum Führen von Redaktionen. Wie diese Methode in den Redaktionsalltag eingebaut wird, zeigt ein Beispiel. Mit Qualitätszielen geführt wird im Mitarbeitendengespräch, im Sendungsmandat und im Aussagewunsch.

«Wer das Ziel nicht kennt, muss sich nicht wundern, wenn er ganz woanders ankommt.» Diese alte Lebensweisheit drückt das aus, was auch für das Qualitätsmanagement in Redaktionen gilt. Ohne die Verständigung über gemeinsame Ziele ist eine Redaktion kaum zu führen.

Management by Objectives (MbO)

Management by Objectives ist eine betriebswirtschaftliche Methode, die sich zum Führen von Mitarbeitenden eignet. Im Medienunternehmen werden durch MbO die strategischen Ziele des Unternehmens und jene der Mitarbeitenden konkretisiert und umgesetzt, indem für jede Organisationseinheit (Abteilungen, Redaktionen, Ressorts, Bereiche) und alle Mitarbeitenden Ziele gemeinsam festgelegt werden. Die Ziele werden dabei abgeleitet von Leitbild, Strategie, Struktur und Kultur des Unternehmens.

Journalisten sind vom Typus her kreative Einzelkämpfer, die im heutigen konvergenten Schnelligkeitsjournalismus aber gleichzeitig Teamplayer sein müssen. Denn jedes journalistische Produkt ist extrem arbeitsteilig und Resultat eines Zusammenspiels von verschiedensten Funktionen und Kompetenzen. Am deutlichsten zeigt sich das in den elektronischen Medien. In der «Tagesschau» beispielsweise sind an jedem einzelnen Beitrag gleichzeitig und zeitverschoben Dutzende von Mitarbeitenden aus Redaktion, Technik und Stäben beteiligt.

Im täglichen Zusammenspiel zwischen Einzelnen und dem Team bietet sich MbO als geeigneter Führungsstil an. Im Zielsetzungsprozess wird auf die besonderen Bedürfnisse des Unternehmens und die Fähigkeiten und Interessen des Einzelnen eingegangen. Unweigerlich auftretende Zielkonflikte kommen zur Sprache und müssen ausgehandelt werden. Durch Kommunikation über Erwartungen (Ziele) und Interessen kann so eine zunehmend vertrauensgestützte, konfliktfähige Zusammenarbeitskultur im Unternehmen entwickelt werden. Die Einbindung der Ziele der Einzelnen in die übergeordneten des Unternehmens führt im Idealfall zu Motivation, Eigenverantwortung und Identifikation und kommt damit der unter Medienschaffenden weitverbreiteten Neigung entgegen, sich in besonderem Ausmaß mit ihrem Beruf und Unternehmen zu identifizieren.

MbO ist eingebettet in einen umfassenden Führungskreislauf. Dieser startet mit der Analyse der Ist-Situation, führt dann zur Zielsetzung und gemeinsamen Zielvereinbarung zwischen Vorgesetztem und Mitarbeitenden. Der Weg über Planung, Entscheidung und konkrete Realisierung des Projekts liegt zu einem großen Teil in der Eigenverantwortung des Mitarbeitenden. Das ermöglicht Führungspersonen und Mitarbeitenden, sich auf Wesentliches zu konzentrieren, und macht sie gleichzeitig frei für weitere Aufgaben. In der Phase Kontrollieren wird schließlich gemeinsam festgestellt, ob der neue Ist-Zustand dem Soll-Zustand der Zielvereinbarung entspricht. Das gibt Gelegenheit zu einer qualitativen Leistungsbewertung. Je nachdem setzt dann ein neuer Zyklus ein. Für Malik (2005) gehört das «Für Ziele sorgen» zu den wichtigsten Management-Aufgaben. Ohne Ziele kein Management! Ob man nun Ziele vereinbare (was Legitimität schafft) oder ob Vorgesetzte sie vorgeben, hänge letztlich von der konkreten Situation ab.

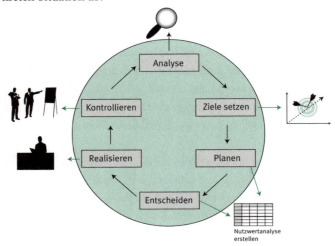

Abbildung 5:
Der MbO-Kreislauf

Fallbeispiel: Gegenhören bei einem Radiosender

Bei einem privaten Radiosender stellt der externe Ausbildner fest, dass Briefing und Arbeitsprozesse wenig verankert sind. Dazu kommt, dass bei den jeweils nach dem Mittagsmagazin veranstalteten Sendekritiken oft Missstimmung herrscht: Die dort vom Tagesleiter geäußerte Kritik an einzelnen Beiträgen mag fundiert sein, sie erfolgt aber nach Meinung der kleinen Redaktion zu spät – immer erst nach der Sendung. Das motiviere wenig. Ferner ist bekannt, dass Zuhörer wegen der vielen Versprecher reklamieren. Der Redaktionsleiter will handeln. Im offenen Gespräch wenden er und sein Team den MbO-Kreislauf an.

Analyse
Wie ist die Ausgangslage?
Welches sind die Rahmenbedingungen?

Der Morgen auf der Radioredaktion beginnt mit der Tagessitzung, an der Anlässe, News- und Beitragsthemen vorgeschlagen werden. Sofern es sich nicht um eine komplizierte Geschichte handelt, wird der Aufbau der Beiträge kaum thematisiert. Nach der Sitzung besprechen die Reporter ihr Thema mit dem Chef vom Dienst. Dieser brieft die Kollegen, indem er mögliche Interviewpartner vorschlägt und der Geschichte eine Stoßrichtung gibt. Vor der Ausstrahlung werden normalerweise nur jene Beiträge kontrolliert, die von neuen Mitarbeitenden produziert wurden. Eine Pflicht zum systematischen Gegenlesen – wie das auf vielen Redaktionen Standard ist – gibt es nicht. Man vertraut darauf, dass einer fragt, wenn er unsicher ist. Das Instrument des Gegenlesens ist zwar für die Überprüfung von Inhalt und formaler Richtigkeit sinnvoll, es ist aber nur beschränkt geeignet, die Hör-Verständlichkeit eines Beitrags zu überprüfen, bevor dieser über den Sender geht (vgl. auch Wälchli: 2010: 5).

Zielsetzung
Wie ist der gewünschte Soll-Zustand?
Was ist das Ziel?
Woran erkennen wir, dass das Ziel erreicht ist?

Gewünscht sind hörerfreundliche Beiträge. Beim Zuhörer sollen keine Irritationen entstehen, die ihn hindern, dem Nachrichtenfluss zu folgen, oder gar zum Wegzappen führen. Versprecher irritieren und sollen deshalb deutlich reduziert werden. Die Zuhörer sollen die Nachrichtenmeldungen verstehen und keine Qualitätsschwankungen beanstanden müssen.

Planung
Welche Ideen haben wir, wie wollen wir das Ziel erreichen?
Welche Möglichkeiten haben wir?

Auf radiogerechte Sprache pochen heißt, lineare Wortmeldungen zu verfassen, die (anders als in Zeitungsmeldungen) Redundanzen aufweisen. Verben sollen möglichst weit vorne im Satz stehen. Schachtelsätze und überlange Sätze sind zu vermeiden. Die Beiträge sollen anderen Redaktionsmitgliedern vorgelesen werden (Gegenhören). Die sprachliche Gestaltung liegt in der Verantwortung des einzelnen Journalisten; das Gegenhören muss in Teams organisiert werden.

Entscheidung
Welche Kriterien müssen die Maßnahmen erfüllen?
Für welche Vorgehensweisen und Maßnahmen entscheiden wir uns?

Die Redaktionsmitglieder müssen die Techniken zu sprachlichen und sprecherischen Verbesserungen kennen und anwenden. Das kollegiale Gegenhören soll konsequent eingeführt werden.

Man beschließt ein mündliches Briefing mit konkreten Tipps zum Thema «Hörerfreundlichkeit». Für das Gegenhören wird eine schriftliche Gruppeneinteilung gewünscht.

Realisierung
Wie setzen wir die Maßnahmen um?
Wer soll was bis wann erledigen?

Das Briefing findet während einer der nächsten Tagessitzungen statt. Der Chefredakteur erläutert hörerfreundliche Beispiele aus Beiträgen, aber auch schwer verständliche Wortmeldungen. Er ruft in Erinnerung, dass Radio ein Hörmedium ist und die Texte deshalb als Spreche und nicht als Schreibe daherkommen sollen. Radiotexte müssen kürzer sein. Lehrbücher belegen, dass bei Sätzen mit über 15 Wörtern beim Zuhörer die Gefahr zunimmt, dass er aussteigt. Die wichtigsten Tipps werden schriftlich festgehalten und allen Redaktionsmitgliedern zugänglich gemacht. Der Chefredakteur weist die Tagesverantwortlichen an, wenn möglich immer die Texte vor der Ausstrahlung nicht nur gegenzulesen, sondern einem Kollegen vorzulesen, also gegenhören zu lassen.

Weil das Gegenhören aufwendiger ist als das Gegenlesen, wird vorerst eine Testphase für die 11-Uhr- und 15-Uhr-Nachrichtensendung eingeführt. Nach zwei Wochen soll über das weitere Vorgehen beschlossen werden.

Kontrolle
Woran merken wir, dass das Ziel erreicht wurde?

Im Kontrollgespräch mit allen Beteiligten stellt sich heraus, dass die Pflicht, die News laut vorzulesen, zu weniger Versprechern führt. Die Verbesserung der Hörerfreundlichkeit wird noch nicht systematisch verfolgt. Ein Redaktionsmitglied bemerkt, dass das Gegenhören auch zu Stress führt, weil es zeitaufwendig ist. Das könne inhaltliche Fehler verursachen.

Jetzt setzt wiederum der MbO-Kreislauf ein. Die neue Ist-Situation wird analysiert, und über eine gemeinsame Zielvereinbarung werden neue Maßnahmen umgesetzt.

Das hier ausgeführte Beispiel des Gegenhörens betrifft das Qualitätskriterium «Verständlichkeit». Mit relativ geringem Aufwand konnte die Qualität verbessert werden. Nicht alle Probleme, welche die Qualitätssicherung betreffen, gestalten sich so überschaubar.

Der MbO-Prozess führt letztlich dazu, dass Ziele, wie sie in Leitbildern oder in Publizistischen Leitlinien formuliert sind, im Alltag auch umgesetzt werden können.

In der Phase Analysieren des MbO-Kreislaufs eignet sich auch die SWOT-Analyse. Sie beurteilt systematisch die Stärken und Schwächen (S = Strength; W = Weakness) sowie die Chancen und Risiken (O = Opportunities; T = Threats) eines Unternehmens oder Projekts.

Das Mitarbeitendengespräch

Die wohl beste Möglichkeit, journalistische Qualität zu sichern und weiterzuentwickeln, bietet das Gespräch. Wir meinen damit das individuelle Gespräch zwischen Vorgesetzten und Mitarbeitenden genauso wie das Gespräch zwischen den Mitarbeitenden. Bei beiden kann und soll Qualität zum Dauerthema werden.

Im Informationsgespräch wird gefragt, man will verstehen, fordert Lösungen oder Vorschläge, sammelt Kriterien oder Ideen und sichtet Argumente. Im Kritikgespräch geht es um positives und/oder negatives Feedback. Das Konfliktmanagement will Spannungen und Störungen beheben.

> **Tipp**
>
> Ziele und Zielvereinbarungen sollen SMART sein. SMART leitet sich ab von «Specific Measurable Accepted Realistic Timely» oder deutsch:
>
> | | |
> |---|---|
> | S | Spezifisch, konkret, individuell |
> | M | Messbar, beobachtbar |
> | A | Aktiv beeinflussbar, anspruchsvoll, attraktiv |
> | R | Realistisch, relevant, ressourcenorientiert |
> | T | Terminiert |

Wir legen hier den Fokus auf das Mitarbeitergespräch mit Zielvereinbarung. Im jährlichen Mitarbeitendengespräch (MAG) werden die Ziele des Medienunternehmens auf die Unternehmenseinheiten und auf die Ziele der Mitarbeitenden heruntergebrochen. Das jährliche MAG ist zum Klassiker geworden und wird in den meisten Unternehmungen, zunehmend auch im Medienbereich, standardisiert durchgeführt. Oft wird es überladen mit Lohndiskussionen, Beförderungswünschen oder tagesaktuellen Anliegen. Dabei geht vergessen, dass das MAG eine einzigartige Gelegenheit ist, Qualitätskriterien über Zielvereinbarungen zu sichern und zu optimieren. Die Qualitätsziele des Unternehmens werden mit jenen des Mitarbeiters verknüpft. Das Diskutieren und Festhalten von Qualitätszielen ist dabei weniger ein technischer, sondern vielmehr ein kommunikativer Vorgang. Dadurch werden Motivation und Leistung der Mitarbeitenden und letztlich die Qualität des Medienprodukts nachhaltig und direkt beeinflusst. Konkret hält das Gesprächsprotokoll fest, welche Qualitätsinstrumente des Unternehmens zum Einsatz kommen. Es bildet die Basis für die Leistungsbeurteilung im nächsten MAG.

Das MAG dient darüber hinaus auch der Potenzial- und Leistungsbeurteilung, dem optimalen Einsatz der Mitarbeitenden, der Nachfolgeplanung sowie der Prozessüberwachung und Statuskontrolle.

> **Dokument 15: Zielvereinbarungen**
>
> Zielvereinbarungen betreffen die unterschiedlichsten Arbeitsbereiche aller Mitarbeitenden. Dazu einige Beispiele:

Zusammenarbeit (Content Managerin, Online-Plattform)
Die Online-Redaktion kürzt und verändert Print-Artikel ohne Absprache mit den Autoren. Es kommt vor, dass Texte, die zuerst in der Print-Ausgabe publiziert werden sollten, bereits zuvor auf der Online-Plattform erscheinen. Vereinbart wird, dass sich die Mitarbeiterin in Zukunft mit den jeweiligen Autoren abspricht. Falls diese nicht erreichbar sind, genügt die Bestätigung eines zuvor festgelegten Stellvertreters. In drei Monaten wird überprüft, ob sich der Austausch zwischen der Mitarbeiterin und der Print-Redaktion verbessert hat.

Arbeitsumfeld (Auslandredakteur, Tageszeitung)
Für die Recherchen des Mitarbeiters ist es elementar, auf Online-Ausgaben ausländischer Zeitungen zugreifen zu können. Seit beispielsweise die Seite der «New York Times» gewisse Inhalte nur noch gegen Bezahlung anbietet, bleiben ihm diese Recherchequellen verwehrt. Es wird vereinbart, dass der Mitarbeiter in der kommenden Woche dem Vorgesetzten eine Übersicht mit den nötigen Titeln zustellt. Dieser kann darauf die gewünschten Plattformen abonnieren.

Neue Aufgaben (Redaktionsleiterin, öffentlicher Fernsehsender)
Der personelle Bestand eines öffentlichen Senders bietet einen riesigen Fundus an Wissen zu spezifischen Themen sowie Kenntnissen verschiedener Fremdsprachen. Diese Ressourcen werden (noch) nicht systematisch genutzt; die Mitarbeitenden sind nicht genügend über Wissensbestände informiert. Längerfristig ist es das Ziel, ein kontinuierliches Wissensmanagement zu betreiben, das zu einer optimalen Nutzung dieser Ressource führt. Kurzfristig wird vereinbart, dass die Redaktionsleiterin zusammen mit den andern Redaktionsleitenden ein Konzept mit Varianten ausarbeitet, das Mitte Jahr dem Chefredakteur entscheidungsbereit vorgestellt wird.

Berufliche Entwicklung (Praktikant, Privatradio)
Nachdem die Hälfte der Praktikumszeit des Mitarbeiters vorbei ist, zeigt sich die Vorgesetzte sehr zufrieden mit den redaktionellen Leistungen des Praktikanten. Sie möchte diesen nach Ablauf des Praktikums gerne weiterbeschäftigen, stellt aber die Bedingung, dass der Mitarbeiter seine Sprechtechnik verbessert. Es wird vereinbart, dass der Mitarbeiter

so bald als möglich einen entsprechenden Kurs besucht, der zur Hälfte vom Arbeitgeber bezahlt wird. Vor Beginn des letzten Praktikum-Quartals findet ein Austausch über eine weitere Anstellung statt.

Storytelling (Reporter, Lokalzeitung)

Reporter Peter Muster hat Mühe mit dem Finden eigener Geschichten. Im Mitarbeitergespräch thematisiert der Redaktionsleiter gegenüber dem Reporter, dass dieser wenig Input bringe und selten eigene Geschichten realisiere. Er empfiehlt ihm dringend die Lektüre des Buches über «Storytelling für Journalisten» (Lampert/Wespe 2011), das neu in der Redaktionsbibliothek aufliegt. Es wird vereinbart, dass der Reporter im nächsten Quartal jede Woche mindestens eine eigene Geschichte vorschlägt und wenn möglich realisiert. In der nächsten Redaktionsretraite soll er seinen Kollegen das Storytelling-Buch vorstellen und an einem Beispiel aufzeigen, wie er zur eigenen Geschichte kam.

Verständlichkeit (Redakteurin, Lokalradio)

Die Beiträge einer Radioredakteurin werden immer wieder beanstandet, sie seien inhaltlich zwar durchaus relevant und korrekt, textlich aber so kompliziert, dass die Hörverständlichkeit darunter leidet. In einem Feedback-Gespräch macht der tagesverantwortliche Produzent einmal mehr darauf aufmerksam, dass beim Texten von Radiobeiträgen Spreche und nicht Schreibe produziert werden soll. Die beiden vereinbaren, während eines Monats vor der Sendung jeweils miteinander die Texte daraufhin zu überprüfen, dass die Sätze wenn immer möglich nicht mehr als 15 Wörter enthalten.

Reduktion der Recherche (Reporter, Regionalfernsehen)

Die Fernsehbeiträge des Reporters N. sind wohl gut recherchiert. Es gelingt ihm dann aber nicht, die Recherche zu einer kompakten Story zu reduzieren. Seine Beiträge kommen meist dramaturgisch additiv als verfilmte Recherche daher. Im MAG wird vereinbart, dass vor dem Editing, dem Schneiden des Beitrags, mit dem Produzenten der Aussagewunsch nochmals klar festgelegt wird, um so dem Beitrag eine klare Stoßrichtung und attraktive Dramaturgie zu geben. Während der nächsten drei Monate werde bei der Abnahme und Sendekritik vor allem darauf geachtet.

Fachwissen, Glaubwürdigkeit (Redakteur, Online-Redaktion)
In ihren Online-Kommentaren beanstanden Leser häufig, juristische Fachbegriffe würden falsch angewendet (z.B. Mord statt vorsätzliche Tötung usw.). Die Glaubwürdigkeit der Online-Zeitung leidet. Der Redaktionsleiter bittet die interne Ausbildung um Unterstützung. Diese organisiert zusammen mit einem bekannten Gerichtsreporter einen zweistündigen Crashkurs. In drei Staffeln werden alle Redaktionsmitglieder dazu aufgeboten. In den nächsten Sendekritiken liegt ein spezielles Augenmerk auf der korrekten Anwendung juristischer Fachausdrücke in den Verbrechensmeldungen.

Checkliste zu den Zielvereinbarungen

- Führt die Redaktionsleitung mindestens jährlich Qualifikationsgespräche mit den Mitarbeitenden durch, und vereinbart die Leitung mit den Mitarbeitenden jährlich qualitätsorientierte Leistungsziele?
- Entwickeln die Führungskräfte die Ziele gemeinsam mit den zu beurteilenden Mitarbeitern?
- Wird das Instrument des Zielvereinbarungsgesprächs (MAG) in der redaktionellen Führungsarbeit auch als Mittel der Qualitätssicherung erkannt und eingesetzt?
- Wird genügend unternommen, um bei den Mitarbeitenden die Qualitätsziele bekannt zu machen?
- Werden die Ziele für den Mitarbeiter in der alltäglichen Arbeit spürbar gemacht, indem beispielsweise bestimmte Meilensteine für die Zielerreichung formuliert werden?
- Werden die Leistungen der zu beurteilenden Mitarbeitenden anhand qualitativer Parameter definiert?
- Wird bei der konkreten Vereinbarung der Ziele ein formalisiertes Vorgehen genutzt, bei dem Ziele schriftlich formuliert werden?
- Welche Konsequenzen haben erreichte und nicht erreichte Ziele?

Mit Wochenzielen steuern

Eine andere konkrete Umsetzung des MbO-Prinzips ist das Führen über Wochenziele. Weil im redaktionellen Alltag etwa an Redaktionssitzungen nicht immer über alle wichtigen, redaktionsspezifischen Qualitätsziele gesprochen werden kann, ist es ratsam, auf bestimmte Ziele zu fokussieren. Die Formulierung von bestimmten, von der Redaktionsleitung vorgegebenen Wochenzielen ist eine Möglichkeit, bei den Redaktionsmitgliedern systematisch wesentliche Standards in Erinnerung zu rufen und hierbei etwas stärker in die Tiefe zu gehen.

Fallbeispiel Radio TOP
Eine etwas aufwendige, aber sehr überzeugende Qualitätsförderung hat beispielsweise das mittelgroße, in Winterthur und in der Ostschweiz beheimatete Medienunternehmen Radio TOP und Tele TOP entwickelt. Gianni Huber nimmt hier die Rolle des Leiters Qualitätssicherung wahr. Der erfahrene Radiomann belegt eine 80-Prozent-Stelle, die er etwa hälftig für die Qualitätsförderung bei Radio TOP und Tele TOP aufteilt. Er hat in den Redaktionen der TOP-Medien das Instrument der Wochenziele eingeführt. Seiner Auskunft nach würden die Mitarbeitenden das Instrument sehr schätzen. Vor allem deshalb, weil es zu einer wesentlichen Verbesserung des Feedbacks geführt hat. In den regelmäßig durchgeführten Feedbacks nehmen die Kritiker explizit Bezug auf die vorgängig formulierten Wochenziele: «Ich höre die früher verbreitete Klage, man erhalte ja zu wenig Feedback, seit einiger Zeit nicht mehr», stellt der Leiter Qualitätssicherung fest. Das Wochenziel wird heute jeweils von der Redaktionsleitung vorgegeben.

Fünf Beispiele für produktbezogene Ziele bei den TOP-Medien:
> Regionales vor Internationalem
> Richtiger Umgang mit Zahlen und Daten
> Schreiben fürs Hören
> Gute Schlagzeilen
> Geschichten weiterziehen

Fünf Beispiele für Ziele zur Qualitätssicherung bei den TOP-Medien:
> Brauchbare Themenvorschläge
> Medienmitteilungen kritisch hinterfragen
> News gegenhören
> Beiträge zeitgerecht abliefern
> Gegenseitig Feedback auf Beiträge geben

Die Redaktionsleitung baut die Wochenziele weiter aus und teilt sie den Mitarbeitenden schriftlich mit. Dokument 16 illustriert den Vorgang an einem Beispiel: Wochenziel: «O-Töne schön und kreativ einleiten.»

Dokument 16: **Ein Beispiel für ein Wochenziel bei den TOP-Medien**

Ausgangslage
Newsmeldungen mit einem O-Ton sind für uns wichtiger als jene ohne O-Ton. (...) Wenn O-Töne jedoch langweilig eingeleitet werden, kann der Ton noch so schön sein, die Spannung ist futsch.

Ziel
Wir führen unsere Hörer bewusster auf O-Töne hin. Unsere Einleitung soll kreativ sein und den Hörer «gluschtig» (erwartungsvoll) stimmen auf das, was gleich kommt.

Vorgehen
Die Einleitung eines O-Tons ist eine Art Verbindung zwischen unserem Text und dem O-Ton. Beide Elemente gehören zusammen. Das soll für den Hörer erkennbar sein. Es darf nicht sein, dass der O-Ton unabhängig von unserem Text im Raum steht. Das sorgt beim Hörer für Verwirrung.

TOP-Regeln und Beispiele
1. Der Hörer muss wissen, wer spricht. Ist die Funktion lang und wichtig, kann sie zwei Sätze beanspruchen. Einschübe mit zwei Kommas sind zu vermeiden.
Peter Muster – Vorstandsvorsitzender der Branchenorganisation Milch – ist deshalb zuversichtlich: (O-Ton).

> Schöner ist:
> (O-Ton) sagt Peter Muster. Der Vorstandsvorsitzende der Branchenorganisation Milch ist deshalb zuversichtlich: (O-Ton).
>
> 2. Beim Einleiten eines O-Tons nie etwas vorwegnehmen, was nachher im O-Ton folgt.
> Peter Muster hat den Wettbewerb gewonnen und bekommt nun eine finanzielle Unterstützung für sein Projekt. Er freut sich:
> Peter Muster: «Ich freue mich...» Solche Doppelung ist zu vermeiden!
>
> 3. Überflüssiges lassen wir weg. Verboten ist ab sofort: «Wie Peter Muster sagt ...». Wir leiten unsere O-Töne immer mit ganzen Sätzen ein. Verboten: «Dazu Peter Muster...» oder «Peter Muster vom Bundesamt für Umwelt ...».

Wochenziele sollen auf Regeln Bezug nehmen, am besten auf solche, die bereits vorgängig etwa in einem Redaktionshandbuch oder in Publizistischen Leitlinien formuliert und allen Mitarbeitenden zugänglich sind.

Es hat sich bewährt, Wochenziele einige Wochen im Voraus zu planen und auf die Agenda zu setzen. Wochenziele können sich aber auch an der Aktualität ausrichten. Wahlen und Abstimmungen sind vorhersehbar. Eine gute Gelegenheit, mit Wochenzielen entsprechende Regeln in Erinnerung zu rufen.

In den Publizistischen Leitlinien von Schweizer Radio und Fernsehen SRF legt die Leitlinie 7.2 einige Regeln fest, die vor Wahlen und Abstimmungen zu berücksichtigen sind: «SRF spielt für die Meinungsbildung der Stimmberechtigten eine Schlüsselrolle. Deshalb sind die Anforderungen an die Ausgewogenheit der Beiträge besonders groß (vergleichbare Auftrittsmöglichkeiten für die Akteure, vergleichbare Redezeiten usw.).» Die Richtlinie verlangt etwa, dass kurz vor Wahlen ohne speziellen Grund keine Einzelporträts von Kandidierenden gesendet werden, sofern die anderen Bewerbenden nicht auch eine vergleichbare Auftrittsmöglichkeit erhalten.

Ein anderes Wochenziel könnte durch ein relevantes religiöses Ereignis ausgelöst werden, z.B. Papstbesuch, Tod und Wahl eines neuen Papstes. Weil anzunehmen ist, dass ein solches Ereignis über mehrere Tage die Redaktion beschäftigen wird, macht es Sinn, entsprechende Regeln in Erinnerung zu rufen. Eine Gelegenheit, den redaktionellen Mitarbeitenden wieder einmal klar zu verdeutlichen, dass religiöse Themen nicht anderes behandelt werden als andere Themen, dass aber auf die religiösen Gefühle des Publikums zu achten ist und zentrale Glaubensinhalte aller Religionen nicht ins Lächerliche gezogen werden dürfen. In bestimmten Fällen kann man auch Regeln für die Wortwahl aufstellen, z.b. wenn Propagandasprache verwendet wird und gezielte Luftangriffe zu «chirurgischen Eingriffen» mutieren.

Wochenziele sind vor allem dann ein Steuerungsinstrument, wenn am Ende der Woche in Kritikrunden oder in einem Newsletter des Chefredakteurs wieder darauf Bezug genommen wird. Bei den TOP-Medien verfasst der Leiter Qualitätssicherung jeweils ein sogenanntes Ausbildungs-Feedback. Auf einer Seite werden gute und schlechte Beispiele aus der Wochenproduktion angesprochen und die Kritik begründet. Das Dokument 17 zitiert aus einem solchen Ausbildungs-Feedback. Er bezieht sich auf das Wochenziel «O-Töne schön und kreativ einleiten».

Dokument 17: Ein Feedback auf das Wochenziel bei Radio TOP

Eine gelungene Einleitung des O-Tons kann am folgenden Beispiel verdeutlicht werden. Es zeigt, dass Name und Funktion nicht immer unmittelbar vor dem O-Ton stehen müssen:

«Nach Gesprächen mit den Verantwortlichen hätten zwar einige Missverständnisse ausgeräumt werden können, erklärt der Innerrhoder Ratsschreiber Markus Dörig. Trotzdem sei man noch kritisch eingestellt: [O-Ton: «Wir werden jetzt mal schauen, ob ...»].

Man kann sogar noch einen Schritt weitergehen:

«Laut dem kantonalen Untersuchungsrichter Patric Looser bringt dies St. Gallen zwei entscheidende Vorteile. Zum einen die Unterstützung durch Beamte der Bundeskriminalpolizei [O-Ton: «Zudem haben wir natürlich die Möglichkeit, dass ...»].

Hier wird ein Teil der Aussage übernommen. Der O-Ton beendet den angefangenen Satz. Diese Variante wirkt auch in Beiträgen attraktiv und eignet sich für Aufzählungen ideal.

Folgendes Beispiel ist weniger gelungen:

> «Bei einem Unfall bei Henggart ist eine Person ums Leben gekommen. Der 60-jährige Mann wollte bei Henggart via Auffahrt auf die Autobahn gelangen, wie Esther Surber von der Zürcher Kantonspolizei erklärt.» [O-Ton: «Beim Abbiegen ...»]. Die Formulierung «wie xy sagt» ist gemäß unserem Wochenthema ab sofort verboten!

> Schriftlich festgehaltene Qualitätsziele und Publizistische Leitlinien bleiben toter Buchstabe, wenn sie nicht im Alltag bewusst zur Anwendung kommen.
> Es lohnt sich, das Redaktionsteam in das Festlegen von Wochenzielen einzubeziehen, indem geklärt wird, was in der Hektik des Alltags untergeht.

Tipp

Der Aussagewunsch

Fallbeispiel: Aussagewunsch Radio 32
Ein Tag im April. Redaktionssitzung beim regionalen Privatradio Radio 32 in Solothurn. Diskutiert wird, wie der 1. Mai auf dem Sender behandelt werden soll. Wohl wie immer ein Pflichtsujet nach dem Motto: Was darf es denn dieses Jahr sein? Die Rede der neuen SP-Bundesrätin? Oder jene des einheimischen Politikers und Gewerkschafters – im Herbst sind Wahlen? Ein Porträt eines alten Gewerkschafters? Marschierende Ausländer, picknickende Schweizer? Dann doch lieber die Deutschen, die uns Schweizern die besten Jobs wegnehmen? Oder mit den Spitzensalären der Manager an den Neid der Mehrheit appellieren? Am besten wohl wie immer ein «Pizzabeitrag»: von allem etwas!

Dann kommt der 1. Mai in Solothurn. Doch dieses Jahr ist alles ganz anders. Die Papierfabrik Biberist vor den Toren der Kantonshauptstadt steht vor dem Aus. Hunderte von Mitarbeiterinnen und Mitarbeitern im blauen Arbeitskleid strömen in die Stadt. Besorgt, aufgewühlt, wütend. Leute bis weit ins bürgerliche Lager hinein marschieren im 1.-Mai-Umzug mit – viele zum ersten Mal, und Hunderte von Sympathisanten bekunden den von der Entlassung bedrohten Mitbürgerinnen und Mitbürgern ihre Sympathie.

Die Redaktion – Tagesleitung und Reporter – hat sich nach einigen Recherchen im letzten Moment entschlossen, sich am 1. Mai ganz auf diesen Anlass zu konzentrieren. So viele emotionale und engagierte O-Töne hatte man schon lange nicht mehr auf dem Sender. Die Karte aktuelle Betroffenheit und Relevanz stach. Der Beitrag hatte eine Stoßrichtung, eine Botschaft – einen klaren Aussagewunsch!

Die Vereinbarung zwischen Redaktion und Autor
Der Aussagewunsch ist eine Vereinbarung zwischen Redaktion und Autor über das Ziel des Beitrags. Er hält einfach und präzise zugleich in einem Satz schriftlich fest, welches die Stoßrichtung des Beitrags sein soll.

Um einen Aussagewunsch zu formulieren, braucht es:
› die Auftragserteilung durch den Blattmacher oder Produzenten.
› die Grundrecherche der inhaltlichen Fakten oder Hypothesen (Indizien). Hat man diese nicht, führt der Aussagewunsch zum bloßen Thesen- oder Design-Journalismus, der an den Fakten vorbeischwadroniert.
› die Auswahl der inhaltlichen Details, die Reduktion auf eine Stoßrichtung, einen Aussagekern.
› die Motivation, warum der Beitrag heute gebracht wird.

Der Aussagewunsch ist notwendig. Wird dieser nicht vom Journalisten vorgegeben, übernehmen andere Mitbeteiligte (Protagonisten, Kameramann, Editor, Moderator) seine Rolle, oder es kommen halbbewusste und vage Absichten zum Zug.

Der Aussagewunsch bringt Klarheit. Er dient dem attraktiven und verständlichen Storytelling und lässt den Verlauf der Geschichte bereits ungefähr voraussehen. Er ist bildhaft formuliert.

Der Aussagewunsch ist veränderbar. Geschichten können sich während der Produktion anders als vorgesehen entwickeln. Deshalb muss er immer wieder überprüft, den Realitäten angepasst und allen Beteiligten neu kommuniziert werden. Das Festhalten an einem von der Realität überholten Aussagewunsch ist unprofessionell und nicht im Interesse des Publikums.

Der Aussagewunsch ist ein Instrument zur Qualitätskontrolle. Er wird bei Abnahme und Sendekritik zugezogen, um festzustellen, ob der Aussagewunsch relevant und richtig und war und attraktiv umgesetzt wurde.

> **Tipp**
>
> Der Aussagewunsch soll so formuliert sein, dass vor dem geistigen Auge Bilder entstehen und eine Handlung erahnbar ist.
> Der Aussagewunsch ist weder Brainstorming noch Konzept noch Ankündigung der erzählten oder verfilmten Recherche.
> Zu viele «und»/«oder» sind verdächtig: Sie weisen auf doppelte oder mehrfache Geschichten hin.
> Vage formulierte Sätze enthalten oft Verlegenheitswörter wie «man».
> Überprüfen! Gesucht ist das Subjekt.
> Übung macht auch hier den Meister. Aussagewünsche oft und immer wieder anwenden. Sie können auch im Alltagsleben dienen, z.B. bei schwierigen Gesprächen mit dem Chef oder der Partnerin.
> Im Zweifelsfall ist es auch möglich, zwei Aussagewünsche auf die Reportage mitzunehmen und sich dann je nach Ergebnis für einen der beiden zu entscheiden.

Dokument 18: Der Aussagewunsch bei SRF

Im Schweizer Radio und Fernsehen SRF wird der Aussagewunsch seit Jahren in den journalistischen Abteilungen mehr oder weniger konsequent umgesetzt. Die interne Ausbildung hat dazu das folgende Modell entwickelt: Ein Aussagewunsch besteht aus einem möglichst einfachen, einprägsamen, verständlichen Hauptsatz mit Nebensatz.

Zum Beispiel:

«Die Zuschauerinnen und Zuschauer sollen miterleben, warum der gehbehinderte Herr X immer noch gerne zur Arbeit geht, obwohl er dabei jeden Tag einen Spießrutenlauf absolvieren muss.»

Satzteil	Bedeutung der Satzteile
Die Zuschauerinnen und Zuschauer sollen ...	Der Adressat des Aussagewunsches ist immer das Publikum, die Leser, Zuhörer oder Zuschauerinnen. Dieser erste Teil des Satzes bleibt immer gleich.
miterleben/erfahren/verstehen/kennenlernen/erkennen usw.	Das erste Verb (aktiv) gibt bereits einen wichtigen Hinweis auf die Art des Beitrags: Geht es um Information, Wissensvermittlung, Mitreisen, Beobachten, allenfalls Kommentar? (Letzteres wird meist später entschieden.)
warum/dass/weshalb/ob/wie/wie viele usw. ...	Das Bindewort zum Nebensatz spezifiziert die inhaltliche Ausrichtung. Es ist ein Unterschied, ob wir einen Sachverhalt («dass») umschreiben oder etwas herausfinden wollen («warum»).
Herr X/Frau Y/die Gruppe X/die Sache Z usw. ...	Das Subjekt des Nebensatzes bezeichnet in der Regel den Handlungsträger oder die Heldin der Geschichte.
die Sache, das Ereignis, den Sachverhalt, Protagonist A usw. ...	Das Objekt bezeichnet den Sachverhalt oder das Problem.
gerne/schwierig/stockend/gut/erfolgreich/entschieden usw. ...	Adverbien und Adjektive geben einen Hinweis auf die emotionale Richtung oder Wertigkeit der Geschichte.
zur Arbeit geht/lebt/sich entwickelt/Regie führt/weiterlebt usw.	Das zweite Verb schließt den Satz ab und bezeichnet die Bewegung des Subjekts.
«obwohl/trotzdem/auch wenn er usw.»	Lässt sich ein präzisierender/relativierender dritter Satzteil anfügen, kann dadurch schon die Fallhöhe/der Gegner/der Konflikt sichtbar werden.
Anmerkung:	Dieser dritte Satzteil ist bei kurzen Geschichten fakultativ. Er kann aber dem Spannungszuwachs dienen, und es lohnt sich, über ihn nachzudenken. Je präziser der Aussagewunsch formuliert ist, und zwar in jedem einzelnen Satzteil und Wort, desto effizienter funktioniert er als Arbeitsinstrument.

Der Aussagewunsch sollte nicht nur dem Autor und dem Produzenten oder dem Tageschef bekannt sein. Je nach Medium und Abläufen muss er an die entsprechenden Mitarbeitenden weitergegeben werden.

> Der Blattmacher oder der Produzent setzt den korrekten Titel und platziert den Beitrag am optimalen Ort in der Zeitung oder in der Sendung.
> Der Bildredakteur oder der Fotograf liefert das Bild, das auf den Beitrag neugierig macht, die Hauptdarsteller in Aktion zeigt und die Kernaussage des Beitrags unterstützt.
> Der Kameramann dreht je nach Aussagewunsch so oder anders, sucht optimale Umsetzungen ins Bild und bietet entsprechende Kameraeinstellungen an.
> Der Tonoperateur unterstützt die Handlung mit O-Tönen.
> Der Editor schneidet die gedrehten Bilder im Rhythmus, der zur gewählten Dramaturgie passt und achtet auf Verständlichkeit und Attraktivität.
> Der Moderator macht neugierig auf den Beitrag, ohne die Geschichte bereits vorwegzunehmen. Er verspricht nichts, was der Beitrag nicht einlöst. Er weiß, womit der Beitrag anfängt, und vermeidet so lästige Dubletten.
> Andere beteiligte Journalisten wissen, welche Rolle ihr Puzzleteil im Ganzen zu spielen hat.

Checkliste zum Aussagewunsch
- Ist der Aussagewunsch konkret formuliert?
- Enthält er die Stoßrichtung?
- Wird klar, was der Beitrag bringen soll und was nicht?
- Wurde der Aussagewunsch an alle Beteiligten kommuniziert? Wissen diese, welches ihre Rolle und ihr konkreter Beitrag zum Produkt ist?

Das Sendungsmandat bei SRF

Das Sendungsmandat bei Schweizer Radio und Fernsehen SRF legt fest, welche Ziele eine Sendung im Rahmen des Programmangebots eines Fernsehsenders zu erfüllen hat. Bei Radio und Fernsehen SRF ist das Sendungsmandat die verbindliche Qualitätsvereinbarung zwischen Abteilungsleitung (z.B. Chefredakteur als Leiter der Abteilung

Information) und Redaktionsleiter (z.b. Leiter der Sendung «Kassensturz»). Das Redaktionsteam wird dabei so weit wie möglich in die Erarbeitung des Sendungsmandats einbezogen. Jeder Mitarbeitende soll das Sendungsmandat kennen. Das Sendungsmandat basiert auf einem für alle Struktursendungen und journalistischen Abteilungen gemeinsamen Raster. Dieser geht aus vom Leitbild des Medienunternehmens und umschreibt die Erwartungen des Publikums an die Sendung und enthält verbindliche Aussagen zu Inhalt, Form, Kosten und Kommunikation.

Fallbeispiel: Sendungsmandat «Kassensturz» SRF
Das Sendungsmandat des «Kassensturz» nennt als Qualitätsziele: Unabhängigkeit, Fairness, Innovation, Verlässlichkeit und Publikumsnähe. Unter dem Titel Fairness zum Beispiel werden die Regeln bei Interviews (6.2) beschrieben. Dort heißt es unter anderem:

› «Der Interviewpartner muss darüber informiert werden, wo das Interview eingesetzt wird, welche Stoßrichtung der Beitrag hat und wie das Interview oder Zitate daraus voraussichtlich eingebettet werden.»
› «Zentral ist, dass die interviewte Person zu den wesentlichen Vorhaltungen Stellung nehmen kann.»
› «Der Autor/die Autorin soll die Stellen auswählen, in denen der/die Befragte sich zum zentralen Vorhalt am klarsten äußert (‹best argument›).»

Unter dem Titel «Inhalt» wird der eigentliche Sendungsauftrag konkretisiert:

Kerngeschäft: Der «Kassensturz» ist ein populäres Magazin für Konsumentinnen und Konsumenten mit kritischen Berichten, Reportagen, Tests und Interviews aus den Bereichen Konsum, Geld und Arbeit. Die Sendung orientiert sich dabei am Alltag der Zuschauerinnen und Zuschauer.

Themenspektrum: Der «Kassensturz» behandelt Themen aus der Sicht des Konsumenten. Das Themenspektrum umfasst alle verbraucherrelevanten Aspekte von Wirtschaft, Versicherung, Medizin (Krankenkassen), Wissenschaft, Verwaltung und Umwelt. Wichtiger als die Aktualität sind hoher Nutzwert und Orientierungshilfe.

Was macht die Sendung einzigartig (USP)?: Der «Kassensturz» will in Konsumententhemen das Leitmedium der Deutschschweiz sein. Er profiliert sich durch hohe Faktensicherheit, hartnäckige Recherchen, attraktive Umsetzung, klare Aussagen und leichte Verständlichkeit. Der Auftritt ist frisch, offen und angriffig, aber fair. Die Redaktion bezieht Stellung und setzt sich für die Anliegen der Konsumentinnen und Konsumenten, für soziale Verantwortung und Schutz vor staatlicher und wirtschaftlicher Willkür ein.

Emotionaler Nutzen des Publikums: Sicherheit durch einen Pfadfinder im Dschungel der Konsumangebote. Moral- und Gerechtigkeitsempfinden werden durch Entlarven von unseriösen Praktiken oder Scharlatanen bestärkt.

Ansprache des Publikums: Sachlich kompetent, verständlich, engagiert, anwaltschaftlich (was nicht heißt, dass sich der Reporter mit einer Seite völlig identifiziert. Journalistische Skepsis muss auch hier gelten).

Interaktion: Beschränkte Interaktion während der Sendung, viel Interaktion auf der Webseite von «Kassensturz»: interaktive Tools, z.B. «Ihre Meinung», Berechnungstabellen für Kostenvergleiche, Beratungsdienste, Forum, Expertenchat usw.

Mindestens einmal jährlich überprüft der Chefredakteur mit dem Redaktionsleiter die Erfüllung des Sendungsmandats. Die Leistungsbeurteilung hat Konsequenzen für den Redaktionsleiter (Verlängerung, Veränderung oder Entzug des Sendungsmandats, Bonus).

MAG, Sendekritik, Feedback und Ausbildung beziehen sich immer wieder auf das Sendungsmandat. Das Sendungsmandat bildet darum im Qualitäts-Check von SRF das Kernstück des Qualitätsmanagement-Systems.

Es ist klar, dass die SRG und ihre Unternehmenseinheiten durch die Konzessionserteilung und den Leistungsauftrag in besonderem Maß verpflichtet sind, auszuweisen, was sie zur Qualitätssicherung tun. Private Medienunternehmungen sind da freier. Beide können in ihren Anstrengungen, qualitativ hochstehende Produkte zu produzieren, voneinander profitieren.

2.4 Baustein III: Ressourcen und Prozesse

In diesem Kapitel werden die wichtigsten Einrichtungen und Verfahren beschrieben, die zum Qualitätsmanagement im Redaktionsalltag gehören. Dazu gehört der Newsroom ebenso wie die Konferenztechnik: Wir unterscheiden zwischen den verschiedenen Konferenztypen und sehen gerade dort die redaktionellen Führungspersönlichkeiten herausgefordert. Qualitätsorientierte Recherche, Factchecking und systematische Abnahme sind ebenso wichtig, auch wenn sie nicht so häufig beschrieben werden.

Qualitätssicherung ist nicht nur eine Sache der Regelsetzung und der zielorientierten Mitarbeiterführung. Genauso wichtig sind die Ressourcen und die Prozesse, die dafür eingesetzt werden, Qualität zu sichern. Es ist da etwa an die Aufbau- und Ablauforganisation einer Redaktion zu denken. Es würde allerdings an dieser Stelle zu weit führen, die Vor- und Nachteile bestimmter Organisationsformen von Redaktionen ausführlich zu diskutieren. In manchen Fällen sind entsprechende Strukturen fest verankert und lassen sich ohne Grundsatzdiskussionen und fundamentale Anstrengungen nicht verändern.

Wie auch immer die Organisationsformen ausgestaltet sind, ein Grundsatz bleibt – gerade auch hinsichtlich Qualität und Qualitätssicherung – besonders zu beachten: Die Trennungsnorm, welche die Vermischung von publizistischen mit ökonomischen oder anderen journalismusfremden Anliegen verhindern soll, muss sich auch in der Organisationsstruktur abbilden.

Um möglichst unabhängig von parteilichen und kommerziellen Interessen zu sein, sollte eine Redaktion weitgehend autonom von den anderen Abteilungen wie etwa dem Vertriebsmarketing arbeiten können. Fallweise muss auch eine Güterabwägung ausdiskutiert werden.

Zum Beispiel dann, wenn zentrale Ertragsfaktoren und publizistische Grundwerte auseinanderlaufen. Das Medienmanagement hat die Aufgabe, Ressourcen auf dem Werbemarkt zu beschaffen oder bei der Politik geeignete Rechte einzufordern. Der Verleger oder Intendant will dann beigezogen werden, wenn Wohl und Wehe des Hauses auf dem Spiel stehen.

Newsroom und Newsdesk

Soll Fachwissen in eigenen Ressorts organisiert werden? Jede Variante der Redaktionsorganisation hat ihre Vor- und Nachteile. So sind etwa Tageszeitungen heute trotz aktueller Trends zu multimedialer Konvergenz noch immer hauptsächlich in Politik, Wirtschaft, Kultur, Sport und Lokales gegliedert. Privatwirtschaftliche Radiosender hingegen gliedern die Redaktion eher nach den Bereichen Musik, Sport, Redaktion/Nachrichten und Moderation/Unterhaltung. Öffentlich-rechtliche Fernseh- und Radiosender haben zusätzlich Abteilungen für längerfristig aktuelle Themengebiete – wie für Wissenschaft und Bildung, Sport, Kultur oder für Kinder und Familie – herausgebildet.

Weltweit beginnen heute Redaktionsmanager damit, die Redaktionsorganisation nach dem Modell des «Newsrooms» zu strukturieren. Sie sollen die Vorteile von herkömmlichen Modellen kombinieren. Dazu liegen erst wenige empirische Erkenntnisse vor. Der Verdacht liegt aber nahe, dass «Newsrooms» vielerorts zunächst aus Gründen der Kostenreduktion eingeführt wurden. Dennoch sollten auch die Vorteile dieser Organisationsform hinsichtlich Qualitätssicherung erkannt werden. Im Einzelfall ist zu klären, welches Modell nun das geeignete ist.

Der «Newsroom» soll neue redaktionelle Konzepte des ressort- und medienübergreifenden Planens und Arbeitens raumtechnisch unterstützen. Wände zwischen Ressorts und Medien werden sowohl bildlich wie auch physisch eingerissen. Das Großraumbüro ermöglicht die bessere Koordination zwischen einzelnen Redakteuren. In crossmedial tätigen Medienorganisationen können auch mehrere Kanäle – Zeitung, Radio, Fernsehen, Internet – aufeinander abgestimmt und aus der gleichen Quelle beschickt werden. Anderseits drohen sie das Profil der Zeitungen oder der Informationsprogramme Radio und Fernsehen einzuebnen, da theoretisch alle Newsroom-Mitarbeitenden für alle Titel arbeiten. Nach ersten Erfahrungen leidet oft die fachliche Zuverlässigkeit von Berichten, Feedback entfällt ganz oder kommt zu kurz. Dies kann zum Teil durch die Anstellungspolitik und durch den Dienstplan kompensiert werden, indem beispielsweise in jeder Schicht auch ein Wirtschaftsspezialist oder – je nach Lage – ein Arabienveteran eingeteilt wird.

Redaktionssitzung
- Update behandelter Themen
- Diskussion über künftige Themen

⇩

Formulierung Aussageziel
- Wird besprochen mit CvD

⇩

Produktion Beitrag
- Nach Vorgaben aus dem Handbuch
- Unter spezieller Beachtung des Wochenziels
- Betreuung und Beitrags-Abnahme durch CvD

⇩

Ausstrahlung
- Hörer-Feedbacks werden beantwortet (Abteilungsleiter), fließen evtl. in Update von Handbuch ein
- Bearbeitung Falschmeldungen

⇩

Feedback
- Mündlich durch CvD/CR (bei Bedarf oder auf Anfrage)
- Schriftlich im Ausbildungs-Feedback (wöchentlich)

⇨ Redaktionsmitarbeiter
- Bestmögliche Aus- und Weiterbildung
- Jährliches Mitarbeitergespräch mit Zielvereinbarung

Handbuch
- Newskonzept
- Ausbildungsmemos
- Anleitungen
- Rechte und Pflichten
- Redaktionsstatut

Wochenziel
- Greift ein Thema auf, welches speziell beachtet wird (meist mit Bezug zu Handbuch)

⇨ Falschmeldungen
- Werden korrigiert (nach Rücksprache mit CR)
- Korrektur möglichst in Meldungs-, Interviewform

⇨ Ausbildungs-Feedback
- Lobt und tadelt anonym
- Gibt Tipps für Verbesserungen
- Nimmt Bezug auf Handbuch und Wochenziel

Abbildung 6: Modellhafte Darstellung aller qualitätsrelevanten [Proze]sse bei Radio TOP

Die Modelle «Newsroom» und «Newsdesk» sollen die Effizienz und den Wissenstransfer fördern. Wichtig bleibt, dass der sogenannte «Workflow» qualitätsorientiert gesteuert wird. Der «Workflow» benennt die Stationen, die ein Beitrag durchläuft, bis er gedruckt, gesendet oder online gestellt wird. Er umfasst auch zentrale Stationen wie etwa die Redaktionskonferenz, die Themenplanung, die Abnahme oder das Feedback.

In Abbildung 6 werden Stationen der Qualitätssicherung im Prozess dargestellt, wie sie beim Privatradio Radio TOP modellhaft skizziert werden: «Von der Idee bis zur Nachbearbeitung: Modellhafte Darstellung aller qualitätsrelevanter Prozesse bei RADIO TOP (am Beispiel eines Beitrages).» Auf solche qualitätssteuernden Instrumente fokussiert der dritte Baustein des Buches. Wir starten zunächst bei der Redaktionskonferenz, die wir als zentrale Steuerungsinstanz verstehen – gerade auch bei sich ständig aktualisierenden Online-Medien.

Instrument I: Redaktionskonferenzen

Zurzeit wird der Newsroom als besonders innovatives Instrument des konvergenten Qualitätsjournalismus diskutiert. Da mag es antiquiert erscheinen, wenn wir stattdessen auf die alte Redaktionskonferenz setzen. Aufgrund ihres traditionsreichen und festen Platzes im journalistischen Arbeitsprozess erscheint sie uns aber ideal, um von den Redaktionsmitgliedern als zentrales Steuerungsinstrument akzeptiert zu werden. Die wichtigsten Stolpersteine sind Produktionsdruck und hierarchische Organisation.

Die Möglichkeiten, welche die Redaktionskonferenz für die Qualitätssicherung zu bieten hat, werden in der Praxis kaum ausgeschöpft.

Eine Redaktionskonferenz gehört zum individualisierten Ritual eines Mediums und erfüllt vielfältige Funktionen der innerbetrieblichen Kommunikation. Vielerorts ist sie die eigentliche Kommunikationszentrale der Redaktion. Gemeint ist damit, dass die unzähligen qualitätsrelevanten Diskussionen und Entscheidungen, die täglich auf einer Redaktion nötig sind, niemals effizient durch Einzelgespräche zwischen den Mitarbeitenden gewährleistet werden können, sondern nur kollektiv (vgl. Meckel 1999: 120).

Typen und Funktionen von Redaktionskonferenzen
Die Ausprägungen und die Funktionen von Redaktionskonferenzen sind vielfältig und abhängig von Medium und Produkt. Konferenzen werden in der Regel nach zeitlichen und inhaltlichen Kriterien strukturiert (vgl. Meckel 1999; Wyss 2002; Schöpe 2006):

Tageskonferenz/Routinekonferenz: Hier wird hauptsächlich – oft mehrmals täglich – am Tagesmenü gearbeitet. Es werden die wichtigen Themen des Tages bestimmt bzw. zwischen den Ressorts koordiniert und auf die Journalisten(-teams) verteilt. Es wird entschieden, in welchem Ressort/Sendegefäß welches Thema gebracht wird.

Wochenkonferenz/Planungskonferenz: Die Redaktion fokussiert hier auf die mittelfristigen Themenschwerpunkte und die Themenvorbereitung. Ausführlichere Diskussionen über Normen, Qualitätsstandards und entsprechende Regeln haben hier mehr Raum als bei den terminlich gedrängten Tageskonferenzen. Einzelne Redaktionen haben entschieden, hier einmal wöchentlich statt täglich ihre Programm- bzw. Blattkritiken durchzuführen. Sie werden häufig durch monatliche Konferenzen ergänzt, an denen vertiefter diskutiert werden kann.

Grundsatz-, Jahres-, Programm-, Redaktionsvoll oder Innovationskonferenz: Diese Konferenztypen zielen auf die strategische Ausrichtung und finden in größeren Zeitabständen – halbjährlich oder jährlich – statt. Hier werden die bisherigen Publizistischen Leitlinien, das redaktionelle Konzept, Optimierungen im Qualitätssicherungssystem und diesbezügliche Ideenvorschläge reflektiert und diskutiert.

Weitere Treffen von Redaktionsteams haben wiederum andere Bezeichnungen, die hier allerdings nicht näher erläutert werden: Ressortleiterkonferenz, Ressortkonferenz, Kaderkonferenz, Blattplanungskonferenz, Produktionskonferenz, Titelkonferenz, Projektkonferenz.

Weitere Funktionen von Redaktionskonferenzen:
› Konstruktive Feedback- und Sanktionsinstanz (durch Sende- oder Blattkritik)

› Ergebnisse der Konkurrenzbeobachtung präsentieren (z.B. Warum hatten wir dieses Thema nicht?)
› Diskussion über den Seiten- und Anzeigenspiegel
› Gerichtsurteile und sonstige Behördenentscheide aufzeigen, die für die Redaktion relevant sind
› Ergebnisse der Gespräche mit der Verlagsleitung/Geschäftsleitung kommunizieren und besprechen
› Bericht der Mitarbeitenden über Erlebnisse, Informationen und Erfahrungen, die für das Medium relevant sind
› Ergebnisse der Publikumsforschung darlegen
› Neue Mitarbeitende vorstellen

Die zentralen Funktionen von Redaktionssitzungen lassen sich in drei übergeordnete Kategorien einteilen:
› Planung und Koordination
› Kritik und Kontrolle
› Sozialinstanz

In der Praxis wird zum einen häufig der Faktor «Sozialinstanz» – bewusst oder unbewusst – vernachlässigt und unterschätzt. Eine Redaktionskonferenz ist ein Ort sozialer Interaktion. Hier werden Werte und Meinungen vermittelt, Entscheide gefällt, Anerkennung und Kritik verteilt sowie die weitere Linie des Mediums geplant.

Eine Redaktionskonferenz ist aus diesem Grund ein Ort, an dem Unternehmensidentität gebildet und immer wieder gefestigt wird. Dies kann aber nur gelingen, wenn man sich zugehörig fühlt, Entscheidungen transparent, nach Anhörung und nachvollziehbar gefällt werden. Auch die Informationspolitik der Leitung muss stimmen. Zudem stellt gerade die Blatt- oder Programmkritik ein soziales Sanktionspotenzial für die Konferenzleitung dar, mit dem die jeweiligen Mitarbeitenden konstruktiv motiviert werden können (vgl. Schöpe 2006).

Die Qualität einer Redaktionskonferenz hängt aber auch von formalen Aspekten ab. Dazu zählen die Vorbereitung, der Konferenzraum, der Zeitrahmen, der gewählte Teilnehmerkreis, der Ablauf und die Moderation der Sitzung.

Baustein III: Ressourcen und Prozesse

> **Stolpersteine bei Redaktionskonferenzen**

Mangelnde qualitätsorientierte Systematik und Themenplanung
Häufig wird an Redaktionssitzungen nur allgemein und wenig konkret über Qualität diskutiert. Dies führt dazu, dass jedes Ressort thematisch machen kann, was es will, solange es anderen Ressorts nicht in die Quere kommt bzw. keine Qualitätsregeln des Mediums verletzt. Außerdem finden Kritiken eher willkürlich und nicht nach systematisierten Kriterien statt.

Unpassender Konferenzort und falsch gewählter Teilnehmerkreis
Die Redaktionskonferenzen finden aufgrund von Platzmangel, aber teilweise auch aufgrund persönlicher Vorlieben der Mitarbeitenden z.B. in der Redaktionsküche oder stehend zwischen Tür und Angel statt.

Die Redakteure bleiben während der Konferenz an ihren normalen Arbeitsplätzen vor ihren Bildschirmen sitzen
Dadurch sind sie entweder viel zu weit voneinander entfernt, durch den Computer abgelenkt, nur halb sichtbar, akustisch nur mit Mühe zu verstehen oder alles zusammen. Dadurch entsteht ein negativer gruppendynamischer Effekt, der direkt auf die Ergebnisse durchschlägt.

Rivalisierende Stämme
Redaktionssitzungen finden getrennt statt, z.B. nur die Moderatoren oder die Produzenten sind anwesend. Der Informationsaustausch zwischen den einzelnen Gruppen/Ressorts findet dann im individuellen Gespräch statt. Die automatische gegenseitige Information wird dadurch infrage gestellt.

Unklare Hierarchieverhältnisse
Z.B. sind Moderationsleiter und Redaktionsleiter hierarchisch gleichgestellt, und es ist nicht definiert, wer bei Diskussionen an Redaktionskonferenzen punkto Programminhalt oder Umsetzung das letzte Wort hat. Manchenorts herrscht die Neigung zu Grundsatzdiskussionen, für die im gedrängten Tagesablauf hier nicht der richtige Platz ist. Empfohlen wird die verbindliche Eintragung der entsprechenden Problemstichworte auf

> eine redaktionsöffentlich zugängliche rollende Agenda für die nächste, terminlich weniger bedrängte Wochen- oder Planungskonferenz.
>
> **Mangelnde oder zu starke Führung der Redaktionskonferenz**
> Der definierte Konferenzleiter strukturiert die Konferenz zu wenig intensiv – sowohl inhaltlich als auch zeitlich. Die Konferenz wird zu stark vom Chefredakteur oder dem Patron des Mediums geführt, der punkto Inhalt und Umsetzung meist das letzte Wort hat.

Empfehlungen zur Durchführung einer Redaktionskonferenz

Vor der Redaktionskonferenz
Bewährt hat sich die Redaktionskonferenz als Übergaberapport von der Tages- zur Spätschicht mit vorgezogener Blattkritik der bereits produzierten bzw. der entstehenden Seiten.

Wenn an der täglichen Morgensitzung die Blattkritik/Sendekritik stattfindet sowie Tagesthemen besprochen und verteilt werden sollen, ist es sinnvoll, so viele Redaktionsmitglieder wie möglich aufzubieten. Erstens, weil dadurch mehr Köpfe zur Verfügung stehen, die Ideen liefern und die Informationen direkt aufnehmen, und zweitens, weil die Koordination innerhalb der Redaktion effizienter möglich ist, als wenn alles im bilateralen Gespräch nachgefragt wird. Die Schichtzeiten der Redakteure müssen entsprechend gelegt werden.

Soll an einer Wochen- oder Monatssitzung über Qualitätsregeln geredet oder eine tiefer gehende Kritik durchgeführt werden, ist es sinnvoll, auch freie Mitarbeitende und Mitarbeitende aus nicht redaktionellen Abteilungen, wie beispielsweise dem Marketing oder der Technik, einzuladen. Eine weitere Möglichkeit besteht darin, Publikumsvertreter mitreden zu lassen. Sie alle könnten als externe Experten und Ideenlieferanten zur Sprache kommen.

Die Wahl des richtigen Konferenzraumes ist wichtig. Er sollte geräumig und so eingerichtet sein, dass sich alle Sitzungsteilnehmer gleichberechtigt fühlen, z.B. mit funktionalen Sitzplätzen an einem runden Tisch. Angemessene Visualisierungsmöglichkeiten gehören dazu.

Die Tageskonferenz sollte zur Blattkritik/Sendekritik genutzt werden, da hier in der Regel am meisten Redaktionsmitglieder anwesend sind und die Regelmäßigkeit die mentale Festigung bei den Mitarbeitenden begünstigt. Die Kritik sollte direkt nach der Begrüßung erfolgen, da so der letzte Tag oder die letzte Zeitspanne diskutiert und abgeschlossen werden kann, bevor man zu den «neuen» Traktanden gelangt.

Wer die Kritik durchführt, muss sich vorbereiten. Es empfiehlt sich, den Kritiker regelmäßig (täglich oder wöchentlich) zu wechseln und beim Kritisieren systematisch vorzugehen. Der Fokus der Kritik soll variieren. Einmal kann der Schwerpunkt auf einzelnen Qualitätskriterien wie Transparenz, Verständlichkeit oder Relevanz liegen. Beim nächsten Mal werden je nach Medium die Anmoderation oder die Titel unter die Lupe genommen. Es ist darauf zu achten, dass periodisch alle sinnvollen Qualitätsaspekte durchlaufen werden. Wichtig ist, dass sowohl der Blattkritiker als auch die Kritisierten zwischen der Sach- und der Personenebene unterscheiden können. Deshalb gehören persönliche Kritik an Mitarbeitenden oder das Austragen von persönlichen Differenzen nicht in eine Redaktionskonferenz, sondern in Mitarbeitergespräche.

Während der Redaktionskonferenz

Eine Redaktionssitzung benötigt klare Spielregeln. Sie sollte zeitlich befristet sein und moderiert werden. Das verhindert ein Ausufern der Sitzungsgespräche in Pro- und Kontra-Diskussionen oder langwierige Monologe. Es hat sich bewährt, die Sitzungsdauer von vornherein zeitlich zu limitieren.

Leitungspersonen als Moderatoren der Sitzung können problematisch sein. Sie neigen zur Selbstdarstellung. Aufgrund der meist großen Erfahrung dieser Personen trauen sich insbesondere jüngere Mitarbeitende nicht, ihre eigene Meinung zu äußern. Der Moderator sorgt für ein angenehmes Gesprächsklima, unterbricht abschweifende Diskussionen und sollte regelmäßig wechseln. Einer klar definierten Leitungsperson kommt die Funktion eines bevollmächtigten Schiedsrichters zu, der den Sonderinteressen der Beteiligten mit Blick auf das Ganze entgegenwirkt und das letzte Wort bei inhaltlichen Meinungsverschiedenheiten hat. Qualitätsdiskussionen werden an Konferenzen sehr häufig nur implizit durch die Themenauswahl geführt. Wer das Redaktionshandbuch mit den Qualitätsmerkmalen erwähnt oder gar hervornimmt, wird argwöhnisch begutachtet. Sollen Redaktionskonferenzen neben Kreativität und Prävention auch ihre zentrale Rolle zur Qualitätskontrolle wahrnehmen, muss dort aber ein Bezug zu wichtigen Qualitätsstandards (Qualitätsrichtlinien) und zu Regelwerken (z.B. Redaktionshandbuch, Besprechung von Leitentscheiden des Presserats) hergestellt werden. Diskussionen sollten dementsprechend rasch auf eine Meta-Ebene gelangen (Etwa: Was macht den Beitrag relevant für unser Zielpublikum, welche Qualitätskriterien erfüllt er?). Zudem ist es sinnvoll, wenn auch Daten aus der Publikumsforschung oder Benchmarking-Analysen regelmäßig zur Sprache kommen. Redaktionskonferenzen sind in der Regel nicht hierarchisiert, sondern eher diskursiv angelegt. Nur so ist der notwendige ständige Dialog über journalistische Qualität möglich und nachhaltig.

Nach der Redaktionskonferenz

Im Anschluss an eine Konferenz sollte ein Beschlussprotokoll an die Redaktion versendet werden, das die Ergebnisse der Konferenz verbindlich und für alle Beteiligten zugänglich festhält. Dies kann entweder in Form eines Newsletters des Chefredakteurs geschehen oder auf einer anderen elektronischen Plattform. Zentrale Erkenntnisse sollten in die Regelwerke einfließen. Nur durch diese Rekursivität wird gewährleistet, dass Erkenntnisse langfristig in den Köpfen der Mitarbeitenden bleiben.

Checkliste für optimierte Redaktionskonferenzen

Vor der Konferenz:
- ■ Welche Kerninhalte hat die Konferenz? Sind alle dafür relevanten Personen eingeladen/anwesend (Redakteure, freie Mitarbeitende, Marketing, Technik, Grafik, Geschäftsleitung/Verlagsleitung, Publikum/Gäste)?
- ■ Wird die Konferenz an einem geeigneten Ort mit passender Ausstattung durchgeführt?

> - Ist die Blattkritik/Sendekritik präzise, sachlich und konstruktiv vorbereitet? Gab es genügend Zeit zur Vorbereitung?
> - Wechseln die kritisierende Person und der Fokus der Kritik regelmäßig?
> - Ist die Moderation der Redaktionssitzung geklärt?
>
> Während der Konferenz:
> - Beginnt die Konferenz (auf die Minute genau) pünktlich? Ist die Dauer bestimmt worden?
> - Sind externe Mitarbeitende möglichst via Internet (Skype) oder Raum- bzw. Bildtelefon zugeschaltet? (Via Telefon gehen wichtige nonverbale Informationen verloren.)
> - Wird die Kritik gleich zu Beginn durchgeführt?
> - Gelangen Diskussionen rasch auf eine Meta-Ebene, und beziehen sie sich auf Qualitätsstandards und Regelwerke?
>
> Nach der Konferenz:
> - Werden die Ergebnisse systematisch protokolliert und für jedes Redaktionsmitglied zugänglich gemacht/abgelegt? Fließen zentrale Ergebnisse in die Regelwerke der Redaktion ein?

Instrument II: Planung und Wissensaustausch

Die Redaktion eines tagesaktuellen Massenmediums sieht sich schwierigen und widersprüchlichen Planungsaufgaben gegenüber: Planungen sollen täglich von morgens bis abends durch die Themen führen, deren Stellenwert fortlaufend markieren, Texte und Bilder erfassen, die Ressortabsichten parallel sichtbar machen, einen Blick in die nähere und fernere Zukunft erlauben (sieben bis zehn Tage, mit sinkender Detailfülle verlängerbar).

Überdies sollte ein Planungstool «miliztauglich» sein, also einfach in der Handhabung und übersichtlich. Auch dem Verlag und dem Marketing muss Einblick für flankierende Maßnahmen gewährt werden. Und schließlich ist Flexibilität gefragt: In kürzester Zeit muss alles über den Haufen geworfen werden können, wenn eine neue Aktualität Vorrang verlangt. Heute gibt es verschiedene Anbieter auf dem Markt, die online-basierte Lösungen bereitstellen. Die «Neue Luzerner Zeitung» hat im Herbst 2010 das von einem deutschen KMU angebotene Tool namens Desk-Net in Lizenz erstanden (vgl. http://info.desk-net.com/de).

Vor der Einführung seien die verschiedenen Planungssektoren «atomisiert» gewesen, sagt der für die Planung zuständige stellvertretende Chefredakteur, Stefan Ragaz. Innerbetriebliche Rivalitäten hätten hineingespielt. Das habe sich geändert. Desk-Net lasse sich gut auf die Splitausgaben in den Zentralschweizer Kantonen und auf den Rhythmus der Redaktionskonferenzen am Tag und im Monat abstimmen. Auch die Sonntagsausgabe «Zentralschweiz am Sonntag» ist in das Planungstool integriert. Desk-Net macht viele Nachfragen innerhalb der Redaktion überflüssig, ohne jedoch die mündliche und persönliche Absprache zu ersetzen. Die starren Ressortgrenzen sind durchlässiger geworden. Zurzeit wird die Frage nach einem gemeinsamen Reporterpool der regionalen und überregionalen Ressorts ins Auge gefasst. Neben dem Flexibilitätsgewinn eines solchen Pools ist vor allem auch ein allfälliger Verlust von Spezialwissen abzuschätzen. Die Kosten belaufen sich auf etwa 18 000 Euro pro Jahr bei 150 Nutzern.

Wissensaustausch

Es gehört zum Alltag jedes Journalisten: Der Beitrag wurde gesendet, der Artikel abgedruckt – vielleicht wird die Story in der Blatt- oder Sendekritik nochmals aufgegriffen oder in einem Leserbrief kommentiert, meistens geht es aber ohne Atempause weiter zu den Recherchen für eine neue Geschichte. Angesammeltes Recherchematerial, geknüpfte Kontakte und Insiderkenntnisse bleiben liegen, ohne dass andere Redaktionsmitglieder von diesem Wissen profitieren könnten. Innerhalb einer kleinen Redaktion kann man sich zwar noch an der Arbeit der Kollegen orientieren und rückfragen, welche Experten beispielsweise Auskunft zum Thema Handystrahlung geben können oder wie sich etwa das Krankheitsbild des Truman-Show-Syndroms erklären lässt. Selbst in einem überschaubaren Team aber ist viel Wissen vorhanden, das verborgen bleibt, weil schlichtweg niemand darüber redet.

Den Wissensaustausch zu fördern und zu systematisieren, drängt sich in jedem Medienhaus auf, vor allem wenn die Strukturen kleinteilig sind (räumlich, aber auch inhaltlich) und somit keiner genau weiß, woran der Kollege im Büro nebenan arbeitet. Auch mit jedem Redakteurswechsel geht internes Wissen über eine Gemeinde, ein Themengebiet usw. verloren. Diese Verluste wieder wettzumachen, benötigt viel Zeit, Geld, also knappe Ressourcen einer Redaktion (vgl. Lang 2009: 16).

Wie Organisationen die Ressource Wissen verwalten, kann mit dem Schlagwort Wissensmanagement beschrieben werden. Hierbei handelt es sich um ganzheitliche Konzepte, die beispielsweise den Ablauf von Kommunikationsprozessen, die Archivierung von Informationen, aber auch die Generierung von neuem Wissen und dessen Bewahrung mit den Organisationszielen verknüpfen. Solche Programme sind strategischer Natur und werden in der Regel von der Geschäftsleitung initiiert. Auf redaktioneller Ebene bedeutet dies aber nicht, dass der Wissensaustausch nicht auch schon professionalisiert werden kann, bevor dieser über ein kostenintensives Projekt lanciert wird.

Der Wissensaustausch in der Redaktion hängt mit den Bedürfnissen der jeweiligen Redaktionsmitglieder zusammen und ist abhängig von der Komplexität des Produktionsprozesses. Produkte, die im eigenen Haus entstanden sind (Beiträge, Artikel, Infografiken, Bildstrecken usw.), lassen sich über Redaktionssysteme und Archive relativ leicht finden. Oft stellt sich hier jedoch das Problem, dass die Suche mit allgemeinen Begriffen nicht zum Ziel führt. Es bietet sich daher an, in einer Redaktion eine Übersicht zu erstellen, auf der Begriffe gesammelt und kategorisiert werden, die wichtig für den journalistischen Alltag sind. Diese Einteilung bildet das Grundgerüst für eine erste Erfassung von redaktionellem Wissen.

Verschiedene Datenbanklösungen bis hin zu Social-Media-Plattformen in der Form von Wikis oder internen Social-Networking-Plattformen bieten sich dazu an. Auf welches technische Hilfsmittel und auf welche Software dabei zurückgegriffen wird, ist nicht zentral; viel wichtiger ist es, dass sämtliche Redaktionsmitglieder wissen, wo diese Übersicht abgelegt ist und wie darauf zugegriffen werden kann.

Wie auch immer die technische Lösung aussieht, es empfiehlt sich, zusammen mit den Mitarbeitenden eine personenbezogene Datenbank zu erstellen, in der beispielsweise Informationen zum Ausbildungshintergrund, zum Spezialwissen, zu Sprachkenntnissen, Interessensgebieten, Ortskenntnissen, Fremdsprachen, Hobbys und allenfalls Mitgliedschaften allen zugänglich gemacht werden. Selbstverständlich sind auch hier die Regeln des Persönlichkeitsrechts zu berücksichtigen.

Allgemein zugängliche Informationen sind aber auch mit Bezug auf bestimmte journalistische Themen/Geschichten wichtig, die eine Redaktion während mehrerer Tage beschäftigen oder die sich wiederholen. So kann jeweils für ein Metathema ein Faktenblatt ausgefüllt werden, das wichtige Informationen an alle Kollegen weitergibt, die an der Geschichte arbeiten werden. Auch hier ist entscheidend, dass die Informationen so abgelegt werden, dass sie – auch später – wiedergefunden werden können.

Beispiel für ein Faktenblatt

Faktenblatt zum Ereignis Fukushima, Aufräumarbeiten

Thema:	Japanische Rentner helfen beim Aufräumen in Fukushima
Metathema:	Atomunglück Japan
Sachverhalt:	Das «Skilled Veteran Corps for Fukushima» stellt sich freiwillig für die Wiederherstellung des Kühlsystems des AKW zur Verfügung.
Ressorts:	Ausland
JournalistIn:	A. O'Neill
Ort, Gebiet:	Fukushima, Japan
Bezug zu früheren Ereignissen:	Aufräumarbeiten Tschernobyl
Stichworte:	Liquidatoren, Atomkraftwerk, Rentner, freiwillig, Aufräumarbeiten, radioaktiv, Japan, Kühlsystem AKW
Hintergrundwissen:	Atomenergie, Tsunami, Geschichte, Japan
Experte:	Prof. Dr. J. L. Picard, Energie Science Center, ETH, Tel., E-Mail
Kontakte/Quellen/Informanten:	Karl Karlson, Kernkraftwerk Leibstadt, Tel., E-Mail
Fremdsprachen:	englisch, japanisch

Das E-Tool beim «Schweizer Beobachter»
Um Qualität zu sichern, bedarf es der Möglichkeit, Arbeitsprozesse zurückzuverfolgen. Dies wird beim «Schweizer Beobachter» mit dem extra dazu entwickelten «E-Tool» garantiert. Die Eigenkreation der Redaktion wurde 2005 vom Verein für Qualität im Journalismus mit einem Anerkennungspreis gewürdigt. Das «E-Tool» ist ein Instrument, mit dem sich Produktions- und Rechercheabläufe leicht zurückverfolgen lassen und in dem wichtige Informationen zu einer bestimmten Geschichte gespeichert sind. Das «E-Tool» speichert bereits erste Ideen für eine Geschichte. Dann werden dort aber auch die weiteren Schritte im Rechercheprozess dokumentiert, bis hin zum Entwurf eines Artikels. Mails oder Notizen zu geführten Telefonaten können hinterlegt werden. Ein elektronisches Rechercheprotokoll also. Erkennbar werden der Urheber einer Idee, der Autor und auch die Person, welche den Beitrag gegenliest. Planungslisten können die Blattmacher automatisch aus dem «E-Tool» generieren.

Wissenskoordinator
Größere Organisationen leisten sich einen Wissensmanager; also einen Mitarbeitenden, der sich mit der Koordination und der strategischen Ausrichtung des Wissens innerhalb der Organisation beschäftigt. Für den Zweck des Wissensaustauschs können wir uns in einer Redaktion einen Wissenskoordinator vorstellen, einen Mitarbeiter, der schon ein paar Jahre im Haus arbeitet und eine gewisse Affinität zur Datenverwaltung mitbringt (Anlegen von Listen, Dateien, Recherchen zu geeigneter Software wie z.B. ein Content-Management- System).

Der Wissenskoordinator kann in einem ersten Schritt die Mitarbeitenden mit dem gewählten System zur Wissenserschließung vertraut machen. Weiter wird es seine Aufgabe sein, die Redakteure zu animieren, das System mit ihrem Wissen zu «füttern» und zu aktualisieren. Es ist vorteilhaft, wenn der Wissenskoordinator gut vernetzt ist und somit auch bei Gesprächen auf dem Flur oder beim Kaffeeautomaten hinhört, welche Themen sich für die Wissensdatenbank eignen würden.

Gerade zu Beginn wird ein gewisses Maß an Arbeitsstunden nötig sein, die der Wissenskoordinator, aber auch die Redaktionsmitglieder für den Aufbau und die Pflege eines solchen Systems benötigen. Es ist daher wichtig, dass die Redaktionsleitung hier klare Gutsprachen macht und nicht versucht, einen zusätzlichen Arbeitsaufwand in den ohnehin schon dicht gedrängten journalistischen Alltag zu quetschen.

Instrument III: Die qualitätsorientierte Recherche

Journalisten verbringen heutzutage immer weniger Zeit für die Recherche und beschränken sich dabei weitgehend auf das Internet. Die Gründe dafür sind vielfältig: Medienmitteilungen von Unternehmen und Organisationen bieten Medienschaffenden täglich eine nie dagewesene Themenvielfalt und liefern die «relevanten» Informationen vorselektiert gleich mit. Produktionsdruck und ökonomische Zwänge verunmöglichen häufig tiefer gehendes Reflektieren und Einlesen zu einem bestimmten Thema. Die Vertiefung eines Beitrages wird der Oberflächlichkeit geopfert. Potenzielle Quellen werden immer weniger genutzt (z.B. öffentliche Register, Gerichtsdokumente, Kontoauszüge, Dissertationen usw.), vor allem wenn sie online nicht erfasst sind (häufig Quellen, die vor 1995 entstanden sind).

Die Recherche jedoch ist eines der wichtigsten Qualitätssicherungs-Instrumente für eine Redaktion. Sie darf keine lästige Pflicht sein, sondern handwerkliche Notwendigkeit und Chance, sich von anderen Medien abzugrenzen. Die Redaktionsleitung muss diese Grundhaltung vorleben. Viele Führungsetagen bezeichnen eine Recherchekultur zwar als dringend notwendig, stellen aber die benötigten Mittel und die Zeit dafür nicht zur Verfügung.

Die Defizite zeigen sich dann im Alltag: Recherchekurse fehlen bei journalistischen Aus- und Weiterbildungen häufig ganz. Redaktionsleitungen lassen es zu, dass Medienmitteilungen nicht systematisch gegenrecherchiert werden. Interviewte beklagen sich über Zeitmangel, Desinteresse oder mangelnde Vorkenntnisse der Journalisten.

Zentral ist die Recherche aus mehreren Gründen: Sie verknüpft eine Vielzahl von Elementen des Qualitätssicherungs-Prozesses, insbesondere das Beitrags-Briefing, die Beitrags-Gestaltung und die Beitrags-Abnahme. Sie beschäftigt sich mit anderen Teilbereichen der Qualitätssicherung, wie der Publikumsorientierung (Ist dieser Aspekt für unser Zielpublikum relevant, und, wenn ja, wie präsentiere ich ihn in unserem Medium am besten?).

Zudem ist die Recherche die Kernkompetenz des Journalisten. Sie betrifft die Hauptaufgabe eines Medienschaffenden: Informationen sammeln, bewerten, bündeln, reduzieren und neu zusammenstellen. Die Art und Weise, wie recherchiert wird, widerspiegelt die gelebten Qualitätskriterien eines Mediums wie Relevanz, Transparenz oder Fairness (Stichwort: Güterabwägung bei Informanten) und repräsentiert die journalistische Haltung einer Redaktion.

Eine Recherche besteht aus mehreren Arbeitsschritten und kann somit als (Entscheidungs-)Prozess verstanden werden. Jeder Teilschritt dieses Prozesses baut auf den vorhergehenden Schritten auf und ermöglicht erst das Weitergehen zum nächsten Schritt. Wenn eine Recherche die Phasen «Planung», «Entscheidung», «Durchführung» und «Kontrolle» durchläuft, besitzen wir ein fertiges Instrument der redaktionellen Qualitätssicherung.

Checkliste für eine optimierte Recherche
(nach Strebel 2011)

Planung und Entscheidung

- Recherchethese (als vorläufigen Aussagewunsch) formulieren. Was genau ist die Story? Zwei bis drei Sätze, keine Fragen, sondern Feststellungen niederschreiben. Achtung: Manchmal steckt hinter einer vermeintlich «kleinen» Story eine «größere», deshalb: weiterdenken!
Beispiel Recherchethese/vorläufiger Aussagewunsch: Nationalrat X bleibt in Herisau gemeldet, obwohl er seit zwei Jahren bei seiner neuen Lebensgefährtin in Bern lebt. Dies, weil er in Bern massiv mehr Steuern zahlen müsste als im Kanton Appenzell Außerrhoden. Er begeht damit Steuerhinterziehung.
- Ist die Story neu?
Kontrolle über Mediendatenbanken wie SMD, Factiva, LexisNexis und/oder Suchmaschinen wie Google usw.
- Wie gut/einfach lässt sich die Story belegen?
Welche möglichen Quellen existieren? Wie glaubwürdig ist der/die Informant/Informantin?
- Entscheid: Lohnt sich die Recherche?

- Rechercheplan erstellen (meist nur bei umfangreicheren und/ oder längerfristigen Themen).
  a) Knackpunkte der Recherche aufführen, z.B.: Bei welcher Informationsbeschaffung ist mit welchen Komplikationen zu rechnen?
  b) Auslegeordnung erstellen – ins Thema einlesen und folgende Fragen beantworten:
     > Was ist bereits bekannt?
     > Wie lassen sich die Fakten chronologisch ordnen?
     > Welche Fragen sind offen?
     > Welche Akteure spielen eine Rolle?
     > Welche Fachleute können eine relevante Einschätzung abgeben?
     > Gibt es eine Person, die mich rasch über ein Themengebiet briefen kann?

Durchführung

- Recherchethese aufgrund von recherchierten Informationen falls nötig laufend anpassen/ergänzen.
- Rechercheprotokoll ständig aktualisieren (Namen, Adressen, Gesprächsinhalte und Daten).
- Harte Quellen vor weichen Quellen recherchieren, also z.B.: Zuerst amtliche Dokumente beschaffen, bevor man zentrale Akteure konfrontiert.
- Von außen nach innen recherchieren, also z.B.: von entfernteren (unbeteiligten) Quellen hin zum «Täter» oder aktiv Beteiligten recherchieren.

Kontrolle

- Habe ich genügend Quellen für eine faire Berichterstattung ohne unbelegte Unterstellungen?
- Ist der Beitrag prozesssicher? D.h., sind die Informationen ausreichend abgesichert?
- Lässt der Beitrag die Hauptaussage (Recherchethese bzw. Aussagewunsch) erkennbar werden?

Die Checkliste macht deutlich, dass sämtliche Stufen einer Recherche untrennbar mit den Qualitätszielen bzw. der Qualitätssicherung einer Redaktion verbunden sind. Der Entscheid, ob eine Story weiterverfolgt oder wie sie thematisch umgesetzt wird, hängt auch davon ab, welche Qualitätsziele bei einem Medium vorherrschen (Z.B. welche Nachrichtenwerte werden beachtet? Welcher Publikumsbezug wird hergestellt? Welche Dramaturgie-Kultur herrscht vor? Welche Ressourcen stehen zur Verfügung?).

Tipp

Recherche bedeutet, Geschehnisse, Abläufe und Verbindungen zu rekonstruieren. Hierbei können Journalisten von anderen Berufsfeldern lernen, die ebenfalls aus Bruchstücken oder einzelnen Aussagen rückwirkend Zusammenhänge erkennen müssen. Dazu zählen z.b. Archäologen, Kriminalisten und (Staats-)Anwälte. An journalistischen Fachtagungen zu Recherchemethoden referieren mittlerweile auch Fachleute aus diesen journalismusfremden Themengebieten (z.b. an Fachkonferenzen des deutschen netzwerk recherche e.V.).

Um die Zugänglichkeit der Schweizerischen Bundesverwaltung in den Arbeitsalltag von Journalisten zu integrieren, bietet die Plattform www.oeffentlichkeitsgesetz.ch Journalistinnen und Journalisten, aber auch Bürgern, ein Online-Tool an, mit dem Akteneinsichtsgesuche leicht erstellt und verwaltet werden können.

Nützliche Adressen und Fachkonferenzen:

Verein der Deutschschweizer Recherchierjournalisten:
www.investigativ.ch
Schweizer Netzwerk der investigativen Journalisten:
www.swissinvestigation.net
www.oeffentlichkeitsgesetz.ch
Gemeinnütziger Verein netzwerk recherche e.V.:
www.netzwerkrecherche.de
Global Investigative Journalism Network:
www.gijn.org

Ein bisschen Bürokratie tut gut
Redaktionen sind kreative und in der Regel administrativ eher unterentwickelte – manche sagen: unordentliche bis chaotische – Betriebe. Es gibt keinen Grund, darauf stolz zu sein. In Konfliktfällen (nachträgliche Reklamationen, Klagen usw.) erweist sich die mangelnde Ordnung und Systematik regelmäßig als Nachteil, wenn es etwa darum geht, die einzelnen Rechercheschritte nachzudokumentieren. Redaktionen, die häufig mit Konfliktfällen zu tun haben, fahren gut mit einer nur scheinbar bürokratischen Maßnahme: der Anlage von Recherchedossiers (elektronisch oder in Papierform). Hier wird jeder Schritt der Fallgeschichte – vor allem auch jede Telefonrecherche – in Form von kurzen Aktennotizen festgehalten. Es kommen Dokumente und Fotos hinzu. Muss die Recherche wegen freier Tage, Ferienabwesenheiten, krankheitsbedingtem Ausfall usw. von einem Kollegen übernommen werden, kann sich dieser leichter einlesen und über den aktuellen Stand orientieren. Verschriftlichte Fallgeschichten sind schon mehr als einmal vor Gericht als Beweismittel nützlich gewesen.

Instrument IV: Factchecking

Thomas Leif, der Gründer des Vereins «netzwerk recherche» sagt, dass Factchecking Gift sei für die Copy-paste-Kultur und Treibstoff für den geforderten Qualitätsjournalismus. Faktentreue ist oberstes Gebot der redaktionellen Qualitätssicherung. Das öffentliche Vertrauen, dass Journalismus seriös recherchierte Tatsachen vermittelt, ist im Internetzeitalter neben der Selektierleistung des Journalismus vielleicht die zentrale Existenzberechtigung für Medien.

Die technische Vernetzung unserer Gesellschaft in Verbindung mit dem Zeitdruck führt dazu, dass sich Medien stärker an der Berichterstattung anderer Medien orientieren, Inhalte ungeprüft übernehmen und weiterpublizieren. Recherchen beschränken sich häufig nur noch auf das Internet. Das nochmalige Überprüfen der gesammelten Informationen wird deshalb wichtiger und trägt dazu bei, die Glaubwürdigkeit eines Mediums zu bewahren.

Zur Faktenkontrolle redaktionseigene Factchecker anzustellen, ist allerdings ein Luxus, den sich nur die wenigsten Redaktionen leis-

Baustein III: Ressourcen und Prozesse

ten können. Häufig sind es Wochen- oder Monatsmagazine, die unter geringerem Aktualitätsdruck arbeiten als der Tagesjournalismus. Zudem birgt es auch bisher unerforschte Gefahren, wenn eine Redaktion Factchecker einsetzt (vgl. Weiss 2010): Welche Konflikte können zwischen Journalisten und Factcheckern entstehen? Werden Journalisten in ihrer Recherche nachlässig, weil sie wissen, dass ihre Aussagen nochmals überprüft werden?

Mehr als tausend Aussagen hat die Factchecking-Abteilung des «Spiegels» vor der Veröffentlichung einer einzigen Ausgabe 2008 korrigiert. Und Journalismus gibt es – egal wo – nur selten ohne Fehler. Trotz dieses Potenzials erscheint es angesichts der Einsparungsmaßnahmen auf Redaktionen auf lange Sicht unwahrscheinlich, dass sich eigene Factchecker bei vielen Medien etablieren. Realistischer ist die Forderung, ein Factchecking-Bewusstsein bei den einzelnen Redakteuren zu festigen.

Tipp

In der Praxis bleibt oftmals nicht genügend Zeit, um alle aufgelisteten Fakten zu kontrollieren. Diejenige Person, welche den Beitrag abnimmt, könnte sich jeweils – je nach Zeit, die zur Verfügung steht – einige Merkmale herauspicken und sich auf deren Verifizierung konzentrieren. Das Augenmerk sollte dabei immer wieder auf andere Fakten gelegt werden. Gleichzeitig untersuchen der Redakteur und die Abnahme jeweils unterschiedliche Merkmale. So werden mit möglichst wenig Zeitaufwand möglichst viele Kriterien abgedeckt.

Immerhin gestehen Presseräte und Beschwerdeinstanzen einer Redaktion zu, dass sie plausible Meldungen renommierter Quellen (Qualitätszeitungen, große Nachrichtenagenturen usw.) übernimmt, ohne sie jedes Mal nachzurecherchieren. Als Minimum müsste aber die strikte Anwendung des Vier-Augen-Prinzips gelten: Es wird kein journalistischer Beitrag veröffentlicht, ohne dass noch eine zweite Person ihn kritisch begutachtet oder gegengehört hat.

Die Praxis zeigt, dass insbesondere bei elektronischen Medien sehr selten Zeit dafür besteht, Factchecking durchzuführen. Natürlich muss nicht zwingend jeder Beitrag bis ins letzte Detail geprüft werden, wenn man bei Recherche und Produktion die ethischen Regeln der Journalisten eingehalten hat. Aber wenn Personen oder Institutionen durch die Berichterstattung in ein schlechtes Licht rücken, wenn heikle Themen angesprochen werden oder wenn ein rechtliches Verfahren droht, lohnt es sich für alle Medien, Zeit in die Faktenkontrolle zu investieren. Die folgende Checkliste soll eine praxistaugliche Übersicht liefern, wie jeder Journalist vor der Publikation eines Beitrages die häufigsten Fehlerquellen vermeiden kann:

Checkliste zur Faktenkontrolle und Fehlervermeidung

(nach Weiss 2010 & Silverman 2011)

Während der Produktion
- Wie glaubwürdig ist/sind meine Quelle/n (Originalquelle, anonyme Quelle)? Welche alternativen Quellen gäbe es?
- Wird etwas von nur einer Quelle behauptet? Behauptungen durch verlässliche/weitere Quellen absichern, ansonsten nicht berücksichtigen oder Unsicherheit kenntlich machen.
- Scheint die Story zu gut, um wahr zu sein?
- Wen könnte dieses Zitat bzw. dieser Kommentar diskreditieren?
- Gibt es eine andere Möglichkeit, dies nicht ehrverletzend auszudrücken?
- Bitten Sie Quellen und Informanten, ihren Namen zu buchstabieren.
- Interviews aufnehmen und jedenfalls das Tondokument aufbewahren – für den Fall einer Beschwerde oder Klagedrohung (Art. 20f RTVG).
- Stellen Sie (vermeintlich) dumme Fragen.
- Erstellen Sie ein Rechercheprotokoll (mit Namen, [Internet-]Adressen, Telefonnummern, Gesprächsinhalten, Gedanken).
- Fragen Sie Quellen, was andere Journalisten und deren Berichte falsch dargestellt oder erklärt haben.

Nach der Produktion nochmals überprüfen
- Rechtschreibung und Grammatik
- Superlative
- Zahlen: Bruch- und Prozentzahlen, Berechnungen, statistische Angaben

- Namen (Personen, Orte), Altersangaben und Titelbezeichnungen (Personen, Werke)
- Kontaktdaten/Internetadressen
- Definitionen/Fachbegriffe
- Zitate mit den Aufzeichnungen abgleichen
- Ist die Anzahl der Zitate einigermaßen regelmäßig auf die Quellen verteilt, oder besteht ein Ungleichgewicht?
- Haben Sie irgendwo ein Auge zugedrückt?
- Sind alle Angaben plausibel? Sind Kausalzusammenhänge unmissverständlich formuliert?

Externes Factchecking und Medienkritik
Mittlerweile gibt es eine ganze Reihe von Anbietern, die privat Factchecking-Seiten betreiben. Häufig sind es freie Journalisten. Die Zahl der nicht journalistisch tätigen externen Factchecker nimmt zu. Sie üben wertvolle Medienkritik und zeigen ohne äußeren Zwang Lücken auf.

In den USA hat sich die Universität Pennsylvania mit ihrer Internetseite www.factcheck.org darauf spezialisiert, Aussagen von Politikern auf ihre Wahrheit zu überprüfen. Die Seite wird vor Wahlen mittlerweile von unzähligen Wahlberechtigten aufgerufen und nimmt mit ihren Einschätzungen, inwiefern ein Politiker Wahres oder Falsches sagt, Einfluss auf demokratische Entscheidungsprozesse.

Dank der Social Media entstehen auch neue Potenziale für externes Factchecking durch Publikumsvertreter. Mit diversen Internetanwendungen kann das Wissen des Publikums für die Prüfung von Fakten genutzt werden. So hat der britische «Guardian» zahlreiche Spesenritter unter den Abgeordneten ermittelt. Diese Formen des externen Factcheckings oder der «Crowdsourced Media Accountability Services» sind sehr neu und im deutschsprachigen Raum noch wenig etabliert, anders in den USA und in Großbritannien (Silverman 2007).

Tipp

Weiterführende Links zum Factchecking
Annenberg Policy Center (Universität Pennsylvania): Überprüfung von (politischen) Aussagen: www.factcheck.org
Craig Silverman (freier Journalist und Autor aus Montreal/Kanada): www.regrettheerror.com

> Daniel Bröckerhoff (freier Journalist, Autor und Regisseur für Online und Fernsehen): www.danielbroeckerhoff.de
> Martin Hitz (freier Journalist und Berater): www.medienspiegel.ch
> Dossier Fact-Checking. In: Journalisten-Werkstatt 04-05/2010. Herausgegeben von «medium magazin», «Der Österreichische Journalist» und «Schweizer Journalist».
> Fact-Checking: Fakten finden, Fehler vermeiden. Dokumentation zur nr-Fachkonferenz in Hamburg im März 2010. Herausgeber: Gemeinnütziger Verein netzwerk recherche e.V.

Instrument V: Die Abnahme

Die Abnahme ist neben dem Factchecking eine weitere journalistische Kontrollinstanz vor der Publikation, wodurch ihr im Qualitätssicherungsprozess eine wesentliche Rolle zukommt. Factchecking und Abnahme lassen sich sinnvoll verbinden. Bei der Abnahme stellt die kontrollierende Person fest, ob alle journalistischen, rechtlichen, ethischen und qualitativen Kriterien für einen Beitrag/Artikel erfüllt sind. Erst dann sollte er ausgestrahlt oder gedruckt werden. Die Abnahme ist eigentlich nichts anderes als die journalistische Variante des Vier-Augen-Prinzips, das sich in vielen Bereichen des Arbeitslebens als Kontrollinstrument bewährt hat.

Die Abnahme kann aber auch präventiv wirken. Weiß der Autor, dass sein Beitrag abgenommen wird, so wird er diesen bewusster produzieren, als wenn ungewiss bleibt, ob er jemals gelesen/gehört und allenfalls einer Kritik unterzogen wird. Zudem sind Abnahmen in der Redaktion immer auch Orte der Verständigung über gemeinsame redaktionelle Regeln. Wenn ein Vorgesetzter einen Beitrag abgenommen hat, trägt er fortan die Verantwortung für dessen Unbedenklichkeit.

Empathie und Fingerspitzengefühl sind notwendig, um sowohl den Qualitätsansprüchen des Mediums als auch den persönlichen Gefühlen des Kritisierten gerecht zu werden. Für Abnahmen bleibt insbesondere im Tagesjournalismus meist wenig Zeit. Mancher Vorgesetzte meint, erfahrene Journalisten wüssten schon, worauf sie achten müssen. So schlüpfen Beiträge oder Artikel immer wieder mal durch das Sicherheitsnetz.

Die häufigsten Praxisfehler sind:
> Abnahmen finden gar nicht oder nicht systematisch statt.
> Zuständigkeit und Ablauf der Abnahmen sind unklar.
> Abnahmen finden zu spät oder nur auf Nachfrage des Autors statt.
> Abnahmen finden nur bei unerfahrenen Redaktionsmitgliedern (Volontären usw.) statt.
> Abnahmen dürfen nur durch Vorgesetzte (Tageschef, Chefredakteur) gemacht werden.

Die Abnahme gliedert sich in einen Pflicht- und einen Kürteil. Zur Pflicht gehören die Verständlichkeit und die sowohl journalistisch, rechtlich als auch ethisch einzuhaltenden Standards. In der Kür geht es um die Attraktivität eines Beitrages oder eines Textes, d.h. um den Umgang des Autors mit Bild, Ton und Text, Titel, Lead usw.

Tipp

Auch bei der Abnahme sollte konsequent mit dem (vorgängig formulierten) Aussagewunsch gearbeitet werden. So wird verhindert, dass bei der Abnahme über Wunschvorstellungen («das hätte man doch auch noch machen können») diskutiert wird. Der Aussagewunsch ist die Vereinbarung über das Ziel und die Wirkung eines Beitrages beim Publikum.

Abnahmen können mit Checkliste systematischer und effizienter gestaltet werden, sodass wichtige Aspekte nicht vergessen werden. Sie helfen dem Autor eines Beitrages auch präventiv.

Mit der Abnahme sollte möglichst früh begonnen werden. Besser es werden frühzeitig bereits fertige Statements/O-Töne, Argumentationen, Einleitungen, Schlüsse usw. angenommen, als dass gar nichts abgenommen wird.

Ein Tipp zu Radio- und Fernsehtexten: Sprache ist keine Schreibe! Deshalb sollten Radio- und Fernsehstationen ihre Nachrichten und Beiträge nicht nur gegenlesen, sondern auch gegenhören. Dadurch verbessern sich die Verständlichkeit eines Textes und damit dessen Qualität.

Wenn während des Produktionsprozesses ein Aussagewunsch vereinbart wurde, so erleichtert dies die Abnahme. Werkstattbesuche auf halber Strecke sind vor allem bei längeren Beiträgen oder bei weniger erfahrenen Mitarbeitenden hilfreich. Sie helfen allfällige Blockaden zu lösen und ermöglichen allfällige Änderungen im frühen Stadium. Ein kommuniziertes Abnahmevorgehen «Pflicht-Kür» schafft Akzeptanz von Anordnungen (Worüber soll grundsätzlich nicht mehr diskutiert werden?) und Empfehlungen (Wo ist Handlungsspielraum noch möglich?). Das Verhältnis zwischen Autor und Produzent soll geklärt sein: Wie weit mag die Handschrift des Autors erhalten bleiben, wie weit muss der Text sich dem vorgegebenen Stil des Gesamtprodukts anpassen? Hier wird man einen Unterschied machen zwischen anonym veröffentlichen und namentlich gezeichneten Beiträgen.

Grundsätzlich sollten auch Nachrichten abgenommen werden. Wenn etwa beim Radio dafür keine Zeit bleibt, könnte mindestens ein systematisches Monitoring eingerichtet werden: es wäre geregelt, wer die Nachrichten während der ersten Ausstrahlung mithört. So würde vermieden, dass fehlerhafte oder unverständliche Meldungen stündlich wiederholt werden, ohne dass jemand dies bemerkt.

Fallbeispiel: Gegenhören (Arbeitslosenquote in den USA)
Eine Meldung wie hundert andere. Sie lautet:

> «In den USA ist die Arbeitslosenquote so hoch wie seit 1983 nicht mehr. Sie betrug im August 9,7 Prozent. Im Juli lag sie noch um 0,3 Prozentpunkte tiefer, bei 9,4 Prozent. Grundsätzlich verlangsame sich der Stellenabbau in den USA, teilen die Behörden mit. Der Anstieg der Arbeitslosenzahl könne aber ein Zeichen dafür sein, dass sich Menschen vermehrt wieder als arbeitssuchend gemeldet haben, die zuvor resigniert hatten, angesichts der Misere am Arbeitsmarkt.» (vgl. Wälchli 2010)

Nachrichten mit Zahlenangaben oder statistischen Werten liegen Redaktionen häufig vor. Es ist eine klassische Quelle für unverständliche oder komplizierte Informationen, die wichtig klingen sollen. Die Praxis zeigt, dass viele Medien solche Meldungen regelmäßig unredigiert weiterverbreiten, weil keine Abnahme-Kultur existiert. Unser Beispiel enthält zu viele Zahlen (nämlich vier), ist stilistisch schwer verständlich (z.B. «verlangsamter Stellenabbau»). Es liefert weder konkrete Definitionen noch Mengenangaben für die Prozentzahlen (Wie viele

Personen sind 9,7 Prozent, und welche Bevölkerungsteile werden durch die Erhebung ausgeklammert?). Gegengelesen – und im Radio noch besser: gegengehört – könnte das Nachrichtenbeispiel etwa lauten:

> «In den USA sind so viele Menschen arbeitslos wie seit 25 Jahren nicht mehr. Die Arbeitslosenquote stieg auf fast zehn Prozent. Das entspricht rund 15 Millionen Amerikanern. Einwanderer werden in der Statistik nicht mit eingerechnet. Als einen Grund für die hohe Anzahl vermuten die Behörden, dass sich viele bereits arbeitslose Menschen erst jetzt gemeldet hätten. Trotzdem erhole sich die Lage auf dem Arbeitsmarkt langsam.»

Idealerweise ist in einer Redaktion durch einen Ablaufplan geregelt, wer wann bei wem Beiträge abnimmt. Dabei sollte – insbesondere im Tagesjournalismus – jeder Mitarbeitende, der die Qualitätsziele des Mediums kennt, Beiträge und Texte abnehmen dürfen. Tageschefs oder Chefredakteure sind häufig mit anderen Aufgaben beschäftigt oder sind sogar selbst redaktionell tätig, sodass sie keine Möglichkeit haben, sämtliche Abnahmen durchzuführen.

Die Abnahme durch einen Redaktionskollegen ist sicherlich besser als die Nicht-Abnahme durch einen Vorgesetzten. Inhaltliche Fehler, verletzende Äußerungen oder unverständliche Informationen zu veröffentlichen, bedeuten zeitlichen und personellen Mehraufwand (wegen inhaltlicher Korrekturen, schriftlicher Entschuldigungen usw.), den man mit einer Abnahme hätte einsparen können. Hinzu kommen die Schmach für den Autor, der mögliche Vertrauens- und Reputationsverlust des Mediums in der Öffentlichkeit.

Checkliste für eine optimierte Abnahme

Pflicht
- Aussagewunsch gemeinsam verifizieren.
- Beitrag/Nachricht/Artikel lesen, hören, anschauen.
- Spontane Wirkung des Beitrags bzw. der Nachricht aus der Publikumsperspektive beschreiben.

- Ist der Aussagewunsch passend umgesetzt worden? Wurden die mediumspezifischen Qualitätsanforderungen eingehalten?
- Ist der Inhalt sachlich, rechtlich und ethisch korrekt?
- Ist der Beitrag/die Nachricht/der Artikel verständlich?
  - Übergang Moderation, Teaser oder Schlagzeile zum Beitrag bzw. Fliesstext?
  - Gibt es Doubletten?
  - Wird etwas versprochen, das nicht eingelöst wird?
  - Sind Grammatik, Orthografie und Interpunktion korrekt?
- Änderungen anordnen.

Kür
- Ist der Beitrag attraktiv aufgebaut? (Optimierungen hinsichtlich des Zusammenspiels von Text, Bild, Ton)
- Änderungen empfehlen oder anordnen.

2.5 Baustein IV: Selbstkritik und Feedback

Hier geht es um die wichtigste Qualitätsinstanz im Journalismus: um die Fähigkeit aller Beteiligten zur Kritik, was auch die Selbstkritik einschließt. Eng damit verbunden ist die Bereitschaft, erkannte Irrtümer sofort und unaufgefordert zu berichtigen. Ein Exkurs beschreibt schließlich die Risiken und Chancen des Storytelling und warnt vor der Vernachlässigung der anderen journalistischen Darstellungsformen.

Jede Redaktion benötigt eine gelebte Kritikkultur, um bestehende Qualitätsrichtlinien zu sichern und sich qualitativ weiterzuentwickeln. Nun genießen Journalisten den Ruf, kritikresistent oder zur Selbstkritik unfähig zu sein. Dennoch appellieren die Journalistenkodizes aus einer eher individualethischen Perspektive zunächst an die Medienschaffenden selber. Der Schweizer Journalistenkodex erklärt als Journalistenpflicht Nr. 5: «Journalistinnen und Journalisten berichtigen jede von ihnen veröffentlichte Meldung, deren materieller Inhalt sich ganz oder teilweise als falsch erweist.» Es geht dabei um Tatsachenbehauptungen, nicht um Wertungen. Ähnlich der Deutsche

Pressekodex in Ziffer 3 («Richtigstellung»): «Veröffentlichte (...) Behauptungen, insbesondere personenbezogener Art, die sich nachträglich als falsch erweisen, hat das Publikationsorgan unverzüglich von sich aus in angemessener Weise sicherzustellen.»

Bekenntnisse zur Selbstkritik

Der Schweizer «Verein für Qualität im Journalismus» (www.quajou.ch) betont in seiner 1999 verabschiedeten Charta die Bedeutung der (Selbst-)Kritik. Guter Journalismus müsse sich sowohl kritisch als auch selbstkritisch mit allen Entwicklungen auseinandersetzen, sich der permanenten Qualitätsdebatte stellen und konkrete Wege und Mittel finden, um die Qualität im Journalismus zu fördern und zu sichern. Die Charta wurde vom Verein geschaffen, um wichtige Postulate zur Qualitätssicherung als Referenzgröße festzuhalten.

Unter Ziffer 10 heißt es: «Qualität im Journalismus stärkt sich durch eine interne Kritikkultur. Dazu gehört, dass Verantwortliche Texte gegenlesen, Beiträge abnehmen und die Ergebnisse in der Blatt- oder Sendekritik analysieren, begutachten und diskutieren. Fehler, die Journalistinnen und Journalisten selber entdecken, berichtigen sie unverzüglich und aus eigenem Antrieb.»

In der darauffolgenden Ziffer 11 wird auch die Notwendigkeit einer funktionierenden externen Medienkritik betont: «Die Medienverantwortlichen sorgen für die permanente journalistische Auseinandersetzung mit Medienunternehmen und Medienprodukten, auch aus dem eigenen Hause. Sie publizieren die sie betreffenden Stellungnahmen des Presserates und der Ombudsstellen und ziehen die notwendigen Konsequenzen.»

In Österreich wurde im Jahr 2000 mit der «Initiative Qualität im Journalismus» (IQ) (www.iq-journalismus.at) eine ähnliche Vereinigung gegründet, in der sich Journalisten, Kommunikationswissenschaftler, Publizisten und andere engagierte Persönlichkeiten um die Sicherung und Verbesserung journalistischer Standards bemühen.

Das deutsche Pendant, die Initiative Qualität (www.initiative-qualitaet.de), wurde 2001 gegründet. Auch sie verweist auf ihrer Webseite auf ein Regelwerk, die 2002 vom Deutschen Journalisten-Verband (DJV) verabschiedete Charta «Qualität im Journalismus». Diese Charta soll im redaktionellen Alltag zur weiteren Diskussion über journalistische Qualität und Formen ihrer Sicherung anregen. Darin wird unter den Ziffern 5 und 6 ebenfalls die Bedeutung der Kritikkultur betont. Zu jeder Ziffer wird eine Checkliste aufgeführt, aus der im Folgenden einzelne Punkte aufgeführt werden.

Auszug aus der Checkliste der DJV-Charta «Qualität im Journalismus»

- Ist das Zulassen bzw. die Pflege interner Kritik Bestandteil der Unternehmenskultur?
- Gibt es regelmäßige Redaktionskonferenzen mit interner und/oder externer Blatt- und Programmkritik?
- Ist die Äußerung von Kritik in den Hierarchiestufen nicht nur von oben nach unten, sondern auch von unten nach oben möglich?
- Werden Texte vor der Veröffentlichung von Kollegen/Vorgesetzten gegengelesen und diskutiert bzw. Programmbeiträge entsprechend abgenommen?
- Gibt es einen Ombudsmann/eine Ombudsfrau, der/die externe und interne Kritik systematisch bearbeitet und daraus perspektivische Leitlinien entwickelt?
- Ist es ein redaktioneller Grundsatz, erkannte Fehler auch ohne Einflussnahme von außen zu korrigieren?
- Gibt es eine redaktionelle Rubrik für solche Korrekturmeldungen?
- Stellt sich die Redaktion der Öffentlichkeit – auch in Fällen interner Konflikte?
- Stellt sich die Redaktion ihrem Publikum (vor), zum Beispiel durch «gläserne Redaktion» oder Nachrichten aus der Redaktion?
- Organisiert die Redaktion bewusst Publikumsresonanz, zum Beispiel durch Telefonaktionen oder Diskussionsforen?
- Wird Kritik des Publikums ernst genommen?
- Werden Externe zur Blatt-/Programmkritik in Redaktionskonferenzen eingeladen?
- Wird Blatt-/Programmkritik auf Medienseiten bzw. in Fachdiensten wahrgenommen, und wird auf sie reagiert?
- Hat sich der Verlag zum Abdruck von Rügen des Deutschen Presserates verpflichtet, und hält er sich daran?

Kritik versus Feedback

Wenn die journalistische Arbeit anderer bewertet wird, vermischen sich häufig zwei verschiedene Techniken miteinander, die Kritik und das Feedback:

Kritik	Feedback
Ist rückwärts gerichtet	Ist nach vorn gerichtet
Im Mittelpunkt steht der Leser und seine Reaktion auf die fertige Arbeit	Im Mittelpunkt stehen die Konzepte und Ziele des Autors und seine weitere Arbeit
Geschieht oft vor Publikum	Geschieht eher unter vier Augen
Ist meist unerbeten	Ist erbeten und akzeptiert
Hat oft rhetorische Schlagseite (Beitrag/Text ist «nur gut» oder «nur schlecht»)	Bietet eine Stärken-/Schwächen-Analyse
Bleibt meist ohne Stellungnahme des Autors	Geschieht eher im Gespräch
Darf zugespitzt sein	Soll angemessen sein (Maßstäbe werden erläutert)

Tabelle 3: Unterscheidung «Kritik» und «Feedback» nach Grüner/Sauer: 2010: S. 141)

Damit können wir die klassische Sende- oder Blattkritik, die meist im Plenum abgehalten wird, vom Feedback oder von der Beitrags-Abnahme unterscheiden. Letztere finden eher unter vier Augen statt. Klar zu unterscheiden ist das Feedback vom Mitarbeitergespräch, das meist jährlich stattfindet und bei dem neben der persönlichen Leistung auch die individuelle Zielsetzung und Weiterentwicklung diskutiert werden.

Blatt- und Sendekritik

Jedes Medienhaus folgt eigenen Rezepten. 2006 hat der schweizerische Verein «Qualität im Journalismus» der Regionalredaktion der «Mittelland-Zeitung» (Baden, Aargau, Schweiz) einen Preis für ihr System der Blattkritik zugesprochen: Mit der Kritik ist im langfristigen Dienstplan ein erfahrener Journalist beauftragt, der nach eigenem Gusto – ohne festen Raster – die Regionalausgaben des Blatts beurteilt und seine Bemerkungen an alle Mitarbeitenden mailt. Sie erscheinen auch im Intranet, in dem die Betroffenen antworten können. Heute verfährt auch die Mantelzeitung nach demselben Modell. Der Mail-Brief erscheint meist gegen Mittag, also nach der zentralen Redaktionssitzung. Denn der Kritiker muss ja auch die Konkurrenzblätter studieren. Ein großer Vorteil der schriftlichen Form: Auch die Außenstellen in physischer Distanz zur Redaktion sind einbezogen. Vor dem Einsatz von E-Mail-Tools hat die Zentralredaktion sie oft einfach vergessen und zu reinen Zulieferern degradiert. Aber egal ob Kritik oder Feedback: Genau wie beim Factchecking und der Abnahme ist hier die Systematik der Schlüssel zum Erfolg.

Eine besondere Herausforderung stellt die Blattkritik bei Online-Medien dar. Hansi Voigt, Chefredakteur von 20min.ch, der größten Newsplattform der Schweiz, schreibt auf dem Medienblog www.medienkritik-schweiz.ch, dass eine Blattkritik im Online-Bereich eine knifflige Sache sei, «weil sie immer nur eine Momentaufnahme sein kann». In seiner Redaktion gäbe es deshalb «keine institutionalisierte Blattkritik, bei der die ganze Website ausgedruckt und besprochen wird». Vielmehr würde laufend kritisiert. Die Tagesverantwortlichen würden Feedbacks ins morgendliche Themenprotokoll einbauen. Zudem würden alle Mitarbeitenden das «Mail-an-alle» mit Screenshots von Fauxpas und gesammelten Stilblüten als Erziehungsmaßnahme nutzen.

Vorgezogene Blattkritik beim «Bieler Tagblatt»
Das «Bieler Tagblatt» führt eine vorgezogene Blattkritik durch (d.h., bevor die Zeitung in Druck geht). Täglich um 18 Uhr werden in der Redaktion die fertigen und unfertigen Seiten mit Beamern an die Wand projiziert. Die BT-Redakteure der Tages- und Nachtschicht besprechen dabei die Themen-Gewichtung, die Überschriften, die Bebilderung und die Leads der Artikel. Sämtliche Redaktionsmitglieder können – wenn sie möchten – an der Sitzung teilnehmen. Durch die gemeinsame Blattkritik besitzen alle Mitarbeitenden den gleichen Informationsstand. Gemäß dem stellvertretenden Chefredakteur, Theo Martin, können so noch rechtzeitig Doubletten und Fehlgewichtungen verhindert werden.

Anforderungen an die interne Kritik
Kritik- und Feedback-Gespräche sollten
> institutionalisiert sein.
> zeitlich regelmäßig erfolgen.
> einen geregelten Ablauf haben (Dialogform, kein Monolog des Kritisierenden).
> von Produktionsdruck (möglichst) befreit sein.
> sich jeweils auf (einige wenige) bekannte und anerkannte Qualitätskriterien beziehen.
> Basis für neue Inhalte z.B. im Redaktionshandbuch sein und allen Mitarbeitenden zugänglich gemacht werden.

Systematisierung bedeutet formale Routine. Zugleich kann aber die Routine auch das Todesurteil der Kritik sein: Der schlimmste Feind einer ernst zu nehmenden Blattkritik ist die inhaltsleere Routine, die sich in der Regel durch das Ungefähr von Allerweltsfloskeln verrät. In ihr drohen die kritischen Impulse ebenso wie das Interesse der Betroffenen zu erstarren. Deshalb sollen die Kritikerinnen wechseln. Jede von ihnen muss vor der Kritik von andern Aufgaben möglichst freigestellt sein, denn fundierte und von Konkurrenzvergleichen lebende Kritik ist anspruchsvoll, aber auch zeitintensiv in der Vorbereitung. Ein Anti-Routine-Element ist auch, wenn die Vorgesetzten ernste Kritikpunkte speichern, sie im Führungsgremium nachbehandeln und in regelmäßigen Neuauflagen der Handbücher/Richtlinien anmerken.

Fundiert kritisieren heißt, sich auf mediumseigene Qualitätskriterien beziehen und mit der Konkurrenz vergleichen. Dies benötigt Zeit, die dringend zur Verfügung gestellt werden sollte. Es sollte auch gewährleistet sein, dass jeder redaktionelle Mitarbeiter regelmäßig bei einer zu bestimmenden Gelegenheit Feedback auf seine Arbeit erhält. Allerdings bekommen Regional- oder Auslandskorrespondenten seltener ein Echo auf ihre Arbeit, weil sie bei den Redaktionssitzungen selten anwesend sind. Das gilt auch für freie Mitarbeitende.

Zur Kritikfähigkeit gehört, zwischen Personen und Dingen unterscheiden zu können. An Kritik-Gesprächen dürfen deshalb keine persönlichen Fehden zwischen Mitarbeitenden ausgetragen werden. In manchen Redaktionen gibt es um Alphatiere gescharte Fraktionen sowie persönliche Unverträglichkeiten. Der Kritiker muss wissen, dass es strikt verboten ist, an dieser Stelle persönliche Animositäten auszuleben. Kommen sie trotzdem vor, haben die Vorgesetzten einzugreifen.

Es gibt gewisse Erkenntnisse der Organisationsentwicklung, die zu beachten sind. So beginnen konstruktive Kritikgespräche mit der Erwähnung von positiven Elementen, noch bevor auf die Fehler eingegangen wird. Dabei muss der anwesende Kritisierte dem Chor der Kritiker vorerst einfach zuhören und darf erst am Ende etwas sagen. Seine Antwort soll mit der Bemerkung beginnen, was er aus der Kritik gelernt hat.

Die Praxis zeigt, dass Kritik- und Feedback-Gespräche im wöchentlichen Ablauf einen festen Platz haben müssen, d.h., von der Redaktionsleitung institutionalisiert und konsequent durchgezogen werden müssen. Ansonsten findet konstruktive Kritik so gut wie überhaupt nicht statt. Bei der kollektiven Kritik (in großer Runde) müssen Kritik-Schwerpunkte gesetzt werden, d.h., es sollte ein Fokus auf einige ausgewählte Qualitätskriterien gelegt werden. Ansonsten wiederholt jeder Sitzungsteilnehmer das Gleiche, oder es werden willkürlich Themen angesprochen, die sich nur schwer miteinander vergleichen lassen. Überhaupt ist Kritik nur möglich und effizient, wenn sie sich an Qualitätskriterien ausrichtet, die für alle Beteiligten nachvollziehbar sind.

Bei Feedback-Gesprächen ist es zentral, dass jeder Mitarbeitende einen festen Turnus hat, damit er sich ausreichend darauf vorbereiten kann. Fließen sowohl wichtige Erkenntnisse aus Kritik- und Feedback-Gesprächen regelmäßig in das Redaktionshandbuch ein, erzielt dies insbesondere zwei positive Wirkungen: Zum einen werden relevante Informationen (auch aus Einzelgesprächen) für alle zugänglich und jederzeit abrufbar. Zum anderen wird das Redaktionshandbuch aktuell und «am Leben» erhalten und stellt so ein aktives Instrument der Qualitätssicherung dar (und kein verstaubtes Regelwerk, das niemand liest).

Chinesisch, Japanisch, Arabisch – Qualitätssicherung bei Swissinfo
Die Multimediaplattform Swissinfo richtet sich an ein internationales Publikum, das sich für die Schweiz interessiert, sowie an Schweizerinnen und Schweizer im Ausland. Swissinfo bietet Einblicke in die gesellschaftlichen Belange der Schweiz sowie eine schweizerische Sicht

auf die wichtigsten internationalen Entwicklungen und Ereignisse. Die Angebote sind mehrsprachig und werden sowohl auf Deutsch, Französisch, Italienisch, Englisch, Portugiesisch, Spanisch als auch auf Chinesisch, Japanisch und Arabisch veröffentlicht. Die Angebote in den schweizerischen Landessprachen sowie in Englisch können von einer relativ großen Anzahl Personen (redaktionsintern und -extern) genutzt, verstanden und beurteilt werden. Etwas anders sieht es bei den übrigen Fremdsprachen aus: Chinesisch, Japanisch, Arabisch und in geringerem Maß auch Portugiesisch und Spanisch sind nur einer relativ kleinen Anzahl Personen geläufig. Um auch hier einer systematischen Qualitätssicherung gerecht zu werden, kommentieren in regelmäßigen Abständen zwei externe Gutachter mit den entsprechenden Fremdsprachenkenntnissen die Swissinfo-Angebote nach vorgegebenen Kriterien.

Die Kriterien sind diejenigen, die in der Konzession SRG in Art. 3 eingefordert werden. Auch diese Qualitätsstandards lassen einen Interpretationsraum zu. Damit die externen Gutachter die fremdsprachigen Angebote dennoch nachvollziehbar beurteilen können, werden in einem Online-Fragebogen pro Qualitätskriterium zwei bis drei Fragen zu der entsprechenden Dimension beantwortet.

Glaubwürdigkeit: z.B.: Ist es für Sie ersichtlich, aus welchen Quellen (Personen, Agenturen, Zitate) der Autor die Informationen für diesen Beitrag hat?
Verantwortungsbewusstsein: z.B.: Wie weit werden im Beitrag verschiedene Meinungen berücksichtigt, wenn es sich um ein kontroverses Thema handelt?
Relevanz: z.B.: Ist das Thema tages- oder trendaktuell?
Journalistische Professionalität: z.B.: Ist der Artikel neutral, also ohne kommentierende Aussagen des Autors?

Gemäß Peter Schibli, Direktor von Swissinfo, hilft das einfache Instrument auf pragmatische Weise, die Qualität der Angebote zu sichern. Die von den Gutachtern kritisierten Punkte werden in den betroffenen Redaktionen besprochen und in den darauf folgenden Zielvereinbarungen thematisiert.

Der Newsletter des Chefredakteurs

Beim Schweizer Radio und Fernsehen SRF führt die «Tagesschau» als Flaggschiff der Information unmittelbar nach Ende der halbstündigen Abendsendung eine erste, rein mündliche Kurzkritik mit den Anwesenden unter Leitung des Produzenten durch. Eine zweite, ausführlichere Kritik folgt in der Planungssitzung der «Tagesschau» morgens um 11 Uhr. Kritische Bemerkungen zu den Sendungen der Woche macht der Redaktionsleiter während der Wochenkonferenz. Zu jeder dieser Kritikphasen (außer der mündlichen Kurzkritik) gibt es ein kurzes Protokoll, das alle Ressortmitglieder elektronisch erhalten.

Der Chefredakteur des Schweizer Fernsehens veröffentlicht alle zwei Wochen einen Newsletter, der Lob (meist mit Namen der Individuen) und pointierten Tadel (meist mit Namen der Ressorts) zu den Informationssendungen enthält. Im Tadel finden sich regelmäßig Verknüpfungen mit dem jährlich überarbeiteten Handbuch der «Publizistischen Leitlinien». Der Vorteil des Newsletters ist, dass er alle Informationsjournalisten erreicht, auch jene, die wegen des Fließbandbetriebes der Produktion (z.B. bei der «Tagesschau» mehrere Sendungen am Tag) nicht anwesend sind.

Der Newsletter der Chefredaktion des Schweizer Fernsehens legt das Schwergewicht zwar auf Lob und nennt dann auch die Namen der gelobten Reporter. Wo es geboten ist, erscheint aber auch scharfe Kritik – mit Nennung der Redaktion, nicht jedoch der einzelnen «Täter» (Persönlichkeitsschutz).

Im Newsletter vom 30. September 2011 ging es in der Rubrik «Handwerk» um unerwartete Krawalle, die in der Nacht auf den 11. September (Sonntag) rund um den Zürcher Bellevueplatz getobt hatten. Der Chefredakteur dazu: «Dass die ‹Tagesschau› am Sonntagabend die Krawalle mit keinem Wort erwähnte, war eine gravierende Fehlleistung. (...) Der Fall wurde intern diskutiert; wir sind uns alle einig.»

Eine zweite Rüge galt der Regionalsendung «Schweiz Aktuell» vom darauf folgenden Montag. Zwar habe sie die Krawalle in einem guten Beitrag geschildert. «Doch der Reporter entschied im Alleingang, ein Interview mit dem bereits von allen Seiten kritisierten Polizeidirektor der Stadt Zürich zu unterdrücken: Der noch relativ amtsneue Exekutivpolitiker habe es nicht auf den Punkt gebracht.» Der Chefredakteur kritisiert hier aber nicht nur, er sagt auch, worin die Aufgabe des Reporters bestanden hätte: «(...) Dann ist es in einem ersten Schritt Aufgabe des Reporters, wichtige Interviewteile so zu [verknüpfen], dass die Argumente des Interviewten verständlich werden. Misslingt auch dies, so nimmt man halt eine der umständlichen Formulierungen und textet sie entsprechend an. Auch das enthält einen Informationswert.» Besonders peinlich sei gewesen, dass einzelne Politiker dem Polizeidirektor sein Schweigen vorgeworfen hätten – «dabei hat er uns Auskunft gegeben, doch wir leisteten es uns –, keine Sekunde davon zu senden.» Der Newsletter wird am Erscheinungstag in den Korridoren der Redaktion jeweils intensiv diskutiert. Der Lerneffekt ist beträchtlich.

Kritik bei der Schweizerischen Depeschenagentur
Der SDA-Nachrichtendienst gewann 2007 den Medien-Award des Vereins Qualität im Journalismus. Ausgezeichnet wurde die neu organisierte Dienstkritik. Der Chefredakteur äußert sich in einem Newsletter regelmäßig zu grundsätzlichen Themen der redaktionellen Zusammenarbeit. Einmal monatlich verfassen die jeweiligen Ressortleiter zudem eine Kritik, welche auf ihre Abteilung fokussiert. Immer freitags erscheint der Wochenrapport, bei dem der Wochenverantwortliche die Arbeit der letzten sieben Tage kommentiert. Ergänzt wird die interne Kritik durch externe Gäste. Dabei handelt es sich meistens um Kunden der SDA.

Gemäß Chefredakteur Bernard Maissen besucht auch heute pro Quartal ein Gast die SDA-Redaktion und gibt Feedback. Permanent zur Verfügung steht allen SDA-Mitarbeitenden ein interner Blog, der für Kritik und Anregungen gedacht ist.

Beispiele für eine veröffentlichte Selbstkritik

Hat sich in der Eile oder wegen mangelnder Sorgfalt ein Fehler in der Berichterstattung eingeschlichen (scharfe Kritik ist nicht ausreichend durch Fakten belegt, ein Name oder ein Ort wurde verwechselt usw.), so ist der erste Schritt einer qualitätsorientierten Redaktionskultur die

Selbstkritik und der Wille zur (öffentlichen) Fehlerkorrektur. Pionier in der institutionellen Selbstkritik war die «New York Times», die in einer Spalte auf der zweiten Zeitungsseite täglich Berichtigungen veröffentlicht: Der «Leserautor», ein zeitungsinterner Ombudsmann, betreut die Spalte und korrigiert große wie kleinste Fehler.

Im Alltag, unspektakulär, führt der «Tages-Anzeiger» in Zürich einen Kasten mit dem Versalientitel KORREKT. Er steht auf der Seite, auf der zuvor der Fehler abgedruckt wurde. Hier wird der materielle Fehler richtiggestellt. Andere, auch reputierte Zeitungen, sind eher schamhaft: Sie bringen die Korrekturen in der hintersten Füllerspalte des Ressorts etwa unter der Bezeichnung «und außerdem» im Kleindruck unter.

Das Schweizer Radio und Fernsehen SRF unterhält auf ihrer Webseite ebenfalls eine Korrekturspalte. Freilich hat sie nicht denselben Stellenwert wie eine Richtigstellung auf dem Fernsehkanal selber.

Im Blog «Interna» auf der Webseite der «Südostschweiz» erhält der Leser Einblicke in die «Südostschweiz»-Redaktion. Zur Sprache gebracht werden sowohl konkrete Fehler des Mediums, aber auch Entscheidungen der Redaktion oder Stellungnahmen zu aktuellen Themen der Medienbranche oder zu Fragen der Medienethik.

Ein Beispiel für eine redaktionsunabhängige, institutionalisierte Kritikform ist der «Merker» beim «St. Galler Tagblatt». «Der Merker» ist eine Kolumne im Tagblatt am Ende jedes Monats, in der eine oder mehrere Fachleute aus dem Bereich Medien und Kommunikation die blatteigene Berichterstattung des vergangenen Monats unter die Lupe nehmen. Die Merker werden von Zeit zu Zeit ausgewechselt. Der Chefredakteur bestimmt, wer neuer Merker wird, die Leser haben kein Mitspracherecht. Die Kolumne nimmt sowohl auf inhaltliche als auch auf stilistische Aspekte Bezug. Es wird dabei aber keine Metakritik geübt (d. h. über Sonnen- und Schattenseiten der Medienbranche allgemein), sondern nur auf ganz konkrete Fehler in Artikeln eingegangen. Die Auswahl der kritisierten Artikel bestimmen die Merker.

Wie auch immer die Selbstkritik einer Redaktion organisiert wird: Wichtig ist, dass sie institutionalisiert wird, ansonsten geht sie unter. Die Praxis zeigt, dass die Bereitschaft zur Fehlerkorrektur sowie zur Einrichtung von internen oder externen Beschwerdestellen (z.B.

internen Ombudsleuten) vielerorts nicht sehr ausgeprägt ist. Das gilt sowohl für audiovisuelle als auch für Printmedien. Häufig werden Fehlerkorrekturen kleinstgedruckt auf der letzten Seite eines Ressorts gebracht, anstatt damit offen umzugehen und sich so die Glaubwürdigkeit des Publikums zu sichern.

Tipp

Erfolgreiches Kritisieren hat mit der Kommunikationskultur innerhalb einer Redaktion zu tun (vgl. Pink 2000):

Wenn Sie kritisieren:
> Kritik sachlich und in angemessener Lautstärke vorbringen.
> Zuerst Lob, d.h., was hat gut gefallen, dann Kritik.
> Kritikpunkte präzise und verständlich formulieren. Beziehen Sie sich dabei auf konkrete Stellen im Text bzw. Beitrag. Vermeiden Sie Pauschalvorwürfe.
> Verdeutlichen Sie, dass sich Ihre Kritik nicht auf die Person, sondern auf das journalistische Produkt bezieht.

Wenn Sie kritisiert werden:
> Hören Sie aufmerksam zu. Nehmen Sie Kritik zunächst einfach einmal an.
> Seien Sie ehrlich zu sich selbst, und fragen Sie sich: Was ist an dieser Kritik dran? Welche Aspekte stimmen, und bei welchen habe ich eine andere Meinung?

Gruppenkritiken (z.B. Redaktion und Moderation gemeinsam) und individuelle Feedbacks sind gleichermaßen wichtig. Es sollten beide Kritikformen gepflegt werden.

Organisieren Sie regelmäßig ein Fortbildungsseminar, in dem ein externer Kritiker auftaucht, z.B. ein Medienwissenschaftler, ein Linguist, ein Publikumsvertreter oder ein Kolumnist.

Vergessen Sie nicht, Ihren freien Mitarbeitern auch regelmäßig ein Feedback zu geben. Sie kommen meistens zu kurz.

> Wenn Sie in Ihrem Medium keine Seite bzw. keine Sendezeit finden, wo sich Selbstkritik regelmäßig publizieren lässt, stellen Sie die Kritikergebnisse auf Ihre Internetseite. Dies hat nicht denselben Stellenwert wie eine Richtigstellung im Medium, ist aber im Sinn von Transparenz und Glaubwürdigkeit gegenüber dem Publikum immer noch besser, als gar kein Fehlerforum zu haben.

Exkurs: Kritik zum Storytelling

Es hilft, wenn der Kritisierende und der Kritisierte über ein theoretisches Grundwissen zum Thema «Storytelling» verfügen. Aus diesem Grundwissen können sich wichtige Anhaltspunkte für eine qualitätssichernde Kritik auf das journalistische Handwerk ergeben. Ist dies nicht der Fall, reden die beiden aneinander vorbei, oder das Feedback verkommt zum Coaching. Zum Basiswissen «Storytelling» gehört, dass Menschen weitgehend über Geschichten kommunizieren. «Ohne Geschichten wäre der Mensch nicht überlebensfähig!», sagt Peter Bichsel. Nicht nur in Reportagen und Porträts, sondern auch in Nachrichten müssen Fakten nach einer bestimmten Logik vermittelt werden. Je mehr diese Ordnung einer erzählten Geschichte gleicht, desto besser kann das Publikum folgen. Ohne lesbare Strukturen geraten Alltag und Beitrag ins Chaos.

Ein Vergleich zur Alltagswahrnehmung belegt, dass die Alltagskommunikation bis zu 80 Prozent aus Geschichten besteht. Diese Erkenntnis hat im Journalismus aller Medien zu einer oft fast unerträglichen Dominanz von Storys und von Personalisierung geführt. Die Fokussierung auf die attraktive Geschichte kann zum Design-Journalismus führen, der relevante Fakten zugunsten der attraktiven Form weglässt und so manipulativ wirken kann. Ob des unbestritten attraktiven Instruments des Storytellings dürfen andere Darstellungsformen nicht vernachlässigt werden, wie z.B. Meinungskommentare, Analysen, Interviews, Grafiken.

Die folgende Tabelle (vgl. Dokument 19) zeigt die typischen Charakteristika einer klassischen Geschichte (Spalte 1) und jene der journalistischen Geschichte (Spalte 2) sowie die journalistischen Mittel (Spalte 3), die dafür eingesetzt werden. Wenn Feedback-Gebende und Feedback-Empfangende diese Darstellung kennen, können sie im Feedback darauf Bezug nehmen, rasch Stärken und Schwächen einer Story erfassen und allenfalls korrigieren (nach Handwerkliche Leitlinien, Schweizer Fernsehen 2008).

Dokument 19: Typische Charakteristika einer klassischen Geschichte

Quelle: Viele der Anregungen zum Thema Storytelling gehen zurück auf Ausbildungsunterlagen des Schweizer Fernsehens von Peter Züllig, Magdalena Kauz und Toni Zwyssig. Ebenso empfehlen wir Autoren dazu «Storytelling für Journalisten» von Lampert/Wespe (2011).

1 Klassische Geschichte	2 Journalistische Geschichte	3 Journalistische Mittel
Held	Hauptfigur	Handlungsträger suchen, personalisieren
Ziel	Zieldefinition (für die Geschichte, für den Helden)	Aussagewunsch definieren
Hindernis (für den Held)	Probleme Prüfungen Gegner	Nach Gegnern und Relativierungen suchen
Veränderung (nach Überwindung des Hindernisses)	Entwicklungen Vorher – Nachher	Veränderung muss erlebbar, sichtbar und hörbar sein (nicht nur im Kommentar)
Überraschung (oder mehrere)	Unvorhersehbare Wendungen Ungewohnte Details	Magic Moments suchen, dosiert erzählen, nicht alles verraten
Weg	Erzählstruktur Abläufe Zeit-Ort-Gefüge	Gutes Sequenzgerüst, klare Struktur, Erzählmuster
Handlung	Ordnung Dramaturgie Spannungsaufbau	Einstieg, Höhepunkt, Ausstieg
Wiedererkennbarkeit	Schlüssel zur Handlung Archetypisches Verhalten (Mythologem)	Bezüge herausarbeiten zum Alltag, zu bereits Erlebtem

Mythologeme sind kleinste Einheiten und Grundmuster archetypischen Verhaltens wie z.b. Liebe (Liebe auf den ersten Blick, unglückliche Liebe, Treue und Untreue usw.) und Geld (Reich und Arm, gerechter und ungerechter Verdienst, das große Los und der Totalverlust). Große Teile von Nachrichtensendungen lassen sich auf solche Mythologeme zurückführen (Leben und Tod, Krieg und Frieden, Aufstieg und Fall, Sieg und Niederlage, Gewinn und Verlust, Naturerlebnis und Naturkatastrophe). Jede Geschichte hat eine Dramaturgie. Damit wird Interesse geweckt, Spannung erzeugt und Verständlichkeit geschaffen. Die klassische Dramaturgie ist zugleich die gebräuchlichste. Sie wird oft auch unbewusst verwendet und wahrgenommen. Fast jeder Witz, jede Kurzgeschichte funktioniert nach diesem Muster.

Übertragen auf einen journalistischen Beitrag, lassen sich fünf Phasen mit entsprechenden Funktionen bezeichnen. Der in Prozenten angegebene Anteil der Phasen am Gesamtprodukt ist selbstverständlich nur ein Richtwert, der mehr oder weniger stark schwanken kann. Je nach Medium, Genre und Länge des Beitrags variieren die Phasen oder können gar wegfallen. In einem Magazinbeitrag (drei bis zehn Minuten) im Fernsehen kann das so aussehen:

1. Einstieg: Attraktivität   – 5 %
2. Orientierung: Klarheit   – 10 %
3. Charakterisierung: Details   – 60 %
4. Höhepunkt: Kernaussage   – 20 %
5. Ausklang: Entlassung   – 5 %

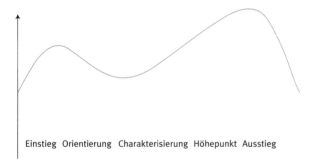

Abbildung 7: Das Fünf-Phasen-Modell des klassisch Storytellings

In einem elektronischen Newsbeitrag von einer bis drei Minuten Länge reduziert sich das Fünf-Phasen-Modell auf drei Phasen:
1. Einstieg: Aktuelles Ereignis   – 10 %
2. Mittelteil: Details   – 80 %
   Hintergrund/Vorgeschichte
3. Ausstieg: Fazit, Einordnung, Ausblick – 10 %

> **Checkliste: Auf die Geschichte bezogene Kritik**
> Basierend auf diesen Erkenntnissen, lassen sich wichtige Elemente für eine qualitätssichernde Kritik ableiten:
> - Gibt es in der Story eine Hauptfigur, die im gesamten Verlauf immer wieder auftaucht?
> - Hat die Story ein Ziel?
> - Welche Hindernisse stellen sich der Hauptfigur entgegen?
> - Verändert sich die Hauptfigur im Verlauf der Geschichte?
> - Gibt es Überraschungen?
> - Zieht mich der Anfang in die Geschichte hinein? Wie lautet der erste Satz, was lese, höre oder sehe ich zuerst? Wird meine Neugier geweckt oder meine Lust, weiterzulesen?
> - Kann ich mich im Beitrag orientieren (Zeit, Ort, Handlungslogik)?
> - Verliere ich die große Linie in einer Fülle von Details?
> - Wird mir eine Geschichte erzählt oder eine Aufzählung von Rechercheergebnissen präsentiert?
> - Wo ist der Höhepunkt des Beitrags? Gibt es einen Magic Moment, der mich berührt und mir unvergesslich bleibt?
> - Wie werde ich aus dem Beitrag entlassen? Habe ich das bekommen, was man im Lead oder in der Moderation versprochen hat? Hat mich der Beitrag neugierig auf mehr gemacht?
> - Enthält die Story trotz Fokussierung die relevanten Elemente für die Meinungsbildung des Publikums? Werden wesentliche Elemente auf Kosten der süffigen Geschichte unterschlagen?

2.6 Baustein V: Personalentwicklung (PE) und Ausbildung

Journalisten seien gegenüber Personalentwicklungsmaßnahmen und Ausbildung eher ablehnend eingestellt, heißt es oft. Das mag mit ihrem Selbstverständnis zusammenhängen, allem und jedem gegenüber erst mal skeptisch und kritisch zu sein. Zum Teil auch damit, dass PE-Maßnahmen Geld und Zeit kosten und bei Engpässen Absenzen am Arbeitsplatz verpönt sind. Dabei könnte PE auch in Redaktionen helfen, teure Fehlbesetzungen, Burnouts und Frust-Kündigungen zu vermeiden.

Der technologische Wandel, die rasante Strukturbereinigung in der Medienlandschaft, die Diskussion über die sinkende Qualität in den Medien und Entlassungswellen in Redaktionen haben zu einem Stimmungswandel geführt. Altgediente Journalisten müssen sich neu auf dem Arbeitsmarkt orientieren. Oft haben sie die im Curriculum Vitae nachweisbare Aus- und Fortbildung vernachlässigt, was bei Bewerbungen ihre Marktfähigkeit beeinträchtigt.

Für viele junge Menschen ist Journalismus immer noch ein Traumberuf. Dass Journalisten bei Image-Umfragen regelmäßig am Schluss der Rangliste erscheinen, knapp vor den Politikern, scheint sie nicht zu stören. An den Journalistenschulen, Fachhochschulen und Universitäten gibt es Ausbildungsangebote in einem bisher nie dagewesenen Ausmaß. Medienunternehmen können auf hohem Niveau rekrutieren.

Folgende Zitate illustrieren die unterschiedliche Wahrnehmung von Linie, Personalentwicklung und Ausbildung:

«Ich habe keine Ahnung, was die Leute von den HR (Human Resources/Personalabteilung) den ganzen Tag machen. Man könnte hier im Haus genauso gut auf die Abteilung verzichten und die Lohnauszahlungen outsourcen. Alles andere kann die Linie selber machen.» (Journalisten-Stammtisch)

«Lasst uns arbeiten und belästigt uns nicht mit administrativem Kram.» (Redaktionsleiter)

«Wir machen hier Journalismus und sind keine Volkshochschule!» (Chefredakteur)

«Wir stellen die richtigen Leute an – das ist unser Qualitätsmanagement!» (Verlagsleiterin)

«Die Linie hat selten eine klare Vorstellung darüber, was sie von der Personalabteilung erwartet und wie HR sie unterstützen könnte. (HR-Mitarbeiter)

Personalentwicklung

Unter Personalentwicklung versteht man die systematischen und oft langfristig angelegten Maßnahmen, mit denen die Qualifikationen der Mitarbeitenden verbessert werden sollen. Dabei geht es grundsätzlich darum, die Anforderungsprofile der Stellen mit den Fähigkeitsprofilen der Stelleninhaber in bestmögliche Übereinstimmung zu bringen (Thom/Zaugg 2007: 5 ff.).

Selten entspricht das Fähigkeitspotenzial eines Stellenbewerbers ohne Einschränkungen dem gewünschten Fähigkeitsprofil, komme er nun von außerhalb oder innerhalb des Medienunternehmens. Mit bildungsbezogenen und stellungsbezogenen PE-Maßnahmen wird die Differenz zwischen Soll und Ist geschlossen oder verkleinert. Sie dienen so auch der Qualitätsherstellung und der Qualitätssicherung.

Initiiert und betreut werden PE-Maßnahmen von der Personalabteilung (Human Resources, HR), der Ausbildung und der Linie. Die Linie ist unmittelbar mit der Durchführung der journalistischen Hauptaufgaben betraut. Zu ihr gehören u.a. Chefredaktion, Redaktionsleitung, Produzenten, Blattmacher, Moderatoren, Redakteure, Reporter, Regisseure usw. HR und Ausbildung sind Dienstleistungs- oder Stabsstellen und unterstützen die Linie in ihrer Aufgabe.

Alle drei, HR, Ausbildung und Linie, haben ihre Stärken, Schwächen und Eigeninteressen, die oft abhängig sind von Unternehmensstruktur und Personen. Im Idealfall unterstützen sie sich gegenseitig im Rahmen eines definierten Gesamtkonzepts und widerstehen der Gefahr, gegeneinander ausgespielt zu werden, oder der Versuchung, das selber zu tun. Die ideale Form der Zusammenarbeit zwischen Linien-, Personal- und Ausbildungsverantwortlichen gibt es nicht. Wenn aber die drei Bereiche bereit sind, miteinander zu arbeiten und Rollen, Kompetenzen und Verantwortungen in einem Gesamtkonzept klar zu regeln, sind verschiedene Formen der Kooperation möglich.

> **Dokument 20: Human Resources (HR), Ausbildung, Linie**
>
> In großen Medienunternehmen, wie etwa bei SRF oder bei Ringier, hat die Direktion Human Resources und Ausbildung organisatorisch getrennt. Bei SRF wurden beide der Direktion unterstellt; HR als Abteilung, die Ausbildung als Stabsstelle. Beide können so rasch und direkt als Führungsinstrument eingesetzt werden, um die Qualitätsziele des Managements zu unterstützen.
> Kleinere Medienunternehmen wie Radio und Tele Top haben neben dem Personaldienst die Stelle des Qualitätsverantwortlichen geschaffen. In beiden Modellen konzentriert sich HR auf die klassischen PE-Maßnahmen und berät Führungsverantwortliche und Mitarbeitende von der Anstellung bis zum Austritt aus dem Unternehmen. Die spezifisch journalistischen PE-Maßnahmen übernimmt die Ausbildung. HR und Ausbildung haben im Unternehmen unterschiedliche Aufgaben, Wahrnehmungen und Akzeptanz. Der Qualität des Produkts kann die Entflechtung von Human Resources und Ausbildung förderlich sein. Gemeinsam unterstützen sie die Linie (Führungsverantwortliche und Mitarbeitende) im Erreichen der Unternehmensziele «Qualitätsherstellung und Qualitätssicherung».

PE-Maßnahmen

Bei den PE-Maßnahmen wird zwischen bildungsbezogenen und stellenbezogenen unterschieden. Zu den bildungsbezogenen PE-Maßnahmen gehören Ausbildung, Fortbildung und Umschulung. Sie können intern oder extern angeboten werden. Stellenbezogene Maßnahmen finden immer im Arbeitsumfeld statt. Dazu gehören horizontale Stellenwechsel und Stellvertretungen, aber auch Job Rotation, Job Enlargement (Arbeitserweiterung), Job Enrichment (Arbeitsbereicherung), teilautonome Arbeitsgruppen oder temporäre Projekteinsätze.

Die folgende Aufstellung zeigt, wie die Mitarbeitenden schon vor und bei Stellenantritt, während ihrer beruflichen Tätigkeit und schließlich beim Verlassen des Unternehmens durch qualitätssichernde Maßnahmen begleitet werden.

to the job

Berufsausbildung	Berufsmatura/Matura
	Fachhochschule/Universität, Journalistenschule, Praktika, praktische Berufserfahrung
Anstellungsprozedere	Stellenbeschrieb, Anstellungsgespräche, Tests
Einführung neuer Mitarbeitender	Ausbildungsplan
	Betreuung durch Tutor
Trainee-Programm (Stage)	Mix zwischen Ausbildung off und on the job

the job

Lernpartnerschaft	Vertiefendes Lernen
Mentoring	Erfahrene Kaderperson gibt Wissen, Erfahrungen und Beziehungsnetzwerk an Nachwuchskraft weiter.
Coaching	Individuelle Beratung und Betreuung von Mitarbeitenden und Führungskräften
Gelenkte Erfahrungsvermittlung	Horizontale Stellenwechsel
Stellvertretung	
Projektabeit	Zeitlich befristete, teilautonome Arbeitsgruppe
Job Enlargement	Arbeitserweiterung, zusätzliche Aufgaben
Job Enrichment	Arbeitsbereicherung, Stellvertretung
Job Rotation	Arbeitsplatzwechsel

ar the job

Lernwerkstatt, Qualitätszirkel, Organisationsentwicklung

the job

Konferenz/Tagung, Kurs/Seminar, berufsbegleitendes Studium

ng the job

Laufbahn-Planung, Förderplanung	
Mitarbeitendengespräche	Jahresgespräch, Feedback, Anerkennung, Korrektur, Gehalt, Beurteilung, Zielvereinbarung
Nachfolgeplanung	Potenzialevaluation
Assessment Center	Potenzialabklärung

of the job

Entlassung, Ruhestandsvorbereitung

Tabelle 4: Personalentwicklungsmaßnahmen nach Thom/Zaugg (2007: 14–26)

Ausbildung

Im Folgenden beschreiben wir einige unter dem Gesichtspunkt der journalistischen Qualität besonders wirksame PE-Maßnahmen. Sie fallen tendenziell eher in den Bereich Ausbildung und werden ausgelöst durch die Linie, HR und/oder Ausbildung. Betroffen ist immer die Linie, die am besten von PE-Maßnahmen überzeugt werden kann, wenn es Führungsverantwortlichen, Mitarbeitenden und dem journalistischen Produkt Nutzen bringt.

Die Organisation der Ausbildung hängt ab von Größe des Unternehmens sowie von der Vielfalt der Vektoren (Zeitung, Zeitschrift, Rundfunk, Fernsehen, Online).

Die journalistische Ausbildung sollte möglichst nahe am Programm bzw. an der redaktionellen Produktion angesiedelt sein. Das sichert Praxisbezug und Akzeptanz. Wenn die Ausbildung als wirksames Führungsinstrument zur Qualitätssicherung eingesetzt werden soll, muss sie aber auch raschen Zugang zu Direktion und Management haben. Die Ausstattung der internen Ausbildung variiert je nach Größe des Unternehmens. Das Minimum ist wohl eine Person, die als Ausbildungsverantwortliche das Unternehmen kennt, als kompetent wahrgenommen wird und rasch und unkompliziert verfügbar ist.

Größere Unternehmen leisten sich eine eigene Ausbildungsabteilung. Das Ausbildungsleitbild gibt Auskunft über den Stellenwert der Ausbildung innerhalb des Unternehmens, Finanzierung, Aufgaben, Unterstellung, interne Ansprechpartner, Angebote sowie interne und externe Kooperationen.

Anstellung

Eine zu besetzende Stelle wird normalerweise öffentlich ausgeschrieben. Sie basiert auf einem von HR und Linie erarbeiteten Stellenprofil. Die Anstellungsgespräche werden nach dem Vier-Augen-Prinzip geführt, d.h. in der Regel durch den zukünftigen Linienvorgesetzten und einen Vertreter von Human Resources. Die Ausbildung entwickelt medienspezifische Tests und führt diese mit den Bewerbern durch (Wissens-, Text-, Sprech-, Technik-, Kamera- und Bildtest). Sie berät die Linie beim Erstellen des Ausbildungsplans.

Baustein V: Personalentwicklung (PE) und Ausbildung

Dokument 21: Fachausbildung

Grundausbildung
Je nach Medium und Größe des Medienhauses vermittelt die Grundausbildung wichtige Informationen über Unternehmen, Qualitätskriterien und Qualitätsmanagement sowie je nach Bedarf die Grundlagen des journalistischen und medienspezifischen Handwerks (Fachausbildung).

Fortbildung/Weiterbildung
Während man unter einer Fortbildung eine zeitlich eher kurze Maßnahme versteht, ist eine Weiterbildung in der Regel vom Zeitaufwand her erheblich umfangreicher. Beide Begriffe werden heute synonym verwendet.
Bei Fortbildungen geht es normalerweise um ein spezielles Thema, das die Vertiefung oder Erweiterung berufsspezifischer Fertigkeiten oder auch die persönliche Entwicklung der Mitarbeitenden zum Ziel hat (z.B. Bilanzen lesen).
In einer Weiterbildung setzt man sich hingegen meist mit einem Themenkomplex auseinander, um eigene Handlungskompetenzen zu erweitern und so berufliche Aufstiegsmöglichkeiten zu erhalten (z.B. Umschulungen).

Fachausbildung
Die journalistische Grundausbildung holt man am besten an einer Journalistenschule. Das geschieht in vielen Fällen berufsbegleitend. Die interne Ausbildung wird meist in einem ein- bis zweijährigen Stage (Volontariat) vermittelt. Stagiaires/Volontäre werden in einer Stammredaktion platziert und in einem im Ausbildungsplan umschriebenen Verhältnis von Learning by Doing am Arbeitsplatz sowie internen und externen Kursen ausgebildet. Sie werden von erfahrenen Tutoren betreut und können interne und externe Kurzpraktika besuchen.
Große Medienunternehmen bieten eine eigene interne journalistische Grundausbildung an. Kleinere schließen sich für bestimmte Ausbildungsmodule zusammen und/oder benützen Angebote der Journalistenschulen als Ergänzung zu eigenen unternehmensspezifischen Angeboten. In Kapitel 4.2 (Anhang) werden Hinweise auf entsprechende Angebote gemacht.

> **Checkliste: Bausteine einer Fachausbildung für das journalistische Handwerk (Modul-Auswahl)**
> - Texten und Redigieren
> - Rhetorische Kommunikation
> - Journalistische Standards
> - Video-Handwerk
> - Interviewtechnik Presse – Radio – Fernsehen – Online
> - Spreche statt Schreibe (gesprochene Sprache)
> - Medienrecht/Medienethik
> - Storytelling
> - Recherchieren
> - Journalistisches Texten
> - Journalistische Formen (Nachricht, Bericht, Porträt, Reportage, Feature, Kommentar)
> - Layout
> - Bildredaktion
> - Infografik
> - Professionelles Sprechen
> - Moderieren
> - Bildredaktion
> - Online-Journalismus
> - Mitarbeitenden-Gespräch
> - Projektmanagement
> - Vertonungen hören und beurteilen
> - Storytelling über mehrere Vektoren hinweg
> - Feature
> - Der journalistische Kommentar und die Kritik
> - Reportage

Führungsausbildung

Führungskräfte in einem Medienunternehmen kommen nicht nur aus dem Journalismus. Sie sind Finanz-, Verlags- und Marketingfachleute, Informatiker, Ingenieure, Techniker usw. Vorgesetzte im unteren und mittleren Kader müssen vom Management und vom Finanzwesen so viel verstehen, dass sie von den Kollegen und Spezialisten als respektierte Gesprächspartner wahrgenommen werden. Ihr Grundwissen von Management soll sie befähigen, ihre Führungstätigkeit in einem Gesamtzusammenhang zu erfassen und ihren Mitarbeitenden zu kommunizieren.

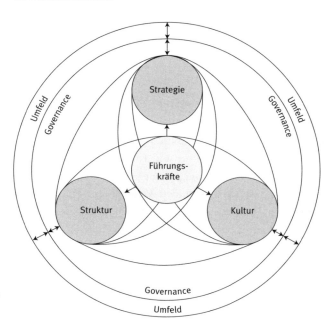

Abbildung 8:
Management-Grundmodell
(Malik 2008: 100)

Sie sind sich bewusst, in welchem Umfeld sich ihr Medienunternehmen positioniert. Die daraus abgeleiteten Analysen führen zu verbindlichen Aussagen über Vision und grundlegenden Zweck des Unternehmens und seine Wertvorstellungen. All das findet sich konzentriert im Unternehmens-Leitbild.

Die Strategie legt die konkreten Aktionsgebiete fest, die Ziele, Mittel und Maßnahmen, um den Zweck des Unternehmens zu erfüllen. Um die Strategie effizient umzusetzen, braucht das Medienunternehmen eine tragfähige Struktur, die das Funktionieren unter allen realistisch anzunehmenden Bedingungen sicherstellt. Sie schlägt sich unter anderem in Organigrammen, Abläufen und Prozessen nieder. Medienunternehmen weisen Mischformen von Dienstleistungs-, Produktions- und schöpferischen Organisationen auf. Je nach Abteilung und Bereich kann der eine oder andere Organisationstyp dominieren.

Die Kultur eines Medienunternehmens zeigt sich unter anderem in den Publizistischen Leitlinien und den Führungsgrundsätzen. In der Umsetzung von Strategie, Struktur und Kultur kommt den Führungskräften eine zentrale Vorbildrolle zu. Führungsverantwortliche eines Medienunternehmens müssen sich bewusst sein, dass Journalisten von Berufs wegen neugierige Mitarbeitende sind, die rechtzeitig und offen informiert sein wollen, um sich dann in einem hohen Ausmaß mit dem Unternehmen identifizieren zu können.

Interne und externe Führungsausbildung
Die interne Führungsausbildung ist ein wichtiges Führungsinstrument. Sie vermittelt die unternehmensspezifischen Führungswerkzeuge, mit denen Strategie, Struktur und Kultur umgesetzt werden. Als Vermittler ist das oberste Management gefordert und soll in die Führungsausbildung einbezogen werden. Gemeinsame Führungsausbildung fördert den Zusammenhalt, öffnet den Blick in andere Unternehmensteile und knüpft Netzwerke, die im Alltag hilfreich sein können. Das allgemeine Führungswissen kann je nach Größe des Medienunternehmens und der auszubildenden Kaderleute auch extern erworben werden. Hier bieten sich Partnerschaften mit anderen Firmen und Organisationen an.

Koordiniert und organisiert wird die Führungsausbildung durch eine verantwortliche Führungsperson, die einerseits unkompliziert ansprechbar ist und rasch Unterstützung anbieten kann, anderseits Zugang zum obersten Management hat, um sicherzustellen, dass Führung und Führungsausbildung eingefordert und mit entsprechenden Angeboten gefördert werden.

Führen kann man lernen
Übernimmt ein Journalist eine Führungsfunktion, verliert das Medienunternehmen oft einen ausgezeichneten Reporter und Rechercheur. Im Gegenzug handelt es sich einen durchschnittlichen Vorgesetzten ein, der im mittleren Kader oft nicht über das Mittelmaß hinauskommt. Dieser verbreiteten Malaise kann abgeholfen werden, indem Mitarbeitende gezielt ausgewählt und sorgfältig auf die neue Führungsaufgabe vorbereitet werden. Führen kann man bis zu einem gewissen Grad lernen.

Neue Führungsverantwortliche bereiten sich nach standardisiertem und individuellem Ausbildungsplan in internen und externen

Modulen auf ihre Leitungsfunktion vor. Sie werden dabei beraten und unterstützt von ihren Vorgesetzten und den Ausbildungsverantwortlichen. An regelmäßigen Führungsanlässen für das ganze Kader wird informiert und diskutiert.

Mitarbeitende erheben zu Recht den Anspruch, dass sich ihre Vorgesetzten genau wie sie ein Leben lang fortbilden. Wer sich im Führen nicht ständig weiterentwickelt, vernachlässigt eine Management-Kernaufgabe und darf sich nicht wundern, wenn Anerkennung und Respekt seiner Kollegen und Mitarbeitenden verloren gehen. Auch in Medienunternehmen sind Führungsfunktionen keine Garantie mehr für eine lebenslange Anstellung. Wer sich über entsprechende Fortbildung ausweisen kann, hat bei einem Stellenwechsel innerhalb und außerhalb des Unternehmens größere Chancen.

Dokument 22: Führungsausbildung (Modul-Auswahl)

- Unternehmensspezifische Strategie, Struktur, Kultur
- Publizistische Leitlinien
- Qualitätsmanagement
- Mitarbeitenden-Gespräch
- Führen und Fördern
- Coaching
- Mobbing
- Konfliktmanagement
- Projektmanagement
- Schwierige Gespräche führen
- Moderne Umgangsformen
- Führen ohne Vorgesetztenfunktion (Team- und Projektleitung)
- Grundzüge der Betriebswirtschaft und des Rechnungswesens
- Teamführung und Teamorganisation
- Redaktionsmanagement
- Selbsterkenntnis/Selbstmanagement
- Teamführung
- Burnout-Prophylaxe
- Auftreten, Präsentieren, Sitzungen leiten
- Feedback und Kritik
- Ressourcen-Management

> ■ Zeitmanagement
> ■ Stellvertreter-Workshop
> ■ Medienrecht/Medienethik
> ■ MbO: Führen mit Zielen

Neben schulischen Modulen haben sich bei Übernahme von Führungsverantwortung oder bei schwierigen Führungssituationen individuelle Coachings bewährt. Je nach Unternehmenskultur wird auch das Mentoring gepflegt, in dem eine erfahrene Führungskraft dem neuen Vorgesetzten als Pate oder Ansprechperson zur Seite steht und Wissen, Erfahrungen und Beziehungsnetzwerk vermittelt.

Aktuell und nahe am Produkt
Das Programmangebot der Ausbildung muss rasch und unbürokratisch auf die Bedürfnisse des Programms reagieren können. Die interne Ausbildung steht in engem Kontakt mit den Redaktionen, um bei Bedarf rasch ein Angebot machen zu können. Das Kursprogramm erscheint nicht mehr bloß einmal jährlich, sondern verändert sich laufend und wird via Intranet kommuniziert.

Die interne Ausbildung bietet immer noch Kurse an – off the job. Zunehmend gehen ihre Trainer aber direkt in die Redaktionen und vermitteln Ausbildung am Arbeitsplatz – on the job. Der Trend von den Standardkursen weg zu maßgeschneiderten Angeboten nimmt zu. Wenn die interne Ausbildung eng mit der Programm- oder Produktentwicklung zusammenarbeitet, kann sie bereits in der Entstehungsphase eines neuen Produkts mitwirken und dafür sorgen, dass sie nicht erst im Nachhinein zum Eliminieren von Fehlern beigezogen wird, die man hätte vermeiden können.

Vernetzung
Im Idealfall gehört die Ausbildung zu den bestvernetzten Stellen im Unternehmen. Sie hat einen direkten und raschen Zugang zur Direktion. Sie steht in ständigem Kontakt mit den Redaktionsleitungen und Mitarbeitenden. Die besten Kader- und Fachleute des Hauses werden zur Mitarbeit in der Ausbildung beigezogen. Wichtig ist die Pflege der Schnittstelle zu Human Resources.

Extern pflegt die Ausbildung Kontakt und Austausch mit andern Medienunternehmen sowie mit Universitäten, Fachhochschulen und Journalistenschulen. Sie kennt Trainer für Fach- und Führungsausbildung und kann bei Bedarf rasch und unbürokratisch reagieren und Unterstützung anbieten. Die Vernetzung geht weit über den Erfahrungsaustausch hinaus. Medienunternehmen können einzelne Ausbildungsmodule gemeinsam anbieten oder durch Journalistenschulen vermitteln lassen. Das geschieht zum Beispiel im MAZ – der Schweizer Journalistenschule. Das MAZ bietet eine journalistische Grund- und Fortbildung sowie eine standardisierte Führungsausbildung an, welche von den Medienunternehmen genutzt wird. Ähnliche Angebote stellt das Institut für Angewandte Medienwissenschaft (IAM) an der Zürcher Hochschule für Angewandte Wissenschaften ZHAW zur Verfügung.

Berufskarrieren verlaufen in Medienunternehmen mit gezielt flachen Hierarchien vor allem horizontal oder diagonal. Karrieren beschränken sich nicht mehr vorwiegend auf Führungskarrieren wie Chefredakteur, Abteilungsleiter, Redaktionsleiter. Eine innovative HR-Abteilung entwickelt alternative Karrieremodelle wie Fachkarrieren (Recherchespezialisten, Chefreporter, Blattmacher, Produzenten, Moderatoren usw.) und Projektkarrieren (Projektleiter). Solche stellenbezogenen Maßnahmen der PE dienen der Motivation und Pflege der Mitarbeitenden, insbesondere der High Potentials, und Inhabern von Schlüsselstellen.

PE beeinflusst die Unternehmenskultur im Sinne der Unternehmensführung und trägt zur Qualitätsstiftung und Qualitätssicherung bei. Gewinnung, Förderung und Erhaltung der Mitarbeitenden bedingen sich gegenseitig. Nur Unternehmen, welche ihre Mitarbeitenden fördern, können diese auch längerfristig im Markt halten.

Checkliste Personalentwicklung und Ausbildung

- Gibt es im Medienunternehmen eine für die Fortbildung verantwortliche Stelle?
- Gibt es ein stufengerechtes Ausbildungsangebot (Grundausbildung – Fortbildung – Führungsausbildung)?
- Wird Ausbildung auf allen Stufen benützt (Anfänger, erfahrene Mitarbeitende, Leitung)?
- Existiert ein Ausbildungsprogramm? Welche Ausbildungsmodule werden angeboten? Welche werden besucht? Intern/extern?
- Wie werden Ausbildungsbedürfnisse evaluiert und bedient?
- Haben Leitende und Mitarbeitende in Bezug auf Ausbildung eine Bring- oder eine Holschuld? Fühlen sich Mitarbeitende für ihren Job ausreichend vorbereitet?
- Existieren für die einzelnen Jobs Stellenbeschriebe? Wie werden neue Mitarbeitende eingeführt? Gibt es ein Tutorensystem?
- Existiert ein verbindlicher Ausbildungsplan? Wie kommt dieser zustande? Gibt es ein transparentes System, wonach entschieden wird, wer welche Angebote wahrnehmen kann?
- Wird die permanente Ausbildung von der Managementseite gefördert und von den Mitarbeitenden gelebt?
- Herrscht ein Klima des ständigen Lernens?
- Gibt es ein Ausbildungsbudget? Wird es gebraucht? Kennt man die Ausbildungskosten pro Mitarbeiter?
- Wer hat wie viel und welche Ausbildung bezogen? Wird erkennbar, dass die Mitarbeitenden in den letzten zwölf Monaten Angebote der Fortbildung wahrnehmen konnten?
- Werden Praktika angeboten?
- Wird ein Stage angeboten? Wie sind die Stages organisiert (Rekrutierung, Betreuung, Lohn, Dauer, Unterschied zum Praktikum)?
- Wie ist das Unternehmen in Bezug auf Ausbildung vernetzt (andere Unternehmungen, Ausbildungsstätten, Trainer)?
- Wird die Fortbildung als Mittel der Qualitätssicherung eingesetzt? Werden interne Fortbildungen durchgeführt, die explizit auf journalistische Qualitätsstandards Bezug nehmen?

2.7 Baustein VI: Umgang mit dem Publikum

Ohne Publikum gibt es keinen Journalismus. Eine wesentliche Aufgabe des Qualitätsmanagements besteht darin, die Qualitätsstrategie von einem Publikumskonzept abzuleiten, das allen Mitarbeitenden bekannt ist. Das bedeutet auch, dass die Mitarbeitenden wichtige Daten der Publikumsforschung kennen. Die Publikumsorientierung kommt zudem in Publikumsräten oder Ombudsstellen zum Ausdruck. Schließlich bedient sich innovatives Qualitätsmanagement auch des Potenzials sozialer Netzwerke.

Das Publikum des Journalismus

«Das Publikum will das so.» «Immer auch an den Leser denken.» Oft werden an Redaktionssitzungen solche Sprüche in die Diskussion eingebracht. Man will damit zum Ausdruck bringen, dass redaktionelle Entscheidungen nicht primär aus dem Bauch heraus zu fällen sind. Vielmehr soll sich etwa die Auswahl von Themen an dem orientieren, was für das Publikum relevant ist. So ist beispielsweise in den Publizistischen Leitlinien von Schweizer Radio und Fernsehen SRF zu lesen, dass «für die Auswahl der Themen die Kriterien Wichtigkeit und Publikumsinteresse wegleitend» seien.

Auch die Journalistenkodizes nehmen an manchen Stellen Bezug auf das Publikum. In den Richtlinien des Presserates zum Schweizer Journalistenkodex wird die Publikumsperspektive etwa in der Richtlinie 2.3 explizit gemacht und gefordert, dass «das Publikum zwischen Fakten und kommentierenden, kritisierenden Einschätzungen unterscheiden kann». Die Richtlinie 3.1 betont, dass «die genaue Bezeichnung der Quelle eines Beitrags im Interesse des Publikums liegt», und Richtlinie 3.6 verlangt, dass Montagen «in jedem Fall deutlich als solche zu kennzeichnen sind, damit für das Publikum keine Verwechslungsgefahr besteht».

Zunahme der Publikumsorientierung
Medienunternehmen wenden zunehmend die Strategie des redaktionellen Marketings an (Ruß-Mohl 2003: 252ff.). Dabei werden aus Daten der Publikumsforschung redaktionelle Schlussfolgerungen ge-

zogen. Es wird davon ausgegangen, dass die Forschungsdaten die wesentliche Basis für die Bestimmung und die Wünsche der Zielgruppe liefern.

Die zunehmende Publikumsorientierung von Journalisten spiegelt sich auch in den aktuellen Daten einer Schweizer Journalistenbefragung (vgl. Wyss 2009). Ein Vergleich von Daten aus dem Jahr 1998 mit den Daten aus dem Jahr 2008 macht deutlich, dass die 2008 befragten Journalisten allen abgefragten Aussagen zur Publikumsorientierung stärker zustimmen als die vor zehn Jahren befragten Kollegen (vgl. auch Keel 2011).

Jahr	SRG	Privatrundfunk	Print	**Gesamt**
Meine Redaktion orientiert sich an der Zufriedenheit des Publikums mit dem bereitgestellten Angebot. *				
1998	84.9 %	87.3 %	79.3 %	**81.1 %**
2008	91.9 %	93.0 %	86.9 %	**89.4 %**
Ich orientiere mich bei meiner Arbeit an den von mir erwarteten Interessen des Publikums. *				
1998	85.3 %	87.7 %	82.3 %	**83.4 %**
2008	88.5 %	91.6 %	85.5 %	**87.4 %**
Ich orientiere mich bei meiner Arbeit an den an den Ergebnissen der Leserschafts-/ Publikumsforschung. *				
1998	49.7 %	53.3 %	45.0 %	**46.6 %**
2008	50.4 %	49.8 %	48.6 %	**49.3 %**
Ich setze mir zum Ziel, als Dienstleister auf die Bedürfnisse des Publikums einzugehen und diese zu befriedigen. *				
1998	66.7 %	76.0 %	62.7 %	**64.4 %**
2008	80.7 %	84.5 %	69.1 %	**74.9 %**

1998: Schriftliche Journalistenbefragung Gesamtschweiz, N=2020

2008: Postalische und Online-Befragung, Gesamtschweiz, N=2404

* Die Befragten konnten i Zustimmung auf einer sec stufigen Skala einstufen. Die Tabelle gibt die Prozentwerte der zustimmend Positionen von 4 bis 6 au einer Skala zwischen ‹1 = trifft gar nicht zu› un ‹6 = trifft sehr stark zu› zusammengefasst wieder.

Tabelle 5: Publikum orientierung von Jou nalisten (in Prozent)

Die Daten zeigen, dass Journalisten das Publikum zwar als relevante Bezugsgröße für die Beurteilung ihrer Arbeit sehen. Dennoch leiten sie entsprechende Erwartungen in der Regel nicht aus den Ergebnissen der Publikumsforschung ab, sondern intuitiv aus eigenen Vorstellungen. Journalisten stellen sich in der Regel vor, was das Publikum nach ihrer professionellen Intuition «wollen soll» (Relevanz). Dies hängt sicherlich auch damit zusammen, dass nur sehr wenige Redaktionen auf brauchbare und erwerbbare Daten der Publikumsforschung zurückgreifen können.

Die Zurückhaltung bei der Beachtung von Publikumsforschung hängt aber sicher auch mit der Tatsache zusammen, dass im Journalismus Publikumsorientierung lange als «Anpassungsjournalismus» aufgefasst wurde. Das Verhältnis zwischen Journalismus und seinem Publikum ist ein komplexes, das sich auch nicht mit einem Qualitätsmanagement wegorganisieren lässt.

Ein Qualitätsmanagement setzt aber voraus, dass Journalisten eine Vorstellung davon haben, wer ihr Publikum ist und inwiefern in dessen Alltagswelt das journalistische Angebot wichtig sein kann. Im Rahmen des Qualitätsmanagements müsste es gelingen, organisationsspezifische Qualitätsziele gerade im Hinblick auf die Leistung für das Publikum zu artikulieren. Das ist aber schwieriger, als es scheint, zumal genaue und brauchbare Vorstellungen über das Publikum und dessen Bedürfnisse meist fehlen.

Von der Journalismusforschung wissen wir, dass Journalisten in der Regel nur unspezifische Kenntnisse über die Zusammensetzung und die Erwartungen ihres Publikums haben (Weischenberg/Malik/Scholl 2006: 143). Trotz der Selbstverständlichkeit, mit der Menschen Medien nutzen, hat die Mediennutzung etwas Geheimnisumwittertes.

Der Hamburger Kommunikationswissenschafter Hasebrink (2008: 527) beobachtet, dass es in publikumsbezogenen Diskursen von Paradoxien nur so wimmelt. Das Publikumsbild ist ein jeweils ganz anderes, je nachdem, ob sich beispielsweise ein Redakteur, eine Marketingbeauftragte, das Medienmanagement, die Werbekunden, Medienpolitikerinnen oder Wirkungsforscher zum Publikum und dessen Interessen und Bedürfnissen äußern. Je nach Interessenlage ist vom Publikum als mündige Konsumenten, als Schutzbedürftige, als Bürger, als Aggregat von Medienkontakten, als Beurteiler von journalistischer Qualität oder etwa als interpretierende Beteiligte die Rede (vgl. Wyss 2009).

Publikumskonzepte: Kunden, Bürger oder Fans?
In der Medienbranche ist es viel schwieriger als in anderen Branchen, die Empfänger der Unternehmensleistung zu identifizieren. Unternehmen in der Wirtschaftsbranche richten ihre Qualitätsstrategien in der Regel an den Bedürfnissen von «Kunden» aus. Genau dieser überstrapazierte Begriff «Kunde» macht es aber schwierig, herkömmliche Modelle des Qualitätsmanagements einfach über eine Redaktion zu stülpen. Nicht zuletzt auch deshalb, weil die meisten Medienunternehmen nicht nur auf dem Publikums-, sondern auch auf dem Werbemarkt agieren. In ökonomischer Hinsicht muss in dem Fall auch die Werbewirtschaft als der wesentliche Kunde zufriedengestellt werden. In ihrem Verständnis wird Publikum und dessen Aufmerksamkeit als Ware aufgefasst, die an die Werbewirtschaft weiterverkauft wird.

Ganz anders sieht die «Kundenorientierung» aus, wenn das Publikum als gesellschaftlicher Akteur aufgefasst wird, der sich durch die Rezeption journalistischer Angebote in seiner Lebenswelt besser zurechtfinden kann. Ohne Publikum kann es keinen Journalismus geben. Erst über die kommunikative Rezeption kann der Journalismus seine gesellschaftliche Funktion erfüllen. Die journalistische Kommunikation hört nicht bei der Information und Mitteilung auf, sondern setzt auch Verstehen voraus. Der Journalismus hilft seinem Publikum, sich über Themen zu orientieren, die kollektive wie auch private Entscheidungen nach sich ziehen, die gesellschaftliche Entscheidungsrelevanz erlangt haben oder erlangen können.

Von welchem Publikumsbild gehen die Redakteure einer bestimmten Sendung oder eines bestimmten Ressorts aus? Spielen Nützlichkeit von Medienangeboten eine Rolle in der journalistischen Arbeit? Von welchen Faktoren hängt es ab, dass journalistische Angebote von den Rezipienten als qualitätsvoll oder vertrauenswürdig beurteilt werden? Das sind Fragen, die im Rahmen des Qualitätsmanagements einer einzelnen Redaktion zu beantworten sind.

Zentral ist dabei die Definition eines Publikumskonzeptes. Darunter ist eine in der Redaktion geteilte Vorstellung über das zu verstehen, was im Alltag mit «Publikum» bezeichnet wird. Im Idealfall speist sich dieses Publikumskonzept natürlich auch aus Daten der Publikumsforschung. Aber auch ohne den Zugriff auf solche Daten sollten die Redakteure eine gemeinsame Vorstellung dazu haben, wie sie sich ihr Publikum vorstellen.

Ein Publikumskonzept kann sogar so weit gehen, dass es personalisiert wird. Beim Regionalradio Radio 32 in Solothurn beispielsweise wird die gemeinsame Vorstellung vom Publikum in einem Bild einer typischen Hörerfamilie veranschaulicht. Die Charakteristiken dieser Hörerfamilie werden im Redaktionshandbuch ausgeführt. Dies könnte dann etwa so lauten: «Die Programmschaffenden stellen sich bei der Auswahl und Umsetzung der Inhalte die konkreten Hörer als ‹Radio-32-Familie› vor: Vater und Mutter sind um die [Alter] Jahre alt. Er ist [Beruf] und sie [Beruf], mit mittlerem Einkommen bei einem Unternehmen in der Region. Ihr Kind freut sich auf [...]. Die Eltern wollen [...].»

Ein personalisiertes Publikumskonzept hat den Vorteil, dass in den Diskussionen bei der Themenplanung, beim Festlegen des Aussagewunsches, aber auch bei der Abnahme sowie bei der internen Kritik von Beiträgen eher und systematischer über den konkreten Nutzen beim Publikum gesprochen wird, als wenn das Konzept diffus bleibt. Man kann sich das Publikum in seinen vielfältigen Rollen (zugleich Bürger, Eltern, Lehrerin, Kirchengänger, Konsumentin, Kunstsammler usw.) vorstellen. In all diesen unterschiedlichen Rollen erwartet das Publikum vom Medium Leistungen. Es ist die Aufgabe des Qualitätsmanagements, dafür zu sorgen, dass solche Erwartungen im redaktionellen Produktionsprozess zur Sprache kommen.

Publikumsforschung

Journalisten brauchen zur Orientierung eine Vorstellung davon, wer ihr Publikum ist, um sinnvoll Qualität sichern zu können. Eine wesentliche Aufgabe des Qualitätsmanagements besteht also auch darin, entsprechende Vorstellungen über das Publikum herauszubilden. Es gibt viele Quellen, aus denen solche Vorstellungen über ein Publikumsbild resultieren. Das sind zum Beispiel Leserbriefe, Mails oder Einträge in Foren, Blogs oder sozialen Netzwerken, die solche Hinweise geben. Aber auch persönliche Begegnungen, Anrufe von Lesern, Zuschauern, Hörern oder Nutzern können dazu beitragen, dieses Publikumsbild zu schärfen. Spontane Publikumsreaktionen spiegeln jedoch kaum das gesamte Spektrum des Publikums wider. Es sind ja oft die besonders Motivierten, aber auch die sehr Unzufriedenen, persönlich Betroffenen oder ständigen Nörgler, welche die Feedback-Möglichkeiten vermehrt nutzen.

Das Internet hat zudem die Beziehung der Journalisten zum Publikum stark verändert. Der Kontakt ist einfacher und direkter, weshalb verstärkt Inputs aus dem Publikum in die Medien einfließen und die Bedeutung des Publikums als Orientierungsgröße im journalistischen Produktionsprozess zugenommen hat.

In Online-Redaktionen liefern aktuelle Abrufzahlen (sogenannte Klicks auf Webservern) nahezu zeitgleich Informationen zur Nutzung der Webangebote. Unabhängig davon, dass solche Verfahren den Quotendruck auf Online-Journalisten steigern, können sie auch als Instrumente des Qualitätsmanagements genutzt werden. So ist zum Beispiel denkbar, dass wenig beachtete, aber als relevant eingestufte Themen nachbearbeitet oder besser präsentiert werden. Journalisten beurteilen aber diese Verfahren durchaus auch kritisch, etwa dann, wenn die journalistische Selektionslogik durch Klickraten verändert wird (vgl. Keel u.a. 2010). Journalisten karikieren dann nicht zu Unrecht das «Diktat des Klickometers».

Im Vergleich zu unsystematischen Rückmeldungen aus dem Publikum versucht die professionelle Publikumsforschung aktiv und systematisch, Informationen über das Publikum zu generieren. Die Ergebnisse der Publikumsforschung können im Idealfall auf das gesamte Publikum übertragen werden. Sie können Hinweise darauf geben, ob und wie ein Angebot genutzt und bewertet wird – und so das Publikumsbild der Journalisten mitprägen.

Die Publikumsforschung hat also eine Beobachtungs- und Steuerungsfunktion. Sie hilft Unsicherheiten zu bewältigen und kann bei der Programm- und Produktplanung eine Entscheidungshilfe sowie ein Instrument der Erfolgs- und Zielkontrolle bieten.

Standarduntersuchungen

Die Publikumsforschung untersucht vor allem die Nutzung der Massenmedien, wobei sich verschiedene Methoden etabliert haben. In der «Mediaforschung» und in der «angewandten Medienforschung» geht es vor allem darum, den Erfolg eines Mediums zu kontrollieren, insbesondere dessen Leistung als Werbeträger (vgl. Meier

2011: 98). Folgende Begriffe werden in der Publikumsforschung häufig verwendet:

Reichweite: Zahl der mit einem Medienprodukt maximal erreichten Menschen

Marktanteil: Anteil einer Sendung am Zuschauer-/Hörermarkt in Prozent, bezogen auf alle, die das Gerät angeschaltet haben

Einschaltquote: Durchschnittliche Seh-/Hörbeteiligung der Zuschauer/Hörer

Leser pro Nummer (LpN): Anzahl der Kontakte mit einer Ausgabe einer Zeitung/Zeitschrift

Copy-Test: Ein Testverfahren, bei dem unter Vorlage einer Zeitung oder Zeitschrift der Wiedererkennungswert, die Nutzungsmuster sowie Beurteilungen zum Medium ermittelt werden

Page Impression: Anzahl der Abrufe einzelner Seiten eines Webangebots

Visits: Anzahl «Besucher» eines Webangebots

Unique User: Anzahl der Personen, die in einem bestimmten Zeitraum ein Webangebot besucht haben

Die redaktionelle Publikumsforschung kann den Redaktionen Daten zur Verfügung stellen, die den Journalisten helfen, ihre Angebote zu verbessern und so das Publikum besser zu bedienen. Dieser Art der Forschung gilt hier unser Interesse, wenn es um die Frage geht, welchen Beitrag die Publikumsforschung für die Qualitätssicherung leisten kann.

Verlässliche Angaben zur Frage, wann eine bestimmte Struktur des Publikums (z.B. Einkommen, Bildung usw.) welche Medienangebote nutzt, sind für eine Redaktion hilfreich. Etwa dann, wenn beispielsweise über redaktionelle Änderungen (z.B. Moderatorenwechsel oder Abschaffung einer Sendung) entschieden werden muss. Hinter solchen Standarduntersuchungen mit idealerweise repräsentativen Stichproben stehen meist elektronische Messverfahren (z.B. «Telecontrol», «Radiocontrol», «Readerscan») oder die Erinnerungsleistung repräsentativ ausgewählter und befragter Mediennutzer, wobei auch Kombinationen möglich sind.

Die meisten Radio- und Fernsehstationen verfügen über Daten von elektronischen Messverfahren. Hier wird als Beispiel eine Grafik

Bausteine des redaktionellen Qualitätsmanagements

aufgeführt, die Nutzungsdaten zu der Sendung «Kassensturz» im Schweizer Fernsehen abbildet. Sie kann der Redaktion dienen, allfällige Schlussfolgerungen zu ziehen.

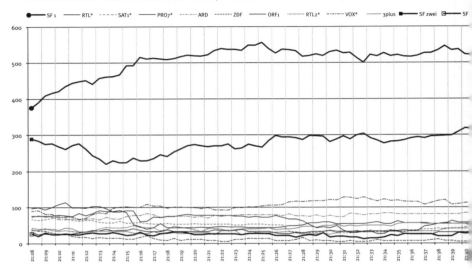

Abbildung 9: Beispiel einer Standardmessung

Bei Befragungen definiert die Bestimmung des Zielpublikums die «Repräsentativität» von Rückmeldungen. Die Repräsentativität einer Stichprobe hängt grundsätzlich nicht von deren Größe ab. Von der Stichprobengröße hängt allerdings die Fehlertoleranz ab, wobei die Zusammensetzung der Grundgesamtheit oder der Genauigkeitsgrad der interessierenden Ergebnisse entscheidendere Faktoren sind.

Dokument 23: Schweizer Radio-/TV-Programme aus der Perspektive der Mediennutzung: Akzeptanz, Erwartungen und Bewertung

(Quelle: Bonfadelli/Fretwurst 2010)

Im Auftrag des Bundesamts für Kommunikation (Bakom) hat das IPMZ – Institut für Publizistikwissenschaft und Medienforschung der Universität Zürich – im Herbst 2009 eine Studie zur Akzeptanz und Qualitätsbewertung von Schweizer Radio-/TV-Programmen aus der Perspektive des

Publikums durchgeführt. Die Resultate basieren auf 3483 Telefoninterviews, die durch das Institut Demoscope realisiert wurden. Neben der Erfassung der allgemeinen Zufriedenheit mit den TV- und Radioprogrammen sowohl der SRG als auch der privaten Rundfunkanbieter konnten die Befragten die Programmangebote auf acht Bewertungsdimensionen beurteilen, welche sich an den in der Verfassung und im Radio- und Fernsehgesetz (RTVG) formulierten Leistungserwartungen orientieren:

1) Professionalität des Gesamtprogramms
2) Informationsgehalt der Beiträge
3) Stellenwert der lokal-regionalen Berichterstattung
4) Ausgewogenheit des Programms
5) Glaubwürdigkeit der Berichterstattung
6) Verantwortungsbewusstsein der Programmschaffenden gegenüber Personen und Sachverhalten
7) Verständlichkeit der Informationsinhalte
8) Unterhaltsamkeit des Programmangebots

Die Mehrheit des Medienpublikums ist mit den Programmen des öffentlichen und privaten Rundfunks in der Schweiz ziemlich oder sogar sehr zufrieden. Das Radio schneidet im Medienvergleich mit rund 70 % sehr und ziemlich zufriedenem Publikum besser ab als das Fernsehen mit knapp 55 %. Nur 45 % des Fernsehpublikums sind mit den Programmen des Privatfernsehens zufrieden. Das sind 10 % weniger als im Frühling 2009. Das öffentliche Fernsehen bleibt in der Zufriedenheit mit 66 % gegenüber 63 % in etwa stabil.

Insgesamt lässt sich eine differenzierte Programmbewertung der Programme sowohl der öffentlichen als auch der privaten Rundfunkanbieter in den drei großen Sprachregionen der Schweiz erkennen, wobei die Leistungsbeurteilungen der Fernseh- beziehungsweise Radioprogramme je nach Region und Anbieter unterschiedlich ausfallen. Die lokalen Radioprogramme sind in der Befragungswelle Herbst 2009 deutlich schlechter bewertet worden als im Frühjahr. Das Fernsehen und vor allem dessen Unterhaltungswert wurden im Herbst deutlich besser bewertet als im Frühjahr.

Das Projekt erhebt in jährlichem Rhythmus die Nutzung und Bewertung der öffentlichen wie privaten Radio- und TV-Programme aus der Sicht

> ihrer Nutzer, und zwar in 17 Lokalräumen (Metropolen, urbanen und ruralen Räumen). Weitere Informationen unter www.bakom.admin.ch

Qualitative Verfahren

Neben den Standarduntersuchungen sind qualitative Verfahren nicht zu unterschätzen. Sie eignen sich dann, wenn eine Verallgemeinerbarkeit der Ergebnisse im streng statistischen Sinne gar nicht angestrebt wird. Wenn beispielsweise die Art und Weise des Nutzungsverhaltens interessiert, können in Gruppendiskussionen, in explorativen Studien oder in Publikumsreaktionen qualitative Rückmeldungen gewonnen werden. Sie geben Hinweise darauf, wie Angebote beim Publikum ankommen, von diesem bewertet oder gar verstanden werden. In einem solchen Fall wird eine überschaubare Anzahl (sieben bis zwölf) von typischen Befragten ausgewählt. Die Analyse beschränkt sich hier darauf, Muster zu erkennen, die als charakteristisch gelten. Moderierte Gruppendiskussionen sind etwa dann geeignet, wenn eine Tageszeitung bei einer kleineren Anzahl von Abbestellern in Erfahrung bringen will, welches die Gründe dafür sind.

> **Tipp**
>
> Professionelle Publikumsforschung wird auch von Universitäten und Hochschulinstituten angeboten. Das Institut für Angewandte Medienwissenschaft der Zürcher Hochschule für Angewandte Wissenschaften bietet beispielsweise interviewbasierte Nutzungs-, Zufriedenheits- und Imageforschung an. Dabei werden je nach Fragestellung sowohl Online-Befragungen, CATI-Verfahren (standardisierte Telefoninterviews) als auch qualitative Verfahren (Fokusgruppen, Gruppengespräche, Copy-Test im Labor, Usability-Studien, Abbildung der Online-Suche usw.) eingesetzt.
> Im Kontakt mit dem wissenschaftlichen Institut sollte die Zielsetzung einer Studie im gemeinsamen Beratungsgespräch diskutiert werden, weil nur im Einzelfall geklärt werden kann, ob diese realistisch ist und welches die adäquaten Methoden sind.

Zielgruppenanalysen

Oft bringen den Medienunternehmen große Standarduntersuchungen gar nicht den Nutzen, den sie auf den ersten Blick versprechen. Entweder sind sie im Sample zu wenig gut als Einzelfall vertreten, oder sie richten sich an eine bestimmte Zielgruppe, die in den Standarduntersuchungen nicht ausdifferenziert ausgewiesen ist. In Zielgruppenanalysen rücken bestimmte Publikumsgruppen in den Vordergrund. So wollen einige Medienunternehmen beispielsweise vor allem wissen, wie sie bei Entscheidungsträgern ankommen. In einem solchen Fall interessieren sie sich vor allem für bestimmte Berufskategorien. Die Einteilung der Mediennutzer kann aber auch anderen Kriterien folgen. Beispielsweise kann eine Zielgruppe geografisch definiert sein, was im Lokaljournalismus Sinn macht. Aber auch soziodemografische Kriterien wie z.b. Alter, Geschlecht, Bildungsgrad oder Einkommen können interessieren.

Daneben gibt es aber auch komplexere Herangehensweisen, die im Zusammenhang mit dem Qualitätsmanagement nützlich sein können. So hat das Heidelberger Institut Sinus Sociovision das Zielgruppenmodell der weitverbreiteten Sinus-Milieus entwickelt (www.sinus-institut.de). Milieus entsprechen dort verschiedenen Lebenswelten, in denen Menschen zusammengefasst werden, die sich in ihrer Lebensweise und ihren Lebensauffassungen ähneln.

Auch beim Schweizer Radio und Fernsehen SRF wird mit den sogenannten Kartoffelgrafiken gearbeitet. Diese bilden in der vertikalen Achse die soziale Lage (Schicht) ab und auf der horizontalen die Werteorientierung. In der Grafik wird veranschaulicht, wie eine bestimmte Sendung positioniert ist. Abbildung 10 zeigt ein Beispiel für die «Tagesschau» von Schweizer Radio und Fernsehen SRF. Daraus geht hervor, dass etwa traditionell-bürgerliche, genügsam-traditionelle und konsumorientierte Arbeiter die «Tagesschau» stärker nutzen als etwa moderne Performer oder Experimentalisten.

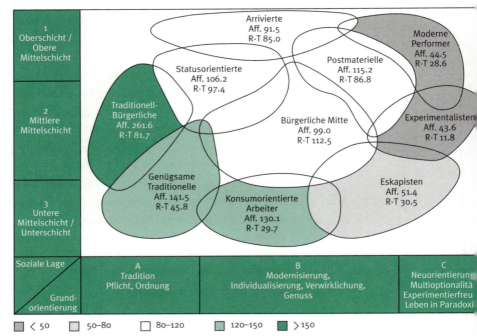

Abbildung 10:
Sinus-Milieus der
«Tagesschau»
(Schweizer Fernsehen)

Das Programmcontrolling beim WDR: externes Monitoring

Im Westdeutschen Rundfunk (WDR) untersucht die Abteilung Programmplanung und -controlling seit 1998 neben Akzeptanz und Kosten auch die Qualität der Fernsehsendungen (Tebert 2010). In Zielvereinbarungsgesprächen mit den Sendungsverantwortlichen werden jährlich zu jedem Sendeplatz Ziele festgelegt. Neben allgemeinen Zielen zur Sendung gibt es Kriterien zur Moderation, zur Themenwahl, zu Studiogästen, zur Studiogestaltung oder zur Reputation der Sendung.

Zu den inhaltlichen Kernzielen gehören Kriterien wie informativ, aktuell, verständlich oder glaubwürdig. Je nach Genre kommen weitere dazu («bietet Gesprächsstoff», «emotional/bewegend» usw.). In einem zweiten Schritt wird dann die Zielgruppe der genreinteressierten Zuschauer zur Qualität der Sendung befragt. Die Fallzahl liegt bei etwa 130 Personen aus dem Sendegebiet. Ausgewählt werden die

Zuschauer in einer Repräsentativbefragung. Im eigentlichen Monitoring werden die ausgewählten Zuschauer zu Hause unmittelbar nach Ausstrahlung der Sendung telefonisch befragt. Bei Bedarf können auch weitere Zielgruppen (z.B. urbane/ländliche) gebildet und befragt werden. Über die Standardkriterien findet kontinuierlich ein Benchmarking der WDR-Sendungen statt, über das sich Stärken-Schwächen-Profile erstellen lassen.

> **Checkliste zur Publikumsforschung**
> - Hat die Redaktion Zugriff auf ein Publikumskonzept, das es den Mitarbeitenden ermöglicht, ihre Vorstellungen vom Zielpublikum zu konkretisieren?
> - Stützen sich die Publikumsvorstellungen auf Daten der Publikumsforschung?
> - Haben die Mitarbeitenden Zugang zu bestimmten Ergebnissen der Publikumsforschung?
> - Ist ersichtlich, dass die Mitarbeitenden bei der Vorbereitung eines Artikels/eines Beitrags vom Nutzen für das Publikum ausgehen?
> - Wird die Publikumsperspektive bei der Themenauswahl, im Briefing, im Aussagewunsch, bei der Abnahme und schließlich bei der Blatt- oder Sendungskritik thematisiert?
> - Werden die redaktionsspezifischen Qualitätsstandards auch dem Publikum transparent gemacht?
> - Werden für das Publikum dessen Beschwerdemöglichkeiten/-instrumente transparent gemacht?
> - Existieren Verfahren, die das Feedback aus dem Publikum systematisch verarbeiten lassen?

Die Medienombudsleute – zwischen Medium und Publikum

Medien üben in verschiedenen Kommunikationsbereichen Macht aus: Selektionsmacht zum Vorteil oder Nachteil von Gruppen; Thematisierungsmacht bei der Gewichtung von Ereignissen; Skandalisierungsmacht mit Lob oder – vor allem – Tadel an die Adresse von Akteuren (Blum 2010). Macht sollte aber kontrolliert werden, und da bietet die Medienmacht kein einheitliches Bild. In Qualitätsfragen ist der Markt nicht unbedingt ein verlässlicher Richter: Vorübergehende Aufmerksamkeits- oder Sensationserfolge zählen. Der Staat kann Grenzen formulieren, vor allem zum Schutz gefährdeter Persönlichkeitsrechte; aber vieles hängt von oft wenig medienkundigen Richtern ab. Die Branche selber scheut vor harschen Verdikten zurück: «Eine Krähe hackt der andern kein Auge aus.» Viele Medienressorts, Medienseiten – und damit auch kompetente Medienredakteure – sind von der Bühne verschwunden.

Leser- und Publikumsrat
Manche Redaktionen ziehen externe Blattkritiker bei, um das Fachgespräch in Gang zu halten. Eingebürgert hat sich die Praxis, in regelmäßigem Turnus prominente Leser zu rekrutieren, die völlig frei oder nach Wunschkriterien ein paar Zeitungsexemplare durchforsten. Etwas systematischer ist die Einrichtung eines Leserbeirats, der sich in regelmäßigen Abständen zur Besprechung der Blattqualität trifft. Einige, so zum Beispiel der Beirat des Berner «Bunds», sind bereits wieder eingegangen.

Ein weiteres Beispiel ist der Programmbeirat von Radio Basel. Er setzt sich aus vier im Verbreitungsgebiet bekannten Persönlichkeiten zusammen. Alle drei Monate findet eine Beiratssitzung statt. Seine Hinweise an die Programmleitung werden jeweils verschriftlicht. Die Redaktion erhält so regelmäßig ein institutionalisiertes Feedback. Eine ähnliche Einrichtung kennt auch Tele Basel.

Im Falle von Schweizer Radio und Fernsehen SRF gibt es ebenfalls einen Publikumsrat (vgl. www.srgd.ch). Er ist ein beratendes Organ, das die Programmentwicklung und die Programmarbeiten von SRF begleitet und durch Feststellungen, Vorschläge und Anregungen unterstützt. Der Publikumsrat beobachtet selbst ausgewählte Programme und Sendungen. Er ist ein rein konsultatives Gremium und verfügt gegenüber den Programmverantwortlichen und Programmschaffenden über keinerlei Weisungsbefugnis.

Interessant ist eine weitere Variante, die sich seit zwölf Jahren sehr bewährt hat: Die «Merker» des «St. Galler Tagblatts», einer quasi-monopolistischen Regionalzeitung in der Ostschweiz. Jeweils für zwei Jahre lassen sich eine oder zwei Persönlichkeiten aus der Region mit Qualitätsbeobachtung beauftragen. Sie definieren ihr Programm selber. «Keine quasi-juristische Ombudsstelle, keine Rekursinstanz». Reklamationen aus der Leserschaft behandeln die «Merker» erst dann, wenn keine Einigung mit der Redaktion möglich war. Ein Soziologe, eine Schriftstellerin, ein Anwalt, ein Lehrer und ein Fernsehunterhalter (Kurt Felix) übten das Amt schon aus. Seit 2009 sind zwei junge Kommunikationswissenschaftler als «Merker» an der Reihe. Sie «messen die journalistische Leistung an den Ansprüchen, die eine Redaktion an sich selber stellt». Das jetzige Duo legt Wert auf Sprache und Stil, auf das Zusammenspiel Bild – Text, auf überzeugende Schwerpunktsetzung im Tag, auch im Vergleich mit andern Zeitungen. Jeden Monat publizieren die beiden eine Kolumne. Es gibt keine Absprache und kein Eingriffsrecht der Redaktion. Einige Kolumnen werden hausintern diskutiert, andere nicht. Im Schnitt generieren die «Merker» je vier bis fünf Leserzuschriften.

Tipp

> Richten Sie einen ehrenamtlichen Leserschafts- oder Publikumsrat ein, der regelmäßig die Angebote Ihres Mediums, einzelne Ressorts oder Sendeformate beurteilt. Besetzen Sie ihn mit Persönlichkeiten aus verschiedensten Gebieten Ihres Verbreitungsgebietes, mit Personen, von denen Sie ein Feedback respektieren. Sie zeigen so gegen innen und gegen außen, dass Ihnen der Dialog mit dem Publikum oder mit kritischen Beobachtern Ihres Tuns wichtig ist.

Näher an der Schnittstelle zwischen Publikum und Medium wirken die Ombudsleute eines Medienhauses. Der Ombudsmann (schwedisch «Treuhänder») ist eine aus Skandinavien eingeführte Vertrauensperson, die ohne unmittelbare Eingriffsmöglichkeit das kritische Bürgerecho auf Verwaltung und Medien verstärkt. Fast alle wichtigen Zeitungen der USA halten sich einen Ombudsmann. Im Medienbereich sind ehemalige Redaktionskader besonders geeignet, weil sie die Innensicht kennen und jetzt aus der Außensicht die Redaktionsqualität kritisch betrachten (z.B. bei der «Washington Post»). Diesen Rollenvorteil können sie nur ausspielen, wenn sie leicht erreichbar sind und ihre Ombudserfahrungen auch in regelmäßig erscheinenden Kolumnen publizistisch auswerten können.

Dokument 24: Das Leserforum der «Südostschweiz»

Im Internetangebot der «Südostschweiz» (www.suedostschweiz.ch) finden sich wie üblich Teile des Zeitungsinhalts, neueste Kurznachrichten, aber auch ein ausgebauter «Community-Bereich».
Über Fenster kann man in ein Leserforum einsteigen, das Zuschriften der Leserinnen und Leser aufnimmt. Die «Südostschweiz» hat, anders als heute viele Redaktionen, noch keine kontinuierliche «Freischaltung» eingerichtet, die wie ein Filter alle Zuschriften prüft, bevor sie auf der Internetseite erscheinen. (Erste unterinstanzliche Gerichtsurteile haben Klagen gegen Zeitungen bei Persönlichkeitsverletzungen gutgeheißen: Gemäß Art. 28 ZGB kann gegen alle geklagt werden, die an der Verletzung «mitwirken», und sei es nur durch unkontrollierte Aufschaltung).
Ein anderes Fenster mit dem Titel «Umfragen» legt der Leserschaft tagesaktuelle Fragen vor und publiziert dann die Ergebnisse (z.B. «Wären Ausschreitungen wie in England auch bei uns möglich?»).
Die Rubrik Leserreporter im Internetmenu empfängt von Lesern zugestellte Fotos, beispielsweise von Bränden, oder auch hin und wieder eine Idee für eine journalistische Geschichte.
Am interessantesten ist jedoch die Internetrubrik Interna, die der Chefredakteur David Sieber einmal wöchentlich selber verfasst. So schrieb er beispielsweise unter dem Titel «Der Gang nach Canossa» über die «undankbarste Aufgabe eines Chefredakteurs, sich für eine offensichtliche Fehlleistung entschuldigen zu müssen (...) Eine Fehlleistung, bei der ein simples Korrigendum nicht mehr ausreicht.»
Die Glarner Ausgabe habe in einem Nachbarschaftsstreit, der offenbar ein halbes Dorf spalte, die eine Seite in «eigentlich nicht druckfähigen [rassistischen] Worten» über die andere Seite herziehen lassen. Die wahren Hintergründe blieben unklar. Er, Chefredakteur Sieber, habe das Dorf besucht und der beschimpften Gruppe eine ausdrückliche Entschuldigung unterbreitet. Diese wurde dann auch wörtlich in der Zeitung gedruckt.
Anlass für einen Beitrag unter «Interna» gab auch die auf Einladung erfolgte Blattkritik des früheren Bundesratssprechers Oswald Sigg. Ein dritter schilderte den exemplarischen Besuch eines Bündner Parteipolitikers mit seinen Anliegen auf der Redaktion. Ein vierter befasste sich mit der Murdoch-Krise in Großbritannien. Mit seinen 41 «Interna» hat

> Sieber bisher laut «Klick»-Statistik 80 000 Leser erreicht. Auch wenn sich nur wenige zu einem Kommentar aufrafften: diese Art, im Sinne der gläsernen Redaktion Transparenz zu schaffen, ist beachtenswert.

Die Deutschschweizer Medien kennen etwa ein halbes Dutzend Ombudsleute. In Deutschland hat die «Main-Post» einen «Leseranwalt», Anton Sahlender, der auch für die Leser über die Webseite (www.mainpost.de/specials/leseranwalt) sehr gut zugänglich ist. In Österreich hält sich «Der Standard» einen «Leserbeauftragten», dessen Modell sich nach Eigenaussagen nicht ganz mit demjenigen des Ombudsmanns in amerikanischer Tradition deckt: Otto Ranftl geht es beim «Standard» um Sensibilisierung gegenüber Leserargumenten, nie um Haltungsänderungen der Redaktion. Der «Leserbeauftragte» ist selber ein leitender Redakteur des «Standard» und nimmt sich gemäß Selbstauskunft «weisungsfrei und ungebunden aller Beschwerden und Fragen der Leserinnen und Leser an». Er vermittelt und klärt auf. Und er fordert von der Redaktion ein, was die Leserschaft vermisst. So werden zum Beispiel journalistische Irrtümer in jeder Wochenendausgabe in der Errata-Kolumne richtiggestellt.

Auch Ignaz Staub am Zürcher «Tages-Anzeiger» wird mit seiner nur monatlich erscheinenden Kolumne «In eigener Sache» recht beachtet. Er hat in seinem ersten Jahr 2010/11 rund 150 Fälle bearbeitet. Staub dämpft allerdings zu hohe Erwartungen an seine Funktion. Etwas sanftpfotig schreibt er in seiner Kolumne vom 2. Mai 2011: «Mitunter erwarten Leser zu viel vom Ombudsmann, vor allem dann, wenn sie glauben, er könne direkt eine missliebige Berichterstattung beeinflussen. Das kann und soll er nicht. Für Inhalte sind Chefredakteure und am Ende Verleger zuständig.»

Dokument 25: Beispiel für einen Beitrag des Ombudsmanns von Tamedia («Tages-Anzeiger» vom 31. Mai 2011)

«Tages-Anzeiger» vom 31. Mai 2011, Autor: Ignaz Staub, Rubrik: Leserforum
Die Mär von der Wahrheit
Im Kanton Zürich haben Mitte Mai 54 Prozent der Stimmenden eine Volksinitiative bejaht, die fordert, Kindergärtler künftig wieder «grundsätzlich in Mundart» zu unterrichten. Dem Urnengang ging, wie bei

Schulthemen üblich, eine lebhafte Diskussion in den Medien voraus. Auch der «Tages-Anzeiger» zum Beispiel hat wiederholt über die Mundartinitiative berichtet, sie am Ende aber zur Ablehnung empfohlen. Dass dies den Initianten des Volksbegehrens missfiel, überrascht nicht. Sie monierten, die Berichterstattung der Zeitung widerspreche «den geltenden Regeln einer fairen und unabhängigen Berichterstattung». Nicht nur würden wiederholt einseitige Berichte der Gegner erscheinen, sondern sogar «eindeutige Falschinformationen» verbreitet. Die Redaktion wies die Vorwürfe zurück. Folglich dürfte die Annahme der Mundartinitiative für die Initianten eine späte Genugtuung gewesen sein. Der Ausgang der Abstimmung ist erneut ein Beispiel dafür, dass sich veröffentlichte Meinung und öffentliche Meinung nicht immer decken. Ähnliches gilt für Meinungsumfragen vor Urnengängen, deren Aussagekraft ebenfalls beschränkt ist.

Hätten die Medien die Macht, die ihnen gerne zugeschrieben wird, Volksentscheide und Wahlen würden nie anders ausgehen als empfohlen oder prognostiziert. Obwohl sie sich in einzelnen Fällen so gebärden, die Medien haben die Wahrheit nicht gepachtet. Diese ist, wie die Schönheit, subjektiv gemäß dem chinesischen Sprichwort von den drei Wahrheiten: «Meine Wahrheit, deine Wahrheit und die Wahrheit.» Schon gar nicht sind die Medien gegen Fehler gefeit. Eine Studie der University of Oregon zur Fehleranfälligkeit von US-Zeitungen kam 2005 zum Schluss, dass 61 Prozent aller Artikel zumindest einen faktischen Fehler enthielten. Lediglich 2 Prozent davon wurden korrigiert. Laut einer vergleichbaren Untersuchung des European Journalism Observatory (EJO) in Lugano zur «Präzision und Glaubwürdigkeit der Berichterstattung von Regionalzeitungen in der Schweiz und Italien» bemängeln die Befragten in 60 Prozent der gelesenen Schweizer Beiträge Sachfehler. Es wäre falsch, solche Ergebnisse als praxisferne Theorie abzutun, auch wenn nach der EJO-Studie die Glaubwürdigkeit von Schweizer Zeitungen nach wie vor hoch ist.

Ignaz Staub

Der unabhängige Ombudsmann von Tamedia berichtet an dieser Stelle regelmäßig über Beanstandungen.

Leser-Mails an ombudsmann.tamedia@bluewin.ch

Der «Public Editor» der «New York Times» (NYT) hingegen, ein echter Ombudsmann, hat bei gravierenden medienethischen Verstößen – preisgekrönte Reportagen mit Tatsachenverdrehungen oder die Bush-freundliche Invasionsbegleitung im Irak – die NYT-eigene Arbeit rückhaltlos kritisiert, und zwar mit den besseren publizistischen Argumenten. Das schuf Vertrauen im Publikum. Es dokumentiert die Bereitschaft der Zeitung, Fehler zuzugeben und aus ihnen zu lernen.

Die Ombudsstellen für Radio und Fernsehen
Das Schweizer Radio- und Fernsehgesetz kennt einen obligatorischen Ombudsmann, bei dem Programmbeanstandungen aus dem Publikum eintreffen. Die SRG muss pro Sprachregion einen Ombudsmann Radio und Fernsehen (RTV) ernennen; auch für privatkommerzielle Sender ist pro Sprachregion ein behördlich ernannter Ombudsmann RTV vorgeschrieben (Art. 91–93 RTVG).

Auf der Webseite der Ombudsstelle für private Veranstalter (www.ombudsstelle-rtv.ch) werden die Ombudspersonen, die Aufgaben der Ombudsstelle sowie die Verfahren dargestellt. Es finden sich auch Hinweise auf andere Ombudsstellen. Im Jahr 2010 hat der Ombudsmann der privatkommerziellen Veranstalter (Deutsche Schweiz) insgesamt 41 schriftliche Beanstandungen und Anfragen bearbeitet, von denen 11 materiell behandelt wurden. Die Motive der Beanstander betrafen Aspekte wie unsachgerecht, politisch tendenziös, das Vielfaltsgebot, Diffamierungen sowie Verstöße gegen die Menschenwürde.

Die Ombudsstelle der SRG Deutschschweiz hat zum Ziel, dass «das Publikum vor Manipulation geschützt und gleichzeitig die Medienfreiheit geachtet wird» (vgl. Jahresbericht 2010 unter www.srgd.ch). Sie behandelt «Beanstandungen gegen ausgestrahlte redaktionelle Sendungen». Auch hier schreibt die Zuschauerin oder der Zuhörer dem Ombudsmann einen Brief, worin sie/er binnen 20 Tagen beanstandet, dass eine bestimmte ausgestrahlte Sendung das Programmrecht verletzt habe.

Meist geht es um die Sachgerechtigkeit (unsachgerecht, politisch tendenziös), die das Radio- und Fernsehgesetz für «alle Sendungen mit Informationsgehalt» vorschreibt, damit sich «das Publikum eine eigene Meinung bilden kann» (Art. 4 und 5 RTVG). Das gilt für Sendungen der SRG, aber auch für alle konzessionierten privatkommerziellen Veranstalter. Alle konzessionierten Programme sind in der Gesamtheit ihrer Sendungen zudem auf «Vielfalt der Ereignisse und Ansichten verpflichtet» (RTVG 4, 5). «Wird ein Versorgungsgebiet durch eine hinreichende Anzahl Programme abgedeckt, so kann die Konzessionsbehörde Veranstalter vom Vielfaltsgebot entbinden» (Art. 4 Abs. 4 RTVG).

In der Regel fordert der Ombudsmann den Programmveranstalter zur Antwort auf und verfasst dann eine Empfehlung. Eher selten versucht er direkt zu vermitteln, weil er mit über 100 Beanstandungen pro Jahr überfordert wäre. Die Empfehlung folgt binnen 40 Tagen. 2010 schienen dem Ombudsmann 16 % der materiell behandelten Beanstandungen als mehr oder weniger berechtigt, und 84 % hielt er für mehr oder weniger unberechtigt.

Ist der Beanstander mit der Antwort des Ombudsmanns nicht zufrieden, kann er mit der Vorlage des Ombudsstellenberichts mit einer Rechtsbeschwerde an die gerichtsähnliche «Unabhängige Beschwerdeinstanz für Radio und Fernsehen» (UBI) gelangen, eine verwaltungsgerichtliche Instanz, die nun in öffentlicher Verhandlung verbindlich festlegt, ob Programmrecht verletzt wurde oder nicht. Bejaht die UBI eine Verletzung, kann sie Maßnahmen und einen Bericht des Veranstalters verlangen (Art. 89 RTVG). Es handelt sich um Rechts-, nicht um Fachaufsicht. Letzte Instanz ist unter gewissen Voraussetzungen das Bundesgericht. Dieses stellt dann fest, ob die angefochtene Sendung die erwähnten Gesetzesbestimmungen verletzt hat. Erst bei wiederholten Verstößen können die Gerichte Verwaltungssanktionen androhen (sehr selten).

Dokument 26: Beispiele für Entscheide der Ombudsstelle SRG Deutschschweiz

Beispiel 1
War der Beitrag der SRF-«Tagesschau» über den Freispruch des französischen Prominenten Strauss-Kahn in New York «unsachgerecht»?
Ein Zuschauer monierte, der «Tagesschau»-Beitragstext habe von einem «Freispruch zweiter oder dritter Klasse» geschwafelt, obwohl die Anklage wegen Vergewaltigung bedingungslos fallen gelassen worden sei.

Der Text habe nur belastende, keine entlastenden Punkte erwähnt. Am Schweizer Fernsehen werde oft unausgesprochen kommentiert, statt ausschließlich informiert.
Der «Tagesschau»-Leiter wies auf die lange und immer wieder resümierte Vorgeschichte hin. Immer mehr Zuschauer hätten sich über Internet und Radio schon tagsüber informiert, sodass die Hauptausgabe der «Tagesschau» mehr bieten müsse als einfache Kurznachrichten.
Der Ombudsmann stellte keine Verletzung des Sachgerechtigkeitsgebots fest. Der Fall sei differenziert dargestellt worden, und die Redaktion habe von einem großen Vorwissen ausgehen dürfen (Newsletter Inside SRG SSR 15. Oktober 2011).

Beispiel 2
Darf die deklarierte Satiresendung «Giacobbo/Müller» die Zeitschrift «Weltwoche» als «einziges bekanntes Schrottpapier» karikieren?
Ein Zuschauer rügte das als unsachlich, «dumm und unfair gegenüber den Machern und Lesern der ‹Weltwoche›». Die Redaktion der SRF-Sendung «Giacobbo/Müller» wandte ein, eine Satire «übertreibe, karikiere und banalisiere die Ereignisse, Personen und Sachen». Das gehöre zu ihrem Wesen. Die «Weltwoche» sei bekannt für ihren provokanten Auftritt und müsse von Satirikern nicht mit Samthandschuhen angefasst werden.
Der Ombudsmann stimmte zu und hielt es für wichtig, dass die Satire als solche erkennbar sei. Das hielt er bei dieser längst eingeführten Sendung für gegeben. Die Unabhängige Beschwerdeinstanz UBI und das Bundesgericht urteilten ebenfalls nach diesen Kriterien – gerade aus Respekt vor der Meinungs- und Kunstfreiheit (Ombudsstellenbericht vom 29. April 2010).

Beispiel 3
Der Ombudsmann stufte freikirchliche Beanstandungen des «Rundschau»-Beitrags «Tödliches Missionieren» als «mehr oder weniger berechtigt» ein. Die Beanstander warfen der «Rundschau» vor, die geplante religiöse Veranstaltung «Christustag» zu diffamieren. Der Beitrag zeigte, wie gefährlich das Missionieren in muslimischen Ländern sein kann. Die im Zentrum stehende Gruppe «Jugend mit einer Mission» werde an einer religiösen Veranstaltung namens «Christustag» in Bern auftreten.
Der Ombudsmann kommt zu folgendem Befund:

> 1. Konnte sich das Publikum eine eigene Meinung über die gefährliche Missionstätigkeit bilden? Der Beitrag mochte reißerisch anmuten, aber die Fakten wurden nach seiner Ansicht nachvollziehbar ausgebreitet.
> 2. Wie verhält es sich mit dem «Christustag»? Die Beteiligung der freikirchlichen Organisation an diesem Anlass sei völlig übertrieben dargestellt worden. Für die 25 000 «Christustag»-Mitwirkenden habe sich das als unnötig diskriminierend ausgewirkt.
>
> Der Ombudsmann beurteilte die Beanstandungen deshalb als «teilweise berechtigt» (Newsletter der Chefredaktion SRF, 30. Juni 2010).

Umgang mit Reklamationen

Journalismus ist gerade in Zeiten des Internets schnelllebiger und damit auch fehleranfälliger geworden. Das jedenfalls ist die Ausgangsthese einer vom Schweizer Nationalfonds finanzierten Studie, die von Medienwissenschaftlern an der Universität Lugano durchgeführt wurde (vgl. Porlezza/Russ-Mohl/Zanichelli: 2011: 452ff.).

Die Studie soll in durchschnittlich 60 Prozent der untersuchten, «eigenrecherchierten» Beiträge in Schweizer Zeitungen falsch geschriebene Namen und Adressen, unpräzise Ortsangaben usw. festgestellt haben. Die Studie befragte die von der Berichterstattung betroffenen Akteure und Quellen dazu, welche Beiträge sie «als übertrieben oder sensationalistisch» empfanden. Wie man auch immer die Vorgehensweise und die Befunde dieser Studie interpretiert, die Fehlerquote ist recht hoch, und sie müsste zu denken geben.

An dieser Stelle interessiert es, wie die kodifizierten Normen des Journalismus das Thema behandeln. Am Bemühen um Klarheit fehlt es nicht. Die Berichtigung von Fehlern ist in allen relevanten Regelwerken eine Norm, die gerade im Hinblick auf die Beziehung zum Publikum bedeutsam ist.

Berichtigungspflicht

Im Journalistenkodex der Schweizer Journalisten und Verleger steht unter der Ziffer 5: «Journalisten berichtigen jede von ihnen veröffentlichte Meldung, deren materieller Inhalt sich ganz oder teilweise als falsch erweist.» In den beigegebenen Richtlinien 5.1 (Berichtigungspflicht) und 5.2 (Leserbriefe) ist zu lesen: «Die Berichtigungspflicht wird von den Medienschaffenden unverzüglich von sich aus wahrgenommen und ist Teil der Wahrheitssuche. Die materielle Unrichtigkeit betrifft die Fakten und nicht die sich auf erwiesene Fakten abstützenden Werturteile. Die berufsethischen Normen gelten auch für die Veröffentlichung von Leserbriefen. Der Meinungsfreiheit ist aber gerade auf der Leserbriefseite ein größtmöglicher Freiraum zuzugestehen (...).»

Es folgen Warnungen vor anonymen Leserbriefen, aber auch Bemerkungen über das Kürzungsrecht der Redaktion, das den Lesern von Zeit zu Zeit in Erinnerung zu rufen sei. Zahlreiche Entscheide des Presserats befassten sich mit rassistischen und ausländerfeindlichen Leserbriefen. Häufen sie sich zu einem bestimmten Zeitpunkt, sind sie nicht einfach abzudrucken, sondern zurückzuweisen und in einem redaktionellen Artikel aufzugreifen. Auch beim Abdruck von Leserbriefen gilt das Fairnessprinzip, wonach von schweren Vorwürfen Betroffene vor der Publikation anzuhören sind.

Der Umgang mit Reaktionen aus dem Publikum hat ebenfalls einen Einfluss auf die Reputation eines Medienunternehmens. Er sollte also nicht dem Zufall überlassen, sondern auch im Rahmen des Qualitätssicherungssystems ebenfalls bewusst geregelt werden.

In Anlehnung an die Publizistischen Leitlinien von Schweizer Radio und Fernsehen (Beanstandungen, Fehler, Klagen) sollten für solche Fälle folgende Überlegungen wegweisend sein:

› Jede Redaktion legt die entsprechenden Verantwortlichkeiten fest. Journalisten beantworten die Reaktionen, die an sie persönlich gerichtet sind, selbst. Für Reaktionen, die einzelne Berichte oder Eigenheiten einer Sendung betreffen, ist die Redaktionsleitung zuständig. Auf grundsätzliche Fragen antwortet die Chefredaktion.

› Bei Reaktionen, die Beanstandungscharakter haben, muss auf die Möglichkeit hingewiesen werden, an den Ombudsmann zu gelangen.

› Glaubwürdig ist, wer offen zu Fehlern steht. Entschuldigungen über eine Berichtigung hinaus sind nötig bei klaren Fehlleistungen, die negative Konsequenzen für natürliche oder juristische Personen haben könnten.

> Bei den elektronischen Medien sollten Fehler sofort korrigiert werden, wenn sie noch während einer laufenden Sendung festgestellt werden. Nach der Sendung sollte eine Fehlerkorrektur am besten auf der Webseite erfolgen. Zu empfehlen ist häufig auch eine direkte Kontaktnahme mit der betroffenen Person oder Organisation.

Ein abschließendes Beispiel illustriert eine mögliche Wirkung von Entschuldigungen:

Im Rahmen einer aufwendig inszenierten Sendereihe «Treffpunkt Bundesplatz» der SRG vor den nationalen Wahlen 2011 strahlte das Schweizer Radio und Fernsehen SRF auch eine Legislatur-Bilanz der Freisinnigen Partei aus. Am Tag darauf musste SRF-Chefredakteur Diego Yanez zugeben, dass wichtige Positionen des staatstragenden Freisinns «objektiv falsch» dargestellt worden seien. «Wir haben gravierende Fehler gemacht, die nicht hätten passieren dürfen.»

Das freisinnige Parteisekretariat hatte bereits eine Medienmitteilung entworfen: «Legislaturrückblick – unwahr, tendenziös, hinterhältig und schädlich.» Yanez bot eine Entschuldigung und die Ausstrahlung einer korrigierten Bilanz im Hauptabend an. Die FDP verwandelte sich wie von Zauberhand von einer Verlierer- in eine Erfolgspartei, kommentierte der Zürcher «Tages-Anzeiger» sarkastisch: «Aus Bundesrat Hans-Rudolf Merz, der in der Libyen-Geiselaffäre versagt hatte, wurde ein Merz, der die Bundesfinanzen im Griff hatte.»

Social Media einsetzen

Das Internet war von Beginn weg darauf ausgerichtet, dezentrale Kommunikationsstrukturen zu ermöglichen sowie Feedback und Austausch von Informationen zu vereinfachen. Schon früh boten Online-News-Portale deshalb die Möglichkeit an, Reaktionen auf Online-Artikel direkt an die Redaktion zu senden oder auf Foren die Berichterstattung einer (Online-)Zeitung zu diskutieren. In den letzten Jahren haben dezentrale Kommunikationsnetzwerke oder Communitys und generell die Möglichkeiten zum Austausch und zur gemeinsamen Erarbeitung von Wissen explosionsartig zugenommen. Der Schlüsselbegriff dazu lautet Social Media. Diese haben die öffentliche Kommunikation in den letzten Jahren grundlegend verändert und werden dies auch weiter tun, weshalb auch der Journalismus vom Einfluss neuer Kommunikationsplattformen und neuer Kommunikationsformen im Internet betroffen ist. Auch wenn Untersuchungen zeigen, dass Journalisten technologische Innovationen erst mit einer gewissen zeitlichen Verzögerung übernehmen, lässt sich bereits abschätzen, dass Social Media für den Journalismus und für die journalistischen Massenmedien auf mindestens vier Arten von Relevanz sind.

Neue Möglichkeiten zur Recherche
Erstens bieten Social Media den Journalisten neue Möglichkeiten zur Recherche. Private Profile auf sozialen Netzwerken wie Facebook bieten eine Unmenge an Informationen über Individuen, seien das Bilder, persönliche Meinungen oder Einblicke in soziale Netzwerke, die es einem recherchierenden Journalisten erlauben, ohne großen Aufwand an persönliche Informationen zu gelangen, welche die Nutzer von Social Media ins Netz stellen.

Diese neuen Möglichkeiten zur Recherche sind aber auch mit neuen Gefahren verbunden. Informanten im Social Web sind oft unbekannte Individuen, die als Augenzeugen oder als Betroffene über exklusives Wissen verfügen. Ihre Glaubwürdigkeit ist höchst unterschiedlich und oft nur schwer einzuschätzen. Deshalb sind Journalisten und Redaktionen gefordert, mit der Unmenge an Informationen aus dem Social Web besonders sorgfältig umzugehen und diese auf Richtigkeit und Relevanz zu prüfen.

Die Medien haben gerade in einer Zeit, in der jeder Internetnutzer über ein Potenzial zur Publikation verfügt, eine besondere Verantwortung, die Faktizität von Information zu prüfen. Die amerikanische Medienwissenschaftlerin Ruth Harper drückt es so aus: «Wenn du wissen willst, was gemäß den Aussagen der Leute gerade passiert, schau auf Twitter. Wenn du wissen willst, was richtig ist und was Falschinformationen sind, schaue CNN oder lies die New ‹York Times›» (Harper 2010).

Mitglieder von Communitys auf Social-Media-Plattformen können in die Recherche eingebunden werden. Voraussetzung dafür ist, dass man die entsprechende Community über längere Zeit pflegt und auch eigene Angebote beiträgt. Hat man sich aber erst einmal eine solche Community aufgebaut, lassen sich zum Beispiel via Community-Mitglieder neue Quellen finden, oder es eröffnen sich Kontakte in andere Netzwerke. «Wer hat schon einmal ...?» Oder «Wer kennt jemanden, der ...?», sind typische Recherchefragen, die sich mit Social-Network-Plattformen Erfolg versprechend beantworten lassen.

Einsatz zum Factchecking
Der zweite Aspekt betrifft unmittelbar das redaktionelle Qualitätsmanagement. Wie bereits im Kapitel zu Factchecking beschrieben, kann die Masse an Online-Nutzern für das externe Factchecking beigezogen werden. In den Augen von Staub (2010: 74) kann «Factchecking zu einem Freizeitvergnügen der Internetöffentlichkeit werden». Welker (2010: 78) meint, dass «die Spielfreude und der Spaß der Leser in Qualität umgewandelt werden» könne.

Redaktionelles Marketing
Ein dritter Punkt betrifft die Möglichkeit, Artikel neben den angestammten Kanälen auch beispielsweise via Facebook oder in der Form von Twitter-Updates zu veröffentlichen und so einer größeren Masse potenzieller Leserinnen und Lesern zugänglich zu machen. In Social Media publizierte Meldungen und Beiträge haben das Potenzial, via Empfehlungen von Lesern schneeballartig schnell große Verbreitung zu gewinnen.

Schließlich tragen viertens Communitys von Medienunternehmen zur Markenbildung und -profilierung sowie zur längerfristigen Schaffung einer loyalen Gruppe von Fans bei. Mit solchen Communitys ermöglichen Medienunternehmen ihren Redakteuren nicht zuletzt, Rechercheleistungen an treue Fans auszulagern.

Forums- und Kommentarfunktionen
Social Media bedeutet jedoch nicht nur neue Plattformen wie Facebook oder Twitter, sondern auch eine veränderte Kultur der öffentlichen Kommunikation. Es ist heute gebräuchlich, Sachverhalte oder

Beiträge im Internet zu kommentieren und sich an Online-Diskussionen mit Fremden zu beteiligen. Neben den sozialen Netzwerken haben deshalb auch die Forumsfunktionen und der Austausch mit dem Publikum über redaktionseigene Plattformen an Bedeutung gewonnen. Während öffentliche soziale Netzwerke wie Facebook oder LinkedIn den Vorteil haben, dass bereits sehr viele Menschen auf diesen Plattformen präsent sind und aktiv kommunizieren, unterliegen sie aus der Sicht eines Medienunternehmens dem Nachteil, dass sie sich außerhalb des Einfluss- und Kontrollbereichs der Journalisten befinden. Da journalistische Online-Portale bereits über große Nutzungsfrequenzen verfügen und dank etablierter Marken einem großen Publikum bekannt sind, sind sie weniger auf externe soziale Netzwerke angewiesen als kleine Anbieter von Inhalten mit einer geringen Reichweite. Größere Medienunternehmen nutzen die eigenen Internetauftritte für den Kontakt und den Austausch mit ihrem Publikum.

Beispiel Newsnet
Dem Vorbild diverser amerikanischer Medien folgend, bietet zum Beispiel Newsnet, das Online-Portal von «Tages-Anzeiger», «Berner Zeitung», «Basler Zeitung» und «Der Bund», seit 2011 bei jedem Artikel ein Korrekturfenster für die Leser, wo direkt auf Fehler hingewiesen werden kann. Gemäß internen Quellen wehrten sich einige Redakteure zunächst gegen diese Funktion, weil sie eine Flut an unsachlichen Beiträgen befürchteten, die am ersten Wochenende auch prompt die Korrekturhinweise füllten. Als Reaktion darauf passte newsnetz.ch die Funktion dahingehend an, dass wer einen Beitrag schreiben wollte, zwischen sachlichen, grammatikalischen und anderen Fehlerhinweisen unterscheiden musste. Zudem wurden Beiträger neu verpflichtet, ihre E-Mail-Adresse anzugeben.

Seither hat sich das Korrigierbedürfnis der Leserschaft von Newsnet offenbar eingependelt auf rund 20 Hinweise pro Tag, wobei häufig mehrere Hinweise den gleichen Fehler betreffen. Die Hinweise beziehen sich häufig auf Tippfehler, aber immer wieder auch auf sachliche Irrtümer, wie falsche Zahlen, falsche Ortsangaben und Ähnliches. Technisch schreiben die Leser die Korrekturhinweise in ein Fenster neben dem Artikel. Diese Hinweise gelangen dann via E-Mail in die elektronischen Postfächer des Korrektorats, der Produktion und der News-Abteilung und werden in erster Linie von den Korrektorinnen bearbeitet. Sie korrigieren die Fehler, sofern es sich wirklich um Fehler handelt, und leiten Hinweise auf sachliche Irrtümer an den Autor oder, falls nicht ersichtlich, an die Ressortleiterin der redaktionellen Produktion weiter.

Ein erstes Fazit nach rund einem halben Jahr zeigt, dass die Korrektur-Hinweis-Funktion inzwischen kaum mehr für Beschimpfungen oder für allgemeine Fragen benutzt wird. Die Akzeptanz der Redakteure ist inzwischen auch gestiegen, nicht zuletzt, weil sie – gemäß der Leiterin Produktion von Newsnet, Bea Emmenegger – den Nutzen von seriösen Hinweisen auf Fehler durch das Publikum erkannt hätten.

Im Falle einer Veröffentlichung von Uservoten in Internetportalen ist aus der Sicht des Qualitätsmanagements zu beachten, dass Zuschriften freigeschaltet werden müssen: Nur so lassen sich beleidigende (persönlichkeitsverletzende) oder unanständige bis irreführende Zuschriften aussortieren. Die Portalverantwortlichen haften neben den Einsendern für Persönlichkeitsverletzungen (in der Schweiz Art. 28 ZGB).

Web-Annotation-Systeme
Die Entwicklung im Bereich der Online-Kommunikation erfolgt rasant, und es ist höchst spekulativ, beschreiben zu wollen, wie sich neue Formen der Online-Kommunikation auf das redaktionelle Qualitätsmanagement auswirken werden. Einen bemerkenswerten Ansatz stellen sogenannte Web-Annotation-Systeme dar. Sie verbinden die Vorteile von unabhängigen medienkritischen Blogs und Communitys, indem sie als eigenständige Anwendungen funktionieren, mit den Vorteilen von Feedback-Angeboten, die direkt in die Online-Auftritte von journalistischen Medien integriert sind. Wer eine bestimmte Zusatzsoftware herunterlädt, kann auf einer Website Kommentare hinterlassen, die für andere Internetnutzer, welche die Zusatzsoftware ebenfalls installiert haben, sichtbar sind. Die Korrekturen kann man als Folie denken, die für alle Nutzer der jeweiligen Software sichtbar ist. So wird möglich, dass Leser mittels einer Web-Annotation-Software Korrekturen in journalistischen Online-Beiträgen hinterlassen

und so einen Beitrag zur Verbesserung des online-journalistischen Angebots leisten.

Eine neue Initiative in diese Richtung stellt das deutsche Projekt Corrigo dar (www.corrigo.org). Inwiefern sich das System verbreiten wird und so einen Einfluss auf das externe Factchecking zu leisten vermag, ist offen.

Die Technologie für Web Annotation existiert bereits seit den Urzeiten des Internets, und es wurden auch zahlreiche entsprechende Anwendungen damit entwickelt. Bisher hat sich aber im deutschsprachigen Raum Web Annotation nicht durchsetzen können. Ob dem Projekt in einer von Social Media geprägten Welt mehr Erfolg gegönnt sein wird und es dem Publikum ermöglicht, sich an der journalistischen Produktion zu beteiligen, wie sich das Silverman (2007: 304) wünscht, bleibt noch offen.

Tipp

Einsatz von Social Media

Für den Einsatz von Social Media stellen sich sowohl auf der Ebene der Redaktion wie auch beim einzelnen Journalisten diverse Aufgaben. Allgemein sind für den Einsatz von Social Media folgende Fragen zu beachten:

› Social Media nutzen heißt zunächst zuhören, lesen, monitoren, um zu lernen, wer wo über welche Themen diskutiert.

› Der Einstieg in die Welt der Social Media ist verlockend einfach. Wichtig ist dabei, dass man sich bewusst Ziele setzt. Ein Ziel kann sein, zeitlich begrenzt herumzuschnuppern oder mit einem beschränkten Fallbeispiel Erfahrungen zu sammeln. Ziellos herumzuspielen, ist aber eine Ressourcenverschwendung.

› Wenn erste Erfahrungen gesammelt sind, sollte bald eine Social Media Policy für die Redaktion oder das Unternehmen formuliert werden. Damit die Mitarbeitenden wissen, wie sie Social Media im Rahmen ihrer Arbeit einsetzen sollen und wie nicht.

› Kernstück eines professionellen Einsatzes von Social Media ist das systematische Monitoring, sei es bei Kommentaren auf der eigenen Seite oder in Communitys auf externen Plattformen.

› Neue Technologien bringen auch Gefahren und unerwartete Entwicklungen mit sich. Es lohnt sich, vor Beginn Szenarien und Lösungsvarianten zu bedenken.

> Social Media können zum Ressourcenfresser werden. Deshalb ist es wichtig, beim professionellen, nachhaltigen Einsatz die Aufgabenverteilung und die Ressourcen zu planen.
> Die Währung für die Erfolgsmessung ist noch nicht klar. Viele Fans? Viele Kommentare? Viele neue Fakten? Auch hier lohnt es sich, vorab Größen zu definieren, an denen man die eigene Tätigkeit messen wird.

Dokument 27: Social Media Guidelines von Focus

Hier werden einige Guidelines aufgeführt, die von den Mitarbeitenden der Tomorrow-Focus-Gruppe zu beachten sind, die sich privat oder beruflich an sozialen Netzwerken oder Blogs beteiligen. Die Guidelines sollen Ihnen als Hilfestellung bei Ihren Aktivitäten auf Facebook, Xing, Twitter & Co. dienen (ein Auszug).

Beruflich oder privat?
Wo immer Sie privat in sozialen Netzwerken unterwegs sind, werden Sie unter Umständen von außenstehenden Personen trotzdem als Mitarbeiter der Tomorrow-Focus-Gruppe und nicht als Privatperson angesehen. Sie sollten sich dessen daher bei Ihren Veröffentlichungen und Aktivitäten im Internet immer bewusst sein und auch zu Ihrem Schutz deutlich machen, dass Sie sich als Privatperson und nicht als offizieller Unternehmensvertreter äußern. (...).

Wer veröffentlicht, übernimmt Verantwortung
Seien Sie sich stets bewusst, dass Sie für Ihre persönlichen Meinungsäußerungen im Internet immer selbst verantwortlich sind. Jede Veröffentlichung, jedes Foto usw. kann über kurz oder lang von Vorgesetzten, Kollegen, bestehenden und potenziellen Kunden sowie von Partnern oder Journalisten gelesen werden. Bedenken Sie daher stets die möglichen Folgen und Reaktionen. (...).

Reagieren Sie auf direkte Fragen, Kommentare, Anregungen und Kritik möglichst zeitnah und vor allem höflich und sachlich. Zeigen Sie Integrität, Kompetenz und Humor – schließlich haben Sie es mit Menschen als Kunden, Geschäftspartnern oder Meinungsbildnern zu tun. (...).

Offen mit Fehlern umgehen

Fehler sind menschlich. Wenn Sie Fehler machen, sollten Sie auch dazu stehen. Einträge in sozialen Netzwerken sollten aber nicht einfach unkommentiert verändert oder insgeheim entfernt werden. Kommentieren Sie stattdessen aktiv eigene Fehler. Einen Fehler einzugestehen, wirkt in der Öffentlichkeit besser, als ihn zu rechtfertigen oder gar zu löschen. Sprechen Sie im Zweifelsfall auch Ihre Vorgesetzten sowie die jeweilige Pressestelle auf die Fehler an.

3 Sieben Ratschläge auf den Weg zum Qualitätsmanagement

1 Initiative ergreifen

Am Anfang steht der Wille des Einzelnen oder eines Teams zur Qualität und die Erkenntnis, dass das journalistische Produkt verbessert werden kann oder muss. Ob die Initiative dazu vom Chefredakteur oder vom Verlagsleiter kommt, aus dem Redaktionsteam oder extern von einem Leser, Hörer, Zuschauer oder Berater, ist unwichtig.

2 Verbündete finden und Auftrag abholen

Entscheidend ist es, Verbündete in Schlüsselpositionen der relevanten Bereiche und Hierarchiestufen des Medienunternehmens zu finden. Es ist unmöglich, vom ersten Moment an alle im Boot zu haben. Es gilt diejenigen zu gewinnen, die bereit und fähig sind, etwas zu verändern, wenn immer möglich nicht gegen jemanden, sondern miteinander. Nach einer ersten Analyse der Ist-Situation und Erarbeitung möglicher qualitätsstiftender Veränderungen bekommt der Prozess Schub, wenn es gelingt, dazu einen Auftrag abzuholen, am effizientesten von ganz oben im Management. Das führt meist zu einer Arbeitsgruppe. Diese darf nicht zu groß, aber doch so zusammengesetzt sein, dass sich kein wichtiger Akteur ausgeschlossen fühlt und deshalb das Projekt torpediert. Der frühzeitige Einbezug von Skeptikern kann möglichen Widerstand brechen.

3 Soll-Ist-Analyse durchführen

Eine differenzierte Soll-Ist-Analyse soll klären: Was tun wir bereits? Welche qualitätsstiftenden und qualitätssichernden Instrumente wenden wir wo in unserm Unternehmen bereits an? In den meisten Redaktionen sind schon eine ganze Reihe solcher Instrumente in Betrieb, z.B. Sendekritik, Gegenlesen, definierte Abläufe und meist viel mehr. Darauf ist aufzubauen. Es gilt, Vorhandenes zu sichten und zu bewerten: Welche Instrumente greifen, welche nicht? Wieso? Was bringen sie in Bezug auf Qualität? Was fehlt oder ist erst in Ansätzen vorhanden? Was ist überflüssig? Zu dieser Analyse kann eine erfahrene, externe Fachperson beigezogen werden, die den Blick von außen einbringt und aufzeigen kann, wie andere Medienunternehmen mit ähnlichen Problemen umgehen.

4 Hebelwirkung anstreben
Es kann nicht darum gehen, möglichst schnell und flächendeckend eine Vielzahl von neuen Q-Instrumenten einzuführen. Das provoziert Widerstand und führt meist zu Overkill und zum Scheitern. Wichtig ist: Welches der Q-Instrumente hat eine besonders große Hebelwirkung, d.h., welches führt mit verhältnismäßig geringem Aufwand rasch zu einer sichtbaren Qualitätssteigerung? Besonders eignen sich dafür Blatt- oder Sendungskritik, Gegenlesen, Verbesserung der Themenplanung oder von Produktionsabläufen. Anregend ist es, wenn Sitzungsleiter Entscheide von Gerichten, Ombudspersonen oder Presserat in Redaktionskonferenzen behandeln.

5 Sichtbare Akzente setzen
Das neue Qualitätsverständnis soll sichtbar werden durch entsprechende Akzente, wie z.b. Redaktionsretraiten, Workshops, Ausbildungsveranstaltungen, Einsetzen eines Qualitätsverantwortlichen oder eines Qualitätsteams. In dieser Phase geäußerte Vorschläge dürfen Ideen nicht verpuffen, sondern müssen ernst genommen und, falls begründet und möglich, umgesetzt werden. Das Fuder darf aber nicht überladen werden. Vor allem im Aktualitätsjournalismus stehen die Mitarbeitenden unter extremem Zeitdruck. Dem müssen die eingesetzten Q-Instrumente Rechnung tragen, indem sie rasch und effizient einsetzbar sind und das journalistische Produkt nicht behindern oder gar verunmöglichen.

Es muss nicht alles neu erfunden werden. Für die Erarbeitung eigener Publizistischer Leitlinien kann man sich durch bereits vorliegende inspirieren lassen, wie z.b. SRF Publizistische Leitlinien (www.srf.ch), New York Times Guidelines (www.nytco.com/press/ethics.html) oder The Guardians Editorial Code (http://image.guardian.co.uk).

6 Qualität als Dauerthema
Das journalistische Qualitätsmanagement-Konzept, wie wir es vorschlagen, ist pragmatisch, nutzenorientiert und flexibel. Es kann nicht auf einen Schlag umgesetzt werden und wird nie vollständig sein. Die einzelnen Instrumente sollen sorgfältig eingeführt werden und ihren Platz im Rahmen eines Gesamtkonzepts haben. Qualität ist nicht eine

einmalige Sache, sie muss zum Dauerthema des Medienunternehmens werden.

7 Kommunizieren und überzeugen
Bloßes Verordnen reicht nicht. Qualität durch- und umsetzen heißt vor allem und immer wieder kommunizieren. Journalisten wollen von Natur aus überinformiert sein. Dem ist Rechnung zu tragen. Journalisten sind zwar tendenziell Einzelkämpfer und nur bedingt Teamplayer. Der heutige konvergente Schnelligkeitsjournalismus zwingt sie aber zu beidem. Sie sind in einem besonderen Maß zu motivieren, wenn es gelingt, sie vom Nutzen der durch das Qualitätsmanagement eingesetzten Q-Instrumente zu überzeugen. Wenn diese zu einer besseren journalistischen Qualität führen, sind Medienleute bereit, fast alles zu geben.

Und zum Schluss noch dies
Qualität kostet Geld, aber nicht nur das. Mindestens so wichtig sind Zeit, Engagement auf allen Hierarchiestufen, Freiräume, Vertrauen, Risikobereitschaft, Ermutigung, Ausdauer, Wertschätzung und Dank.

4 Anhang

4.1 Qualitätsmanagement – im Journalismus angekommen

Journalistinnen und Journalisten reagieren zwar immer noch skeptisch auf das Reizwort «Qualitätsmanagement». Sie verweisen auf fragwürdige Folgen im Bereich Schule und Erziehung und argumentieren, journalistische Erzeugnisse seien Unikate, Einzelanfertigungen und nicht Fließbandprodukte. Die journalistische Qualität einer Zeitung, eines Radioprogramms oder einer Fernsehsendung lasse sich nicht vergleichen oder gar messen wie jene auf dem Fließband hergestellter Autos. Trotzdem – dem Druck, ihre Qualitätskultur nach außen zu kommunizieren, können sich heute Medienunternehmen nicht mehr verweigern.

Verantwortliche Medienmanager sind gut beraten, wenn sie zur langfristigen Sicherung der Wettbewerbsfähigkeit auch auf Strategien des Qualitätsmanagements zurückgreifen. Qualitätsmanagement verbindet die scheinbar auseinanderlaufenden Ziele der publizistischen Qualität und des ökonomischen Markterfolges.

In der Medienbranche ist Qualitätsmanagement erst seit Kurzem als wichtiger Bestandteil der Wettbewerbsstrategie erkannt worden, während in anderen Branchen entsprechende Konzepte wie Total Quality Management (TQM) längst Fuß gefasst haben. Total Quality Management wird als eine auf der Mitwirkung aller Mitarbeiter beruhende Führungsmethode verstanden, die Qualität in den Mittelpunkt stellt und durch Zufriedenheit der Kunden auf langfristigen Geschäftserfolg sowie auf den Nutzen für die Mitglieder der Organisation und für die Gesellschaft zielt.

Die Aufgabe des Managements besteht darin, eine Organisationskultur zu etablieren, in der Mitarbeitende an qualitätsrelevanten Entscheidungsprozessen partizipieren und Verantwortung übernehmen. Qualität steht als oberste Zielgröße im Mittelpunkt des Selbstverständnisses der Organisation. Qualität wird zum strategischen Erfolgsfaktor. Die zentrale Referenzgröße für Qualität bildet in erster Linie die langfristige Kundenzufriedenheit, die als Voraussetzung für den dauerhaften Geschäftserfolg verstanden wird.

Qualitätssicherung konzentrierte sich lange Zeit vorwiegend auf die Prüfung der Einhaltung qualitativer Ziele. Qualität in der Warenproduktion wird dabei ausschließlich als Beschaffenheit eines Produktes verstanden. Prozesse oder Stakeholder wie z.B. Kunden oder Mitarbeiter spielten dabei noch kaum eine Rolle. Mit der Einführung des sogenannten PDCA-Kreises wurde der Fokus auf Prozesse gelegt, um so Fehler frühzeitig zu erkennen.

Der PDCA-Kreis zielt mit den Schritten → Plan (planen) → Do (ausführen) → Check (überprüfen) → Act (standardisieren) auf einen ständigen Verbesserungsprozess, der immer wieder von Neuem beginnt. Das Management koordiniert den Qualitätsprozess und sorgt dabei für Ziele. Das Wissen der Mitarbeitenden fließt in die Unternehmensstrategie ein.

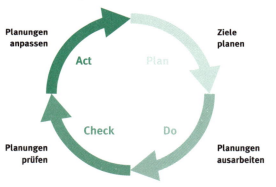

Abbildung 11: Deming-Zyklus

Total Quality Management (TQM) gilt heute als die umfassendste aller Qualitätsstrategien. Es geht nicht nur von messbaren Zielen aus wie andere Systeme und ist deshalb auch für die Medien interessant. Ziel des TQM ist es, im Unternehmen eine umfassende Qualitätskultur zu leben. Die klassische Qualitätssicherung lässt sich gegenüber Total Quality Management in folgender Übersicht erkennen (nach Wikipedia):

Klassische Qualitätssicherung	Total Quality Management TQM
Menschen machen Fehler.	Prozesse provozieren Fehler.
Einzelne Mitarbeitende sind für Fehler verantwortlich.	Alle Mitarbeitenden sind für Fehler verantwortlich.
Null Fehler ist nicht realisierbar.	Null Fehler ist das Ziel.
Einkauf von vielen Lieferanten.	Partnerschaft mit wenigen Lieferanten.
Kunden müssen nehmen, was das Unternehmen an Qualität liefert.	Alles ist auf vollkommene Kundenzufriedenheit ausgerichtet.

Tabelle 6: ssische QS vs. TQM

Der TQM-Ansatz ist für die Medienwirtschaft geeigneter als die klassische Qualitätssicherung, weil er der journalismusspezifischen Eigenrationalität gerecht werden kann. Neben ökonomischen Zielen wie Unternehmensfortbestand oder Gewinnmaximierung können auch das Publikum betreffende Ziele wie Meinungsbildung und Dialogförderung sowie journalistische Qualitätsziele wie Wahrhaftigkeit, Transparenz und Fairness einbezogen werden.

Abbildung 12: Die Prinzipien des TQM-Ansatzes

Die European Foundation for Quality Management (EFQM) schlägt durch das Exzellenz-Modell vor, wie TQM umgesetzt werden kann. EFQM zeigt, wo ein Unternehmen steht und in welche Richtung es sich entwickeln kann.

Das Identifizieren und das Festlegen journalismusspezifischer Qualitätsziele ist auch im Medienbereich ein zentrales Prinzip für das Qualitätsmanagement. Die TQM-Bewegung hat weitere Prinzipien identifiziert, die auch im EFQM-Modell ihren konkretisierenden Niederschlag finden: Neben der Ganzheitlichkeit und der Qualität als oberste Zielgröße werden hier Kundenorientierung, Mitarbeiterorientierung und -beteiligung, Prozessorientierung, ständige Verbesserung (Kaizen) und Innovation, Messbarkeit sowie gesellschaftliche Orientierung/Verantwortung genannt (vgl. Abbildung 13).

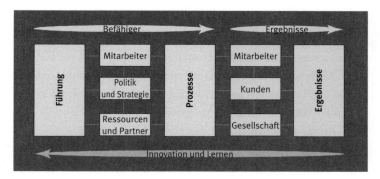

Abbildung 13: Das EFQM-Modell

Die Internationale Organisation für Normung (ISO) bietet unter ISAS BC-9001 eine Qualitätsmanagement-Norm für die Rundfunkbranche. Sie wurde von der Schweizer Media & Society Foundation (MSF) in Zusammenarbeit mit International Standardization and Accreditation Services (ISAS) entwickelt und geht davon aus, dass das in der Wirtschaft seit Jahren praktizierte Qualitätsmanagement sich grundsätzlich auch auf die Medienbranche anwenden lässt. Trotz der Offenheit und Flexibilität der ISO-9000-Normenreihe kann diese aber nicht allen spezifischen Eigenheiten der Medien gerecht werden.

Untersuchungen zeigen Schwachstellen auf. Die Medienwirtschaft scheint den Diskurs um Qualitätssicherung, Qualitätsmanagement und um die Entwicklung einer Qualitätskultur bisher, von Ausnahmen abgesehen, eher verschlafen zu haben. Die meisten Redaktionen wenden zwar einzelne qualitätssichernde und qualitätsstiftende Instrumente und Verfahren an. Es fehlt aber ein Qualitätsmanagement, das die vielen Einzelmaßnahmen in einem ganzheitlichen System zusammenführt.

Dass das Qualitätsmanagement bei Medienorganisationen eher gering entwickelt ist, dürfte unter anderem auf die wenig ausgeprägten Marktbeziehungen zum Publikum zurückzuführen sein. Zwar wird in der Praxis oft von Publikum gesprochen. Tatsächlich aber führen Mischfinanzierung und dominante Ausrichtung am Werbemarkt zu einer diffusen Kundenbeziehung.

Es darf bezweifelt werden, ob Medienorganisationen von sich aus Anstrengungen zur Etablierung von Qualitätssicherungssystemen unternehmen würden, wenn nicht die Medienpolitik unter dem Titel «Media Governance» diesen Prozess von außen unterstützte (vgl. Puppis 2007; Wyss 2011), ohne dabei das Qualitätsziel «journalistische Unabhängigkeit» zu gefährden.

Der staatliche Medienregulator überlässt den Schutz gesellschaftlicher Werte weitgehend dem Qualitätsmanagement der Medienorganisation und respektiert so grundsätzlich die Autonomie der Medien. Er fordert aber von der Medienorganisation, sich als «Good Corporate Citizen» zu verhalten, entsprechende Standards gegen außen zu vertreten und auch gegen innen durchzusetzen.

Die schweizerische Medienregulierungsbehörde im UVEK (Departement für Umwelt, Verkehr, Energie und Kommunikation) vergibt Sendelizenzen und Anteile am Gebührenaufkommen an Privatsender, gebunden an einen Leistungsauftrag, der diese verpflichtet, ein Qualitätssicherungssystem einzurichten. Es umfasst Qualitätsziele und festgeschriebene Prozesse, die regelmäßig überprüft werden (Wyss 2011).

Die Verfasser des vorliegenden Buches schlagen ein Modell vor, das sich einerseits so weit als möglich an beschreibbaren oder gar messbaren Qualitätsnormen orientiert. Ein Modell, das zur Beurteilung von Qualität stiftenden und Qualität sichernden Instrumenten und Prozessen herangezogen werden kann. Dieses wurde während mehrerer Jahre in verschiedenen Medienunternehmen (z.B. im Schweizer Radio und Fernsehen SRF) eingesetzt. Die meisten Beteiligten (Journalisten, Redaktionsleiter, Abteilungsleiter und Unternehmensleiter, Publikum und Medienwissenschaft) schätzen am Modell den pragmatischen Ansatz, den rasch zu erzielenden Nutzen und das vernünftige Verhältnis von Aufwand und Ertrag.

4.2 Weiterführende Links und Adressen zu Ausbildungsstätten

Ein Weblog ergänzt und aktualisiert diesen Leitfaden für Qualitätssicherung in Redaktionen. Unter www.mqa.ch/medienqualitaet können Leserinnen und Leser das Buch kommentieren, Ideen austauschen, netzwerken sowie weitere Anregungen oder Hinweise auf aktuelle Quellen und Links geben.

Weblinks

Presseräte
Der Schweizer Presserat beantwortet dem Publikum und den Medienschaffenden als Beschwerdeinstanz medienethische Fragen.
www.presserat.ch

Der Deutsche Presserat befasst sich u.a. mit Beschwerden über redaktionelle Veröffentlichungen in Zeitungen, Zeitschriften und von verlagsbezogenen Telemedien mit journalistisch-redaktionellem Inhalt (ohne Rundfunk) und bewertet diese anhand des Pressekodex.
www.presserat.de

Der Österreichische Presserat versteht sich als moderne Selbstregulierungseinrichtung im Pressebereich, die auf dem Prinzip der Freiwilligkeit beruht und der redaktionellen Qualitätssicherung sowie der Gewährleistung der Pressefreiheit dient.
www.presserat.at

Ombudsstellen in der Schweiz
Ombudsstelle SRG Deutschschweiz: Die Ombudsstelle behandelt Beanstandungen der Programme und des übrigen publizistischen Angebots von Schweizer Radio und Fernsehen SRF, der Deutschschweizer Regionaleinheit der SRG.
www.srgd.ch

Ombudsstelle für die privaten Radio- und Fernsehveranstalter der deutschen Schweiz: Die Ombudsstelle RTV behandelt Beanstandungen gegen ausgestrahlte redaktionelle Sendungen wegen Verletzung der Artikel 4 und 5 des Bundesgesetzes über Radio und Fernsehen (RTVG – SR 784.10).
www.ombudsstelle-rtv.ch

Qualitätsinitiativen
Verein Qualität im Journalismus: eine Vereinigung von Berufsleuten aus Redaktionen aller Medien, Verlagen jeder Größe, Universitäten, Fachhochschulen, weiteren Ausbildungsstätten, Berufs-, Unterneh-

merverbänden und Gewerkschaften. Gemeinsam arbeiten sie daran, dass Qualität im Journalismus Zukunft hat.
www.quajou.ch

Initiative Qualität im Journalismus: In Österreich wurde mit der Initiative Qualität im Journalismus (IQ) im Jahr 2000 eine ähnliche Vereinigung gegründet, in der sich Journalisten, Kommunikationswissenschaftler, Publizisten und andere engagierte Persönlichkeiten um die Sicherung und Verbesserung journalistischer Standards bemühen.
www.iq-journalismus.at

Initiative Qualität: Das deutsche Pendant, die Initiative Qualität, wurde 2001 gegründet. Sie verweist auf ihrer Webseite auf ein Regelwerk: die 2002 vom Deutschen Journalisten Verband (DJV) verabschiedete Charta «Qualität im Journalismus».
www.initiative-qualitaet.de

Plattformen zur Qualitätssicherung
Drehscheibe aus Lokalredaktionen für Lokalredaktionen: Die Drehscheibe ist das Forum für gute Ideen und Konzepte im Lokaljournalismus, herausgegeben vom Lokaljournalistenprogramm der Bundeszentrale für politische Bildung/bpb.
www.drehscheibe.org

Handbuch Qualitätsmanagement in Redaktionen
www.qualitaet-in-redaktionen.de

Qualitätsstudien in der Schweiz
Im Rahmen der regulatorischen Aufsicht lässt das Bundesamt für Kommunikation (Bakom) kontinuierlich von Forschungsinstituten die Radio- und Fernsehprogramme der SRG SSR sowie diejenigen der konzessionierten privaten Veranstalter mit Leistungsauftrag analysieren. Neben den Qualitätsanalysen gibt der Regulator auch Publikumsbefragungen zur Beurteilung der Qualität in Auftrag. Er lässt zudem bei den privaten konzessionierten Radio- und Fernsehstationen Evaluationen zum Stand des Qualitätsmanagements durchführen.
www.bakom.admin.ch

Evaluationsstellen in der Schweiz
Certimedia AG: Certimedia is the department of Challenge Optimum SA (Geneva, Switzerland) dedicated to media & quality management. Born in 2005 to help media companies meet the requirements of the international standards ISAS BCP 9001:2010, Certimedia is today the leader in auditing, consultancy and training related to quality issues within media organizations.
www.certimedia.org

Mediaprocessing GmbH: Berät in allen strategischen Fragen der Medienproduktion, Forschung und Distribution von Radio und Fernsehen. Mediaprocessing wurde durch das Bakom zur Evaluation der Qualitätssicherungssysteme der UKW-Radio- und der Regionalfernsehveranstalter zugelassen.
www.mediaprocessing.ch

MQA – Media Quality Assessment GmbH: MQA zielt auf die Optimierung des Qualitätsmanagements beim Auftraggeber, evaluiert kostenbewusst und garantiert den Anschluss an die aktuelle Medien- und Qualitätsforschung. MQA wird vom Bakom als Evaluator und Berater für redaktionelle Qualitätssicherungssysteme anerkannt.
www.mqa.ch

Publicom AG: Durchführung von quantitativen und qualitativen Analysen mithilfe bewährter und anerkannter Methoden. Je nach Fragestellung verfügt Publicom über die geeigneten standardisierten Instrumente oder entwickelt individuelle Forschungsdesigns. Die Publicom AG ist ebenfalls vom Bakom für die Evaluation privater Radio- und Fernsehveranstalter anerkannt.
www.publicom.ch

Europäisches Journalismus-Observatorium (EJO)
Das Europäische Journalismus-Observatorium (EJO) beobachtet Trends im Journalismus und in der Medienbranche und vergleicht Journalismus-Kulturen in Europa und den USA. Es will so einen Beitrag zur Qualitätssicherung im Journalismus leisten. Das EJO wurde 2004 als gemeinnütziges Zentrum der Università della Svizzera itali-

ana gegründet. Es versucht die Kluft zwischen der Kommunikationswissenschaft und der Medienpraxis zu verringern. Auf der EJO-Plattform werden journalistische Beiträge aus Tageszeitungen sowie aus der Fachpresse und aus wissenschaftlichen Publikationen veröffentlicht. Auf der EJO-Plattform können auch Beiträge zum Thema Qualitätssicherung in italienischer, deutscher, polnischer und englischer Sprache abgerufen werden.
www.ejo.ch

Observatorium Öffentlichkeit und Gesellschaft
Das Observatorium Öffentlichkeit und Gesellschaft publiziert das Jahrbuch Qualität der Medien, das vom Fög – Forschungsbereich Öffentlichkeit und Gesellschaft – der Universität Zürich herausgegeben wird. Das Ziel des Jahrbuchs ist die Stärkung des Qualitätsbewusstseins gegenüber den Medien sowohl aufseiten des Publikums wie auch aufseiten der Medienmacher.
www.qualitaet-der-medien.ch

Media Accountability and Transparency in Europe
The project «Media Accountability and Transparency in Europe» is a comparative research effort on media accountability systems (MAS) in EU member states as indicators for media pluralism in Europe. The project analyzes the development and impact of established media accountability systems (e.g. press councils, codes of ethics) as well as new media accountability systems emerging in the Internet (e.g. media criticism in blogs).
www.mediaact.eu

Medienkritische Fachzeitschriften
«Edito»/«Klartext»: Das traditionelle Schweizer Medienmagazin «Klartext» arbeitet seit 2011 mit «Edito» zusammen: Die Zeitschrift enthält auch Vereinsnachrichten der Berufsverbände impressum und vom Schweizer Syndikat Medienschaffende (Edito) sowie der Gewerkschaft Syndikom (Klartext).
www.klartext.ch
www.edito-online.ch

«Schweizer Journalist»: Journalisten und PR-Magazin, dass sich an Journalisten und Führungskräfte in Politik und Wirtschaft richtet.
www.schweizer-journalist.ch

Medienkritische Online-Portale und Blogs
Medienspiegel: Medienspiegel.ch befasst sich seit Anfang 2003 mit Entwicklungen und Trends in der Schweizer Medienbranche sowie mit der Schnittstelle zwischen traditionellen Medien und dem Internet.
www.medienspiegel.ch

Medienwoche: Die Medienwoche ist ein digitales Medienmagazin. Die unabhängige Redaktion verfolgt die Entwicklungen in der Medienwelt, widmet sich ihren Ereignissen und ordnet sie ein. Das Redaktionsteam setzt sich vertieft in Hintergrundberichten, Analysen, Interviews und Meinungsbeiträgen mit der Materie auseinander und verfolgt auch internationale Trends, die für die Schweizer Medienlandschaft relevant sind.
www.medienwoche.ch

Medienkritik Schweiz: Seit November 2010 dient die Webseite medienkritik-schweiz.ch als Plattform für die medienkritische Debatte in der Schweiz. Entstanden ist sie auf Initiative des Vereins Medienkritik Schweiz. Auf der Webseite findet sich auch ein Link zu Schweizer Beschwerdestellen.
www.medienkritik-schweiz.ch

Mediaforum: ein Branchenportal für Kommunikation und Medienproduktion mit ausführlichem Pressespiegel.
www.mediaforum.ch

Dienstleistung von Schweizer Online-Portalen, die aktuelle Nachrichten über Personen, Ereignisse, Untersuchungen und Kritiken aus der Medienwelt thematisieren:

Klein-Report: der Mediendienst der Schweizer Kommunikationsbranche.
www.kleinreport.ch

persoenlich.com: das Online-Portal der Schweizer Kommunikations-
wirtschaft.
www.persoenlich.com

Journalistenschulen in der Schweiz, Deutschland und Österreich

Schweiz
MAZ – die Schweizer Journalistenschule, Luzern
www.maz.ch

Centre romand de formation des journalistes, CRFJ
www.crfj.ch

Ringier Journalistenschule, Zürich
www.ringier.ch

Medieninstitut, Zürich
www.medieninstitut.ch

SAL Schule für Angewandte Linguistik, Zürich
www.sal.ch

Medienschule Nordwestschweiz, Stein
www.medienkurse.ch

Hochschulgebundene Journalistenausbildung:
Zürcher Hochschule für Angewandte Wissenschaften
Institut für Angewandte Medienwissenschaft, IAM
www.iam.zhaw.ch

Medien- und Kommunikationswissenschaft in der Schweiz:
Eine aktualisierte Liste mit den Instituten der Kommunikations- und Medienwissenschaft findet sich bei der SGKM – der Schweizerischen Gesellschaft für Kommunikations- und Medienwissenschaft: www.sgkm.ch. Angebote mit Bezug auf Journalismus oder Medienmanage-

ment gibt es an den Universitäten Basel, Bern, Fribourg, Lugano, Neuchâtel, St. Gallen und Zürich.
www.sgkm.ch

Deutschland und Österreich
Beim Sekretariat des Deutschen Journalisten Verbandes (DJV) an der Bennauerstrasse 60, D-5300 Bonn, Tel.:+49 (0)228/2 01 72 29, kann eine Übersicht bezogen werden.

Ebenfalls ist das Internetportal der Journalisten: www.journalismus.com sehr hilfreich. Es gibt einen Überblick über die Journalistenschulen und Hochschulen in Deutschland.

Eine weitere Plattform, die über deutschsprachige Journalistenausbildungen (Deutschland und Österreich) informiert:
www.publizistik.net.

Kuratorium für Journalistenausbildung
Österreichische Medienakademie, Salzburg
www.kfj.at

Medienhaus Wien
Master Studiengang «IMIM» – International Media Innovation Management
www.medienhaus-wien.at

Hochschulgebundene Journalistenweiterbildung:
Donau-Universität Krems
Zentrum für Journalismus und Kommunikationsmanagement
MM Qualitätsjournalismus
www.donau-uni.ac.at/Journalismus

Medien- und Kommunikationswissenschaft in Deutschland und Österreich
Eine aktualisierte Liste mit den Instituten der Kommunikations- und Medienwissenschaft findet sich bei der DGPuK – Deutsche Gesellschaft für Publizistik- und Kommunikationswissenschaft (www.dg-

puk.de) – sowie bei der ÖGK, der Österreichischen Gesellschaft für Kommunikationswissenschaft (www.ogk.at).

4.3 Literatur

Arnold, Klaus (2006): Publikumsorientierte Qualität – ein Weg aus der Zeitungskrise. In: Weischenberg, Siegfried; Loosen, Wiebke & Beuthner, Michael (Hrsg.): Medien-Qualitäten. Öffentliche Kommunikation zwischen ökonomischem Kalkül und Sozialverantwortung. Konstanz: UVK, S. 415–434.

Arnold, Klaus (2008): Qualität im Journalismus – ein integrales Konzept. In: Publizistik. 53 (4), S. 488–508.

Arnold, Klaus (2009): Qualitätsjournalismus. Die Zeitung und ihr Publikum. Konstanz: UVK

Bartoschek, Dominik & Wolff, Volker (2010): Vorsicht Schleichwerbung. Konstanz.

Bersem, Sabrina (2010): Personalorientiertes Qualitätsmanagement in Redaktionen von Medienunternehmen. Inaugural-Dissertation zur Erlangung des Doktorgrades der Philosophischen Fakultät der Westfälischen Wilhelms-Universität zu Münster.

Bertrand, Claude-Jean (1999): L'arsenal de la Démocratie: Médias, déontologie et MARS. Paris: Economica.

Blum, Roger (2011): Einleitung: Leitende Leuchttürme. Über die Unentbehrlichkeit von Qualitätsmedien. In: Blum, Roger; Bonfadelli, Heinz; Imhof, Kurt & Jarren, Otfried (Hrsg.): Krise der Leuchttürme öffentlicher Kommunikation. Vergangenheit und Zukunft der Qualitätsmedien. Wiesbaden: VS Verlag, S. 7–14.

Bonfadelli, Heinz & Fretwurst, Ben (2010): Schweizer Radio- & TV-Programme aus der Perspektive der Mediennutzung: Akzeptanz, Erwartungen und Bewertung. Erhebung Herbst 2009. Abschlussbericht zuhanden des Bakom. IPMZ Universität Zürich.

Böskens, Joachim (2009): Redaktionsmanagement als Erfolgsfaktor. In: Altendorfer, Otto & Hilmer, Ludwig (Hrsg.): Medienmanagement. Band 1: Methodik – Journalistik und Publizistik – Medienrecht. Wiesbaden.

Boventer, Hermann (1989): Pressefreiheit ist nicht grenzenlos. Einführung in die Medienethik. Bonn: Bouvier.

Brouse, Cynthia (2007): After the Fact. A Guide to Fact-Checking for Magazines and Other Media. Raleigh: Lulu.

Certimedia (2011): ISAS BC 9001 & P 9001. http://www.certimedia.org [20.07.2011].

Dumermuth, Martin (2011): Leistungsaufträge bei Radio und Fernsehen und ihre Überprüfung. Präsentation anlässlich des Bakom-Mediengesprächs. Biel. [05.07.2011].

Engel, Gudrun (2008): Medienselbstkontrolle in der Europäischen Union. Diplomarbeit. Technische Universität Dortmund: Institut für Journalistik, Dortmund.

Fabris, Hans Heinz (2004): Vielfältige Qualität: Theorien zur Analyse der Qualität des Journalismus. In: Löffelholz, Martin (Hrsg.): Theorien des Journalismus (2. Aufl.). Wiesbaden: VS Verlag, S. 393–404.

Fricke, Ernst (2010): Recht für Journalisten. Konstanz.

Grossenbacher, René (2011): Radioprogramme der privaten Veranstalter im Großraum Zürich. Programmanalyse 2010. Präsentation Bakom-Mediengespräch. Biel. [05.07.2011].

Grüner, Ulf & Sauer, Christian (2010): Qualitätsmanagement in Redaktionen. Das Coaching-Buch für Chefs & solche, die es werden. Norderstedt.

Haller, Michael (2008): Recherchieren. 7. Auflage. Konstanz.

Harper, Ruth A. (2010): The Social Media Revolution: Exploring the Impact on Journalism and News Media Organizations. In: http://www.studentpulse.com/articles/202/the-social-media-revolution-exploring-the-impact-on-journalism-and-news-media-organizations. [17.10.2011].

Harrison Smith, Sarah (2004): The Fact Checker's Bible. A Guide to getting it right. New York: Anchor Books.

Hasebrink, Uwe (2008): Das multiple Publikum. Paradoxien im Verhältnis von Journalismus und Mediennutzung. In: Pörksen, Bernhard; Loosen, Wiebke & Scholl, Armin (Hrsg.): Paradoxien des Journalismus. Theorie – Empirie – Praxis. Wiesbaden, S. 513–530.

Häusermann, Jürg (2011): Journalistisches Texten. 3., überarbeitete Auflage. Konstanz.

Hermes, Sandra. (2006): Qualitätsmanagement in Nachrichtenredaktionen. Köln: Herbert von Halem.

Institut zur Förderung publizistischen Nachwuchses, Deutscher Presserat (Hrsg.) (2005): Ethik im Redaktionsalltag. Reihe Praktischer Journalismus. Konstanz.

Jarren, Otfried (2007): Die Regulierung der öffentlichen Kommunikation. Medienpolitik zwischen Government und Governance. In: Zeitschrift für Literaturwissenschaft und Linguistik, 37(146), S. 131–153.

Jarren, Otfried (2008): Massenmedien als Intermediäre. Zur anhaltenden Relevanz der Massenmedien für die öffentliche Kommunikation. In: M&K – Medien- und Kommunikationswissenschaft, 56 (3–4), S. 329–346.

Keel, Gudio (2011): Journalisten in der Schweiz. Eine Berufsfeldstudie im Zeitverlauf. Konstanz. (UVK).

Keel, Guido & Schibli, André (2009): «Multimedial komponieren». In: Edito Werkstatt 1,1, S. 12–13.

Keel, Guido; Wyss, Vinzenz; Stoffel, Annina & Saner, Mirco (2010): Schlussbericht (für das Bakom): Auswirkungen des Internets auf die journalistische Praxis und berufskulturelle Normen. IAM, Institut für Angewandte Medienwissenschaft. Winterthur. http://www.bakom.admin.ch/themen/radio_tv/01153/01156/03479/index.html?lang=de [20.07.2011].

Kiefer, Marie Luise (2011): Die schwierige Finanzierung des Journalismus. In: Medien & Kommunikationswissenschaft, 59. Jg./Heft 1, S. 5–22.

La Roche, Walter von; Buchholz, Axel (Hrsg.) (2004): Radio-Journalismus. Ein Handbuch für Ausbildung und Praxis im Hörfunk. Berlin.

Ladeur, Karl-Heinz (2000): Rechtliche Möglichkeiten der Qualitätssicherung im Journalismus. Publizistik, 45(4), S. 442–461.

Lampert, Marie & Wespe, Rolf (2011): Storytelling für Journalisten. Konstanz.

Lang, Sarah-Sophie (2009): Wissensmanagement in Redaktionen. Essay. Iserlohn.

Malik, Fredmund (2008): Management. Das A und O des Handwerks. Frankfurt.

Mastronardi, Philippe (2003): Juristisches Denken. 2. Auflage Bern/Stuttgart/Wien.

Meckel, Miriam (1999): Redaktionsmanagement. Ansätze aus Theorie und Praxis. Wiesbaden.

Media Society Foundation (2011): The Media and Society Foundation. http://www.media-society.org [20.07.2011].

Medium Magazin (2010): Dossier Fact-Checking. In: Journalisten-Werkstatt 04-05/2010. Herausgegeben von «medium magazin», «Der Österreichische Journalist» und «Schweizer Journalist».

Meier, Klaus (2002): Ressort, Sparte, Team. Wahrnehmungsstrukturen und Redaktionsorganisation im Zeitungsjournalismus. Konstanz.

Meier, Klaus (2011): Journalistik. 2. überarbeitet Auflage. Konstanz: UVK.

Meier, Werner A. & Leonarz, Martina (2011): Zur Lage der Presse in der Schweiz. Wissenschaftliches Papier für den Verein Medienkritik Schweiz. In: http://medienkritik-schweiz.ch, Grundlagendokumente. [07.07.2011].

Meyen, Michael & Riesmeyer, Claudia (2009): Diktatur des Publikums. Journalisten in Deutschland. Konstanz: UVK.

Meyer, Jens-Uwe (2008): Journalistische Kreativität. 2. Auflage Konstanz.

MQA (2011): MQA – Media Quality Assessment. http://www.mqa.ch [20.07.2011]

Müller, Jörg Paul & Schefer, Markus (2008): Grundrechte in der Schweiz, 4. Auflage, S. 378ff.

Netzwerk Recherche (2003) (Hrsg.): Trainingshandbuch Recherche. Informationsbeschaffung professionell. Wiesbaden.

Pink, Ruth (2000): Kommunikation in Redaktionen. Ein Ratgeber für die Praxis. Berlin.

Porlezza, Colin; Russ-Mohl, Stephan & Zanichelli, Marta (2011): Die doppelte Schwachstelle. Fehlerhäufigkeit und Corrections Management. In: fög – Forschungsbereich Öffentlichkeit und Gesellschaft/Universität Zürich (Hrsg.): Jahrbuch 2011 Qualität der Medien. Schweiz – Suisse – Svizzera. Basel: Schwabe, S. 452–467.

Prinzing, Marlis (2007): Harte Grenzen. Warum gegenwärtig mit einer europäischen Professionsethik im Journalismus nicht zu rechnen ist. In: Zeitschrift für Kommunikationsökologie und Medienethik, 1/07 S. 14ff.

Puppis, Manuel (2007): Media Governance as a Horizontal Extension of Media Regulation. The Importance of Self- and Co-Regulation. In: Communications, 32 (3), S. 330–336.

Puppis, Manuel (2009): Organisation der Medienregulierung. Strukturen, Prozesse und Legitimationsmanagement europäischer Presseräte. Dissertation. Zürich.

Puppis, Manuel (2010): Einführung in die Medienpolitik. 2. Auflage. Konstanz: UVK.

Ruß-Mohl, Stephan (2000): Qualitätsmanagement als kommunikative Herausforderung. In: Held, Barbara & Ruß-Mohl, Stephan (Hrsg.): Qualität durch Kommunikation sichern. Vom Qualitätsmanagement zur Qualitätskultur. Erfahrungsberichte aus Industrie, Dienstleistung und Medienwirtschaft. Frankfurt a.M.: F.A.Z.-Institut, S. 13–22.

Ruß-Mohl, Stephan (2003): Journalismus. Das Hand- und Lehrbuch. Frankfurt a.M.: FAZ-Institut.

Schöpe, Susanne (2006): Redaktionskonferenzen in Regionalzeitungen als Instrument des Qualitätsmanagements. Diplomarbeit. Universität Leipzig.

Schweizer Fernsehen; Kauz, Magdalena & Zwyssig, Toni (2008): Handwerkliche Leitlinien. Zürich. Unveröffentlichtes Handbuch.

Siegrist, Nina (2006): Wie sichern Tageszeitungen ihre journalistische Qualität? Eine Untersuchung am Beispiel von fünf Schweizer Regionalzeitungen. Unveröffentlichte Lizenziatsarbeit. Universität Zürich.

Silverman, Craig (2011): Regret The Error. Accuracy Checklist. How Media Mistakes Pollute the Press and Imperil Free Speech. In: www.regrettheerror.com. [07.09.2011].

Smith, Sarah (2010): Lessons Learned: Fact-Checking Disasters of the Past. In: netzwerk recherche e.V. (Hrsg.): Fact-Checking: Fakten finden, Fehler vermeiden. Dokumentation zur nr-Fachkonferenz in Hamburg.

Stapf, Ingrid (2006): Medien-Selbstkontrolle. Ethik und Institutionalisierung. Konstanz: UVK.

Staub, Herbert (2010): «Korrigieren Sie das bitte vorher». In: Netzwerk Recherche (Hrsg.): Fact-Checking: Fakten finden, Fehler vermeiden, Hamburg: Netzwerk Recherche.

Strebel, Dominique (2011): Die Recherche – eine Einführung I+II. Grundlage für jede Art von Journalismus. In: Edito + Klartext. Message. Werkstatt Journalismus.

Studer, Peter (2004a): Die Idee der «inneren Pressefreiheit», Das Konzept der Selbstregulierung. In: Duve, Freimut & Haller, Michael (Hrsg.): Leitbild Unabhängigkeit, Konstanz: UVK.

Studer, Peter (2004b): Wahrhaftigkeit in den Medien. In: Riklin, Alois (Hrsg.): Wahrhaftigkeit in Politik, Recht, Wirtschaft und Medien, Bern/Göttingen.

Studer, Peter (2009): Wer eine Radio- oder Fernsehkonzession erhält, muss publizistische Leistungsaufträge erfüllen. Wie das Bundesamt für Kommunikation (Bakom) Programmqualität einfordern will. In: Medialex, S. 70–76.

Studer, Peter; Mayr von Baldegg, Rudolf (2011): Medienrecht für die Praxis, 4. Aufl., Zürich.

Studer, Peter & Künzi, Martin (2011): So arbeiten Journalisten fair. Was Medienschaffende wissen müssen. Interlaken.

Tebert, Miriam (2010): Profil durch Qualitätsmanagement. Zehn Jahre Programmcontrolling im WDR. In: Media Perspektiven 2/2010, S. 78–89.

Thom Norbert & Zaugg, Robert J. (Hrsg.) (2007): Moderne Personalentwicklung. 2. Auflage. Wiesbaden.

UVEK (2007): Radio und Fernsehen. Öffentliche Ausschreibung: Erteilung von Konzessionen mit Leistungsauftrag In: http://www.bakom.admin.ch/themen/radio_tv/marktuebersicht/02006/index.html?lang. [07.09.2011].

UVEK (2008): Musterkonzession für ein UKW-Radio mit Leistungsauftrag und Gebührenanteil. In: http://www.bakom.admin.ch/themen/radio_tv/marktuebersicht/02006/index.html?lang. [07.09.2011].

UVEK (2011): Pressevielfalt sichern. Bericht des Bundesrates in Erfüllung des Postulats Fehr 09.3629 und des Postulats der Staatspolitischen Kommission des Nationalrates (SPK-NR) 09.3980 [29.06.2011].

Wälchli, Angélique (2010): Gegenhören: Ein neues Instrument zur Qualitätssicherung in der Nachrichtenredaktion von Schweizer Radio DRS. Unveröffentlichte Masterarbeit. IAM, Institut für Angewandte Medienwissenschaft. ZHAW in Winterthur.

Weischenberg, Siegfried (1992): Journalistik 1, Mediensysteme, Medienethik, Medieninstitutionen. Opladen: Westdeutscher Verlag.

Weischenberg, Siegfried (2006): Qualitätssicherung – Qualitätsstandards für Medienprodukte. In: Scholz, Christian (Hrsg.): Handbuch Medienmanagement. Berlin: Springer, S. 665–685.

Weischenberg, Siegfried; Malik, Maja & Scholl, Armin (2006): Die Souffleure der Mediengesellschaft. Report über die Journalisten in Deutschland. Konstanz.

Weiss, Bertram (2010): Fact-Checking und redaktionelles Qualitätsmanagement. In: netzwerk recherche e.V. (Hrsg.). Fact-Checking: Fakten finden, Fehler vermeiden. Dokumentation zur nr-Fachkonferenz in Hamburg.

Welker, Martin (2010): «Proletarier des Journalismus». In: Netzwerk Recherche (Hrsg.): Fact-Checking: Fakten finden, Fehler vermeiden, Hamburg: Netzwerk Recherche, S. 76–83.

Wyss, Vinzenz & Keel, Guido (2009): Media Governance and Media Quality Management: Theoretical concepts and an empirical example from Switzerland. In: Czepek, Andrea; Hellwig, Melanie & Nowak, Eva (Hrsg.): Press Freedom and Pluralism in Europe. Concepts and Conditions. ECREA book series. Intellect, Bristol, S. 115–128.

Wyss, Vinzenz (2002): Redaktionelles Qualitätsmanagement. Ziele, Normen, Ressourcen. Konstanz.

Wyss, Vinzenz (2003): Journalistische Qualität und Qualitätsmanagement. In: Bucher, Hans-Jürgen & Altmeppen, Klaus-Dieter (Hrsg.): Qualität im Journalismus. Grundlagen, Dimensionen, Praxismodelle. Wiesbaden: VS Verlag, S. 127–143.

Wyss, Vinzenz (2007): Qualitative Analyse der Strukturen zur redaktionellen Qualitätssicherung im privaten Rundfunk in der Schweiz 2006. Bakom – Forschungsbericht, Winterthur. Verfügbar unter:

http://www.bakom.admin.ch/themen/radio_tv/00509/01188/01811/index.html?lang=de. [07.05.2010].

Wyss, Vinzenz (2008): Das Doppelgesicht des redaktionellen Managements. «Heuchelei» in der Qualitätssicherung. In: Pörksen, Bernhard; Loosen, Wiebke & Scholl, Armin (Hrsg.): Paradoxien des Journalismus. Theorie – Empirie – Praxis. Wiesbaden: VS Verlag, S. 123–143.

Wyss, Vinzenz (2009): Das Publikum des Journalismus. In: Süss, Daniel & Dahinden, Urs (Hrsg.): Medienrealitäten. Konstanz: UVK, S. 131–142.

Wyss, Vinzenz (2011): Die Krise des Journalismus aus der Sicht des Qualitätsmanagements. In: Meier, Werner; Trappel, Josef & Bonfadelli, Heinz (Hrsg.): «Medienkrise». Zürich/Münster. (LIT Verlag; im Erscheinen).

Wyss, Vinzenz; Tschopp, Lukas & Wüthrich, Christian (2007): Das Bild des Schweizer Presserates. Eine schriftliche Befragung von Schweizer Medienschaffenden, Institut für Angewandte Medienwissenschaft, der ZHAW, Winterthur. In: http://pd.zhaw.ch/hop/1532708414.pdf [1.1.2010].

Zeller, Franz (2004): Öffentliches Medienrecht. Bern.

Züllig, Peter (1998): Geschichten erzählen. Vorlesungsskript. Universität Fribourg.

Züllig, Peter (ohne Jahr): Unveröffentlichte Ausbildungsunterlagen des Schweizer Fernsehens. Zürich.

5 Dank

Dank

Wir danken folgenden Organisationen für ihre Unterstützung:

Verein Qualität im Journalismus
www.quajou.ch

SSM
Schweizer Syndikat Medienschaffender SSM
www.ssm-site.ch

Stiftung Öffentlichkeit und Gesellschaft
www.qualitaet-der-medien.ch

MQA
Media Quality Assessment
www.mqa.ch

BAKOM
Bundesamt für Kommunikation
www.bakom.admin.ch

ZHAW IAM
Institut für Angewandte Medienwissenschaft
www.iam.zhaw.ch

Die Autoren
Vinzenz Wyss, Peter Studer, Toni Zwyssig
im Oktober 2011